Économie morale, morale de l'économie

Questions contemporaines

Collection dirigée par J.P. Chagnollaud, B. Péquignot et D. Rolland
Série « Globalisation et sciences sociales »
dirigée par Bernard Hours

La série « Globalisation et sciences sociales » a pour objectif d'aborder les phénomènes désignés sous le nom de globalisation en postulant de leur spécificité et de leur nouveauté relatives. Elle s'adresse aux auteurs, dans toutes les disciplines des sciences humaines et sociales, susceptibles d'éclairer ces mutations ou évolutions à travers des enquêtes et des objets originaux alimentant les avancées théoriques à réaliser et les reconfigurations disciplinaires consécutives.

OUVRAGES PARUS DANS LA SÉRIE :

Bernard HOURS, Pepita OULD AHMED
Dette de qui, dette de quoi ? Une économie anthropologique de la dette, 2013.

Isabelle GUÉRIN, Monique SELIM
À quoi et comment dépenser son argent?
Hommes et femmes face aux mutations globales de la consommation, 2012.

Bernard HOURS
Développement, Gouvernance, Globalisation : du XXe au XXIe siècle, 2012.

Patrick PILLON
La faim par le marché : aspects sénégalais de la mondialisation, 2012.

Bernard HOURS, Bernard CASTELLI
Enjeux épistémologiques et idéologiques de la globalisation pour les sciences sociales, 2011.

Mouhamedoune Abdoulaye FALL
Saint-Louis du Sénégal : et si le développement n'était qu'une chimère ? 2011.

Levent ÜNSALDI :
Le développement vu de Turquie, 2011.

Jean PAPAIL, Jesus ARROYO ALEJANDRE
Les migrants mexicains créateurs d'entreprises, 2010.

Monique SELIM et Pascale PHÉLINAS
La crise vue d'ailleurs, 2010.

Eveline BAUMANN, Laurent BAZIN, Pepita OULD AHMED, Pascale PHÉLINAS, Monique SELIM, Richard SOBEL
Anthropologues et économistes face à la globalisation, 2008.
L'argent des anthropologues, La monnaie des économistes, 2008.

Sous la direction de
Bernard CASTELLI, Isabelle HILLENKAMP,
Bernard HOURS

Économie morale, morale de l'économie

L'Harmattan

5-7, rue de l'École-Polytechnique ; 75005 Paris
http://www.harmattan.fr
diffusion.harmattan@wanadoo.fr
harmattan1@wanadoo.fr
ISBN : 978-2-343-06715-5
EAN : 9782343067155

SOMMAIRE

INTRODUCTION

Bernard CASTELLI
Isabelle HILLENKAMP
Bernard HOURS

La moralité de l'économie de marché pose question à la mesure du développement planétaire de ce système devenu, pour certains, le symbole le plus fort de la « pensée unique » lorsqu'elle s'appelle néolibéralisme. Cette idéologie se présente parfois comme une forme d'intégrisme qui n'est pas sans évoquer, par sa dimension mondialisée et globale, l'intégrisme religieux qui a fait le lit des phénomènes dits « terroristes ».

La violence des marchés, en particulier financiers, est contemporaine de celle de dérives dans plusieurs grandes religions. Ces deux formes de pensée, toutes deux radicales dans leurs registres respectifs, structurent, volontairement ou non, le monde actuel. C'est dans ce champ que peuvent s'analyser aujourd'hui les multiples et lancinants questionnements sur les liens entre l'économie et la morale, dont la notion d'économie morale est une composante. Celle-ci s'interroge fondamentalement sur les relations entre les systèmes de valeurs et les pratiques économiques. L'économie de marché est-elle morale, immorale ou amorale ? Génère-t-elle plus de bien que de mal ? Pourquoi et comment ?

L'occupation de sites symboliques du capitalisme financiarisé comme *Occupy Wall Street*, les mouvements dits « des Indignés » signalent à la fois une protestation et une quête. La protestation vise les dérives de l'économie financiarisée nuisible à la société et à l'environnement. La quête porte sur des alternatives plus solidaires, moins inégalitaires, moins excluantes et moins polluantes.

Ces protestations et recherches d'alternatives, moralement plus satisfaisantes que les lois brutales du marché, apparaissent d'une extrême actualité. Elles résultent d'une hégémonie manifeste des logiques économiques et financières, décontextualisées et globalisées, qui provoquent ces mouvements de contestation d'une économie de marché immorale, devenue principe premier des relations sociales dans la vulgate néolibérale et principal vivier de production des valeurs de toute nature, financières, mais aussi sociales et culturelles. Par ailleurs et parallèlement, le développement d'un secteur financier éthique, d'entreprises sociales, du *social business*, témoigne d'une nécessaire moralisation du capitalisme.

De la morale dans l'histoire de la pensée économique

L'histoire de la pensée économique rappelle la permanence d'une interrogation sur la légitimité de la production, de la répartition et de la distribution des richesses, c'est-à-dire sur la moralité de l'activité économique en société.

Depuis Aristote jusqu'aux débuts du capitalisme, les faits que nous considérons aujourd'hui comme « économiques » étaient naturellement décrits et expliqués à l'aide de critères dérivés de la morale, de valeurs encadrant les comportements individuels ou collectifs de la société observée. En ce qui concerne le commerce dit « naturel », c'est-à-dire satisfaisant des valeurs d'usage, la pensée aristotélicienne l'admet comme moralement nécessaire, légitime dès lors qu'il se pratique à un « prix juste » : la bonne chrématistique présuppose en effet que les agents économiques se comportent conformément à certaines règles éthiques, comme le sens de la justice, qui leur permet de fixer des prix justes, favorables à la satisfaction présumée naturelle des besoins domestiques. L'objectif de l'échange n'étant pas d'accumuler des biens ou de l'argent en quantité illimitée mais de vivre décemment, la notion de « prix juste » renvoie à une économie qui peut être marchande, circonscrite dans des limites censées faciliter l'accès à la véritable richesse indispensable à une vie heureuse.

En étroite affinité intellectuelle avec Aristote, au XIIIe siècle, la pensée des docteurs scolastiques (saint Thomas d'Aquin en particulier) vis-à-vis de l'activité commerciale, bien que s'inscrivant toujours dans un contexte de théologie morale soucieuse de préserver l'homme du péché, marque une inflexion majeure dans la mesure où la justification économique du bénéfice commercial tend à prendre l'apparence d'une démarche laïque, d'une méthode scientifique à teneur problématique. Or la variété ainsi que le contenu des sujets abordés viennent corroborer la place centrale des valeurs morales au sein de leurs analyses : la nécessité de gagner sa vie, les moyens de pratiquer la charité, les conditions pour atteindre une « juste » utilité publique (*publicam utilitatem*), la discussion d'un niveau de lucre modéré, les procédés pour augmenter la valeur de l'objet négocié (Schumpeter [1954], 1983).

Jusqu'à l'époque de l'école de Salamanque (XVIe siècle), ces réflexions autour du « juste prix » – celui qui assure l'équivalence de la « justice commutative » (ou à parts égales) selon la définition aristotélicienne – sont bornées par la condamnation irrévocable de l'usure considérée comme péché (ou faute intentionnelle) dans la mesure où « une rémunération s'ajoute à la dévolution du prêt comme obligation contractuelle » (Moutoukias, 2001). C'était faire de l'argent un moyen méprisable en n'y décelant que ses fins corruptrices sur la personne et les liens sociaux.

En éludant progressivement le recours systématique à Dieu pour le gouvernement des hommes, les XVIIe et XVIIIe siècles tendent au contraire à privilégier la recherche de règles non religieuses et non moralisatrices afin de réduire la part d'arbitraire inhérente aux décisions économiques individuelles et à celles de l'État souverain (Hirschman, 1986). Un temps la thèse du « doux » commerce sembla représenter une voie susceptible de contenir les comportements excessifs ou déviants par rapport aux codes moraux et religieux en vigueur. Conception que résume bien la célèbre formule de Montesquieu : le commerce « polit et adoucit les mœurs barbares ». Mais c'était faire fi de la violence intrinsèque des rapports économiques et sociaux qui mine peu à peu les fondements de la morale dominante. Avec Adam Smith, libéral convaincu et moraliste avéré, un degré supérieur est atteint dans le processus historique de substitution des valeurs héritées des régimes économiques antérieurs : l'intérêt personnel, si souvent vilipendé auparavant, est alors introduit dans l'analyse économique, comme ressort d'une propension des êtres humains à échanger des biens, dont le marché devient le lieu d'expression. Grâce au marché théoriquement régulé par une main invisible, le principe de l'intérêt devient capable de remplacer également « l'amour et la charité » comme fondement moral de l'économie. Le marché remplissant en fin de compte le rôle d'un véritable anticorps aux prétendus vices associés à l'utilisation de l'intérêt en économie.

Plus de deux siècles après la *Richesse des nations*, la dynamique conquérante du capitalisme globalisé a aujourd'hui éclipsé les valeurs morales prêtées aux sociétés antérieures sous la forme d'une course incessante à la richesse qui mine paradoxalement le processus d'enrichissement en lui-même : l'oubli des principes de modération par rapport à l'argent a ainsi conduit à la crise structurelle – à la fois économique, écologique, morale et politique – qui sévit depuis 2008. Un constat réaliste qui justifie d'accorder la plus extrême attention à la dimension éthique des motivations humaines au sein de la sphère économique.

Ce livre expose par conséquent les idées relatives aux grandes questions qui surgissent aujourd'hui autour du couple Économie-Morale dans le cadre du capitalisme globalisé. Sa structure binaire invite le lecteur à prendre connaissance des débats théoriques et des expériences de terrain qu'implique l'analyse dialectique des relations existant entre l'économique et les valeurs en vigueur : ainsi la première partie reprend, tout en la renouvelant, la discussion sur l'essence morale ou immorale du marché. La seconde partie examine par ailleurs les différentes réponses d'ordre moral, telles que la solidarité ou la philanthropie, qui tentent d'atténuer, voire de contrer, les excès les plus criants de la croissance capitaliste.

Moralité et immoralité du marché

En Europe occidentale, le lent processus de suppression des obstacles à la concurrence et d'émergence d'une nouvelle philosophie politique symbolisée par la « main invisible » converge vers le projet d'un mécanisme, supposé amoral car impartial, de coordination des forces de l'offre et de la demande. Le marché s'impose comme l'aboutissement et la pièce maîtresse du processus d'autonomisation des sphères morale, politique et économique, dont la sécularisation autorise à penser qu'il puisse fonctionner en dehors de toute valeur, notamment religieuse. Si de nouvelles « visions du monde », comme la démocratie nourrie, selon Max Weber, « des idéaux d'égalité, de tolérance, de droits individuels, de liberté personnelle, de justice, d'État de droit et de participation citoyenne » (Kalberg, 2007 : 223), s'imposent comme éthique contraignante sur l'action, c'est principalement dans l'espace public supposé désormais séparé de la sphère économique.

Pourtant, cette transformation, dont le moteur réside dans le désencastrement de l'économie marchande vis-à-vis des autres ordres sociaux, s'est avérée destructrice de la société et de son substrat éthique (Fraser, 2010), appelant, si l'on suit l'hypothèse de Karl Polanyi (1944, trad. fr. 1983), un mouvement de protection et de réencastrement. Le mécanisme de marché était présumé amoral. Pourtant, hier comme aujourd'hui, c'est plutôt l'immoralité des marchés réels qui apparaît dans la recherche sans limite du gain au détriment de la valeur de la vie.

Dès lors, la dimension morale du réencastrement des marchés sous ses multiples formes et à de multiples niveaux demande à être interrogée. De quelle déontologie, notamment de la concurrence, telle ou telle profession, se dote-t-elle ? Par quelles valeurs, implicites ou explicites (comme dans les chartes de commerce équitable, de la finance éthique ou la responsabilité sociale des entreprises), les échanges sont-ils encadrés ? Quelle éthique traduisent les réglementations juridiques des marchés – comme par exemple celui des médicaments génériques – si l'on estime que le droit est un vecteur essentiel de la morale (Honneth, 2000) ? Dans quels codes culturels – dont les variations alimentent les conflits sociaux – les marchés sont-ils encastrés ? Quelles sont les valeurs – compétitivité, enrichissement individuel… – produites et diffusées par la société de marché ? Comment le marché est-il légitimé et quelles sont les limites morales contemporaines posées à la marchandisation ?

Bernard Hours analyse ici la production des marchandises morales à partir du constat de l'immoralité de l'économie de marché financiarisée actuelle. Il aborde de manière critique la notion d'économie morale qui semble un artefact commode, à l'exception des auteurs qui ont fondé et donné du corps au concept (Thompson, 1971 ; Scott, 1976), en termes locaux et spécifiques. Il développe ensuite la notion de marchandises morales dans des sociétés colonisées par le marché qui tend à faire société désormais. Ce blanchiment des dérives du marché se réalise à travers des marchandises morales dont les ONG, entreprises de moralité, assurent la diffusion à travers l'action humanitaire, la philanthropie et les fondations d'entreprises. La gestion des biens communs suppose de s'interroger sur la nature de la communauté globale à laquelle s'appliquerait une « bonne gouvernance » vertueuse à laquelle nous invitent les organisations multilatérales qui produisent les normes présentées comme globales autant que morales.

Sous l'effet de la recrudescence de scandales financiers survenus au début du XXIe siècle, les frontières qui différenciaient les valeurs morales de la rationalité instrumentale supposée en vigueur dans la sphère économique deviennent de plus en plus poreuses, comme le révèle l'engouement médiatique pour des formules telles que l'éthique des affaires ou la responsabilité sociale des entreprises. Le chapitre de Cem Ozatalay tente de vérifier le bien-fondé de l'hypothèse d'homologie structurale entre les positions occupées par des individus ou des groupes dans l'entreprise et leur engagement moral. Pour ce faire, une révision critique préalable de la littérature théorisant la place de la morale dans les discours scientifiques met en exergue tantôt son rôle comme soutien essentiel au fonctionnement du capitalisme, tantôt comme élément institué du marché. Une typologie originale des représentations morales liées à l'évolution historique du marché atténue cependant le clivage antérieur en soulignant la pluralité des « esprits du capitalisme » qui auraient accompagné son expansion continue. Cette hétérogénéité s'avère d'ailleurs empiriquement corroborée par une enquête réalisée à Istanbul sur le rôle de la morale dans le monde du travail et son rapport à l'économie. Mais la coexistence d'esprits du capitalisme avec des valeurs morales différentes n'exclut pas l'apparition de conflits sociaux à l'intérieur de l'entreprise : conflits de classes-conflits éthiques, tensions entre valeurs religieuses et valeurs professionnelles, opposition gestion moderne-gestion traditionnelle, etc.

Le principe de concurrence ne permet pas toujours d'interpréter de manière satisfaisante le fonctionnement réel d'organisations économiques distinctes des marchés soumis en théorie à la loi de l'offre et de la demande. L'analyse historique des corporations d'Ancien Régime de France (du Moyen Âge jusqu'à la Révolution Française) par Jean-Michel Servet montre que la production et la circulation des biens et services fournis obéissaient plutôt à des règles morales ou politiques qu'à une stricte logique de profit concurrentiel : ce sont en réalité les principes d'autosuffisance et de réciprocité qui ont permis aux corporations non seulement de s'autoréguler mais de durer assez longtemps pour assurer la satisfaction des besoins de leurs membres et de leurs clients. Dotées d'une capacité à innover, les économies corporatives d'Ancien Régime seraient même parvenues à offrir certains avantages sociaux (protection et solidarité) tout en réalisant des bénéfices économiques (coûts de transaction moindres, qualité des produits) sans freiner pour autant leur développement. À partir du XIXe siècle, les principes d'autosuffisance et de réciprocité se trouvent sous les coups de boutoir de la dynamique libérale, signant l'acte de décès des corporations en tant qu'organisations économiques alternatives à la domination du marché.

La dichotomie bien connue d'Aristote entre une bonne économie et une mauvaise économie (*chrématistique*) conduit Delphine Pouchain à questionner la moralité supposée du commerce équitable contemporain : entre la première, limitée à la satisfaction des besoins essentiels à la vie ordinaire, et la seconde, culminant en un processus d'accumulation illimitée de richesses, cette forme particulière d'échange marchand peinerait – tant sur le plan théorique qu'empirique – à réconcilier l'économie de marché et la morale. De manière prosaïque, les producteurs ainsi que les consommateurs impliqués dans le commerce équitable tendent en réalité à privilégier l'obtention d'avantages (revenus réguliers, qualité supérieure du produit…) sur la quête de finalités morales telles que l'éradication de la pauvreté ou la solidarité internationale. Selon l'auteure, les limites de la moralisation de l'économie marchande par le commerce équitable proviendraient de la confusion commise entre économie et politique, laquelle rendrait impossible l'existence d'un échange juste inscrit dans la morale.

Opérant une transformation radicale des combats passés et présents du féminisme, la catégorie de genre s'est progressivement imposée comme une interprétation prépondérante des relations sexuées. Alors que les formes des sexualités se révèlent de plus en plus envahies par les logiques du marché, Monique Selim montre, avec un regard critique, que le genre se présente comme une sorte d'artefact idéologique doté de fonctions curatives temporaires ; il offre en particulier l'opportunité de réparations morales sans remise en cause des rapports séculaires de domination. À l'opposé d'un genre « bien pensant », par leur immoralité revendiquée, les luttes médiatisées des Femen ou des dissidentes chinoises heurtent les normes morales en jeu et dévoilent sur le mode de la provocation des formes d'oppression que subissent les femmes sur le plan individuel ou collectif. Dans le champ symbolique, loin d'être le vecteur décisif d'émancipation comme d'aucuns voudraient le croire, ce que Monique Selim appelle la

« matrice idéologique du genre » prend place aux côtés de l'humanitaire et de la philanthropie capitaliste, et se donne à voir en fin de compte comme un puissant agent de moralisation de l'économie de marché qu'elle accompagne, autorisant le maintien des processus de spécifications et de dominations sexuées.

Capitalisme, solidarité, philanthropie

Au rapport marchand, le capitalisme adjoint le rapport travail/capital et la logique d'accumulation. Le long processus qui a permis la « libération » des travailleurs – libres, désormais, de se soumettre au rapport salarial – et l'accumulation « primitive » du capital débouche au XIXᵉ siècle sur une nouvelle ère où la rationalité formelle s'étend aux dépens de la rationalité matérielle, selon Max Weber (2003 [1905]). Au niveau de l'action économique, la poursuite de l'intérêt fondée sur le calcul exclut toute considération éthique, religieuse ou politique. L'enrichissement personnel assis sur l'égalité d'opportunités pour les uns, le progrès économique devant améliorer le sort des travailleurs pour les autres, justifie en apparence la logique d'accumulation détachée de tout principe moral. Pourtant, aujourd'hui comme hier, la diffusion du capitalisme ne saurait s'expliquer par les seules transformations de l'organisation du travail et des techniques. La diffusion d'un esprit du capitalisme, c'est-à-dire d'un *ethos*, a joué et joue encore un rôle important, que ce soit à travers le protestantisme prônant l'ascèse dans le travail à l'époque de Weber, ou dans le monde occidental contemporain à travers les valeurs de flexibilité, d'innovation et d'autonomie relative des travailleurs du nouvel esprit du capitalisme (Boltanski, Chiapello, 1999). La question de la moralité et de l'immoralité se pose donc de manière redoublée dans le capitalisme, non seulement dans le système d'échange, mais aussi de production de richesse, d'innovation et de changement social. Revenant sur le devant de la scène au rythme des crises – dites, pour les plus récentes, « financières », mais étant tout autant morales et politiques – cette question est en réalité permanente. Elle engage à articuler la critique sociale habituelle du capitalisme, axée sur le conflit entre travail et capital, avec sa critique morale.

En même temps que le marché et le capitalisme émergeaient historiquement, le projet d'une solidarité sociale s'érigeait en valeur de surplomb. Poursuite de la rationalité économique, mise à bas des allégeances traditionnelles, instauration d'un ordre politique à travers l'État-nation, ce projet multiforme a pour fondement la suppression des dépendances statutaires et des appartenances héritées. Précisément, la recréation de nouvelles formes de solidarité constitue un impératif pour la reproduction des sociétés, que les premières écoles de sociologie du XIXᵉ siècle ont parfaitement saisi, même si elles lui ont apporté des réponses extrêmement différentes reflétant la diversité des courants idéologiques de l'époque. De la redistribution de l'État social, à la (néo-)philanthropie des riches investissant dans des ONG, des entreprises sociales ou le *social business*, aux nouveaux courants autogestionnaires et associativistes, le large spectre de la solidarité moderne illustre aujourd'hui encore les positions différentes sur son interprétation morale. Justice sociale, compassion, engagement en faveur d'une cause, autonomie, citoyenneté sont quelques-uns des maîtres mots qui balisent ces débats.

Comment les entreprises capitalistes en quête de légitimité investissent-elles le champ de la solidarité et de la philanthropie ? Quels types d'intervention – de l'instrumentalisation à l'« innovation » – suscitent-elles ? À quels compromis institutionnels – de l'*embedded liberalism* (Ruggie, 1982) à la responsabilité sociale des entreprises ou au néodéveloppementalisme – ou à quels conflits sociaux conduisent-elles ? À l'inverse, comment se profilent les espaces contemporains d'autonomie voire de résistance au système capitaliste fondés sur la solidarité ?

À travers l'économie populaire solidaire en Amérique latine, Isabelle Hillenkamp aborde tout d'abord un ensemble de pratiques qui mettent en cause, de manière souvent timide et parfois ambivalente, l'économie morale du capitalisme, du postcolonialisme et du patriarcat. Tout en tenant compte des rapports sociaux dans lesquels ces pratiques s'inscrivent, ce chapitre dégage les univers de sens et les valeurs qui animent chacun d'eux. Quatre fondements idéologiques et moraux sont distingués : l'autogestion, axée sur la démocratisation de l'économie comme réponse pratique aux maux présumés du mode de production capitaliste ; la critique morale des modes capitalistes d'être et de vivre par l'Église catholique et la charité libératrice envers les pauvres ; les principes de solidarité, complémentarité et harmonie, posés par le modèle du Vivre bien comme alternative à la domination capitaliste et postcoloniale ; et la possibilité d'une économie morale féministe de la solidarité. Sans ignorer les difficultés internes à chacun de ces univers ni les tensions entre eux, cette contribution pointe les conditions de construction d'un mouvement contre-hégémonique d'économie solidaire en Amérique latine : une construction qui suppose non seulement des alliances et des compromis entre acteurs, mais aussi, et de manière fondamentale, l'élaboration d'un sens et d'un horizon moral commun entre ses différentes composantes.

Avec le Réseau agro-solidaire en Argentine, Valeria Hernández et María Soledad Córdoba analysent l'imbrication entre expansion du capitalisme, action philanthropique et moralisation des populations périphériques. Dans une étude anthropologique, elles montrent comment les paysans qui ont quitté leurs terres sous l'effet de l'avancée de l'*agrobusiness* du soja sont aujourd'hui les habitants des quartiers urbains pauvres qui reçoivent les dons des entreprises de ce réseau. Grâce à une alliance avec des personnalités locales issues du monde du travail social (églises catholiques et évangéliques, ONG, etc.), ce réseau situe son action « solidaire » sur un plan moral, évacuant toute considération politique et toute relation de cause à effet entre l'*agrobusiness* et l'appauvrissement des paysans. Les dons en soja sont transformés en aliments, en marchandises et en crédits pour l'action sociale du réseau, laquelle exige en retour un comportement « moral » des donataires. C'est ainsi un système de gouvernementalité des territoires stratégiques de l'*agrobusiness* qui est formé, dans lequel les espaces d'autonomie des habitants sont extrêmement fragiles.

À partir des trajectoires de trois philanthropes roumains dans le domaine social, culturel, mais aussi économique et politique, Antoine Heemeryck dévoile les ressorts du nouvel ordre social qui s'est établi dans ce pays depuis le passage à l'économie de marché dans les années 2000. La philanthropie fonctionne ici comme une entreprise de moralité qui blanchit ceux qui doivent leur enrichissement frauduleux à leur position au sein de l'appareil d'État où sont décidées les opérations de privatisation. Mais elle permet de plus, par le contrôle des médias de masse et le choix de secteurs stratégiques d'intervention comme l'éducation et la culture, de construire une hégémonie idéologique aidant à contenir le risque de révolte et assurer la reproduction de l'ordre social. Ce « philanthrocapitalisme » aboutit non seulement au creusement des inégalités, mais aussi à la privatisation de l'État et à la confiscation de la démocratie.

Enfin, la « Révolution citoyenne » menée par le gouvernement de Rafael Correa en Équateur place la solidarité et la morale au cœur de la contribution de Bernard Castelli. Cette Révolution, qui promet la Bonne Vie à tous les citoyens équatoriens grâce à la redistribution inscrite dans la Constitution approuvée en 2008, repose au départ sur une indignation morale convenue du président vis-à-vis du néolibéralisme, argumente l'auteur. La confusion entre fins et moyens caractéristique de la chrématistique, le consumérisme, la reproduction de l'oligarchie et les crises du capitalisme alimentent cette indignation et permettent de justifier la redistribution comme un acte de réparation morale incarnant la solidarité envers les pauvres. Cette justification ne doit pourtant pas occulter les questions de fond soulevées par la politique actuelle : celles du financement de la redistribution et de la transition vers un autre modèle économique et de Bonne Vie. Or, tant que les transferts sociaux seront financés par la rente du pétrole, des minerais et de l'agro-exportation, selon un imaginaire capitaliste inchangé, la moralisation de l'économie restera superficielle et sujette à des retours en arrière. L'ancrer dans les droits constitutionnels pour « changer la vie » supposerait une transformation des structures de concentration et de répartition des richesses, lesquelles demeurent, jusqu'ici, intactes.

RÉFÉRENCES BIBLIOGRAPHIQUES

BOLTANSKI Luc et CHIAPELLO Eva, 1999 : *Le Nouvel Esprit du Capitalisme*, Paris, Gallimard.

FRASER Nancy, 2010 : « Marchandisation, protection sociale et émancipation. Les ambivalences du féminisme dans la crise du capitalisme », *Revue de l'OFCE*, n° 114, p. 11-28.

HIRSCHMAN Albert O., 1986 : *Vers une économie politique élargie*, Les Éditions de Minuit, coll. « Sens commun », 112 p.

HONNETH Axel, 2000 : *La lutte pour la reconnaissance*, Paris, Cerf.

KALBERG Stephan, 2007 : « L'influence passée et présente des « visions du monde ». L'analyse wébérienne d'un concept sociologique oublié », *Revue du MAUSS semestrielle*, n° 30, p. 197-228.

MOUTOUKIAS Zacarias, 2001 : Peut-on faire l'économie d'une économie politique ? *Annales HSS*, novembre-décembre, n° 6, p. 1111-1128.

POLANYI Karl, 1983 : *La Grande Transformation. Aux origines politiques et économiques de notre temps* [1944], Paris, Gallimard.

RUGGIE John Gerard, 1982: "International regimes, transactions, and change: embedded liberalism in the postwar economic system", *International Organization*, 36 (2), p. 379 -415.

SCHUMPETER Joseph A., 1954, 1983 : *Histoire de l'analyse économique. I. L'âge des fondateurs*, Tel Gallimard.

SCOTT James C., 1976: *The Moral Economy of the Peasant. Rebellion and Subsistence in Southeast Asia*. Londres, Yale, University Press.

THOMPSON Edward P., 1971: "The moral economy of the English crowd in the eighteenth century", *Past and present*, n° 50, p. 76-136.

WEBER Max, 2003 : *L'éthique protestante et l'esprit du capitalisme* [1905], Paris, Gallimard.

MORALITÉ ET IMMORALITÉ DU MARCHÉ

LA PRODUCTION DES MARCHANDISES MORALES OU LES FICTIONS MORALES DE L'ÉCONOMIE DE MARCHÉ

Bernard HOURS

> « Apprenons donc ici-bas ces choses dont la connaissance puisse servir dans le ciel. »
> Adam SMITH, *La richesse des nations*.

Au-delà du constat quotidien de l'immoralité, ou au mieux de l'amoralité de l'économie de marché financiarisée, la notion d'économie morale semble fasciner nos contemporains et même projeter l'ombre ou l'illusion d'une activité économique saine, vertueuse, bonne pour toute la société, l'idée d'un égal accès aux biens étant devenue plus ou moins obsolète depuis les dérives du communisme au XXe siècle. La Chine actuelle avec son parti unique et sa lutte contre la corruption – tout à la fois outil du pouvoir et reprise de contrôle – veut se présenter comme une entreprise morale aux yeux d'une partie de la population écœurée par les abus d'inégalités antérieures. L'économie vise à produire des richesses à travers des performances mais la redistribution de ces richesses ne peut être escamotée sans risques sociaux. De son côté, la morale évoque le bien, la vertu, la bienveillance, la sympathie, comme chez l'Adam Smith de la *Théorie des sentiments moraux* de 1759.

Force est de constater que les sociétés au troisième millénaire sont en quête de civilité et de bienveillance face à des formes de violence qui ne sont pas nécessairement plus fréquentes mais dont chacun est informé et ému désormais. La scène politique est elle-même peuplée de bons et de méchants, comme dans une bande dessinée planétaire. La médiatisation de la corruption, les scandales dont les électeurs sont supposés se divertir, qu'ils soient de mœurs ou financiers, donnent l'image d'une actualité qui révélerait un énorme déficit de moralité, forme vulgarisée de la morale. Cette ambiance, bien que volatile, renvoie soit à des vertus passées, soit à des sursauts moraux et populistes en forme de retours où le fascisme fait son lit.

Le propos est ici de s'interroger sur cette émergence de quête morale aujourd'hui, sur le sens d'une économie morale, sur la moralisation du capitalisme qui se joue au-delà des analyses académiques plus ou moins timides en la matière. Trois parties seront développées. La première consiste en une lecture rapide, critique, des écrits académiques les plus cités portant sur l'économie morale et son éclosion comme concept, à défaut de constituer un champ balisé. Dans une seconde partie sera développée l'idée centrale que le marché fait société, ce qui provoque la production de marchandises morales. Enfin le retour de la philanthropie et l'action humanitaire, tout comme le développement des ONG, seront présentés comme le marché d'élection des marchandises morales d'aujourd'hui. On conclura en soulignant en quoi la bonne gouvernance est une norme profondément morale qui peine à s'appuyer sur des valeurs globales dont l'émergence concrète se fait attendre, tandis que les normes s'accumulent, avec un succès moyen.

L'économie morale : une coquille vide

La part la plus visible et la plus citée des travaux sur l'économie morale semble aborder ce qu'on peut qualifier de droit de révolte en termes moraux, alors qu'au siècle passé on se serait situé dans un champ franchement politique de résistance (politique) à la domination (politique). Les historiens se penchent sur les émeutes de subsistance, les anthropologues sur les dimensions culturelles des valeurs et des normes de l'acceptable. L'occultation postmoderne du politique est avérée, tout comme l'évidence que le champ politique tend à être moral désormais. Les guerres doivent être justes (moralement) quitte à reposer sur des mensonges (Irak). On attribue à l'historien Edward P. Thompson l'émergence du concept d'économie morale dans son article : "*The moral economy of the English crowd in the eighteen century*" (Thompson, 1971). Plus tardivement, le même auteur parlait d'« économie sociologique », terme bien proche de ce qui s'appelle aujourd'hui économie sociale (et solidaire), champ actuel qui s'inscrit pleinement dans l'économie morale, c'est-à-dire la quête d'une économie juste, soit bonne à vivre pour toute la société.

L'anthropologue James C. Scott passe pour le second utilisateur du concept d'économie morale dans son ouvrage *The moral economy of the peasant : rebellion and subsistence in South East Asia* (Scott, 1979). Il met en avant les normes culturelles et les représentations des communautés paysannes pour promouvoir un droit d'accès à la subsistance, la défense d'un minimum vital, mais aussi et peut-être surtout des mécanismes de régulation des normes et obligations partagées afin de maintenir un consensus fragile.

La résistance à la domination est ici abordée dans sa dimension microsociale, microculturelle et non macropolitique. Les paysans veulent un minimum de sécurité et la rationalité économique est présente, insérée (*embedded*) dans les règles sociales.

On note que les économistes n'ont aucune part dans l'émergence du concept. Didier Fassin a largement commenté le concept d'économie morale à partir des travaux de Thompson et Scott dans son article « Les économies morales revisitées » (Fassin, 2009). On relèvera le passage au pluriel qui signale en général une dilution du sujet et un questionnement ramolli. L'annonce d'une approche anthropologique et théorique est suivie de peu d'effets et l'article se conclut par une découverte banale bien tardive qu'on aurait attendue dans l'introduction : « Car au fond, dès lors qu'elle s'inscrit dans les rapports sociaux, la morale est aussi une affaire politique. » Dont acte on le savait. L'exercice circulaire ne produit pas d'avancée. La posture de Fassin se dessine plus clairement dans l'ouvrage collectif qui suit, intitulé *Économies morales contemporaines* (Fassin, Eideliman, 2012) où la béance théorique sur l'économie morale (au singulier) est comblée par l'examen de toutes les marginalités et exclusions (réfugiés, émigrés, Palestiniens...), questions largement politiques noyées dans l'émotion vaguement humanitaire et une réprobation (morale) de bon ton. En ajoutant bout à bout toutes les formes de violence et d'exclusion sous la dénonciation plurielle d'économies morales, cette approche s'interdit toute interrogation et toute avancée théorique mais elle satisfait l'émotion morale des lecteurs. Nous sommes assez loin des ouvriers britanniques de Thompson ou des paysans asiatiques de Scott mais plutôt dans une vulgate en forme de moralité contemporaine tenant lieu peut-être de morale, à tout le moins de moralité.

Plus incisifs semblent deux articles qui font avancer la réflexion sur l'économie morale.

Dans son article "Chinese modernities: narratives of nation and of capitalism" paru dans *Underground empires : the cultural politics of modern Chinese transnationalism*, Aïhwa Ong (1997) développe des analyses perspicaces sur le lien dynamique entre les valeurs morales et les performances économiques qui révèlent des hiérarchies complexes d'économie morale, loin de simples résistances, comme du déterminisme culturaliste sommaire présumant par exemple que le confucianisme favorise le capitalisme.

De son côté dans « Économie morale, subjectivité et politique », Janet Roitman (Roitman, 2000) relève : « Quelles sont les limites de la morale ? Curieusement, les chercheurs qui ont avancé le concept d'« économie morale » n'ont jamais osé poser la question, c'est-à-dire s'interroger sur les présupposés philosophiques de leur concept. » Outre des commentaires pertinents sur Thompson et Scott, l'auteure s'écarte de la problématique exclusive de la résistance pour avancer plus subtilement celle de « régimes de vérité » incluant des processus d'intégration subjectifs de valeurs inscrites dans une négociation historique permanente et dans des dynamiques ouvertes. Cette négociation historique porte sur certaines configurations de valeurs et elle passe par le politique.

Force est de reconnaître au terme de ce bref survol des écrits sur l'économie morale, issus essentiellement d'historiens, de politologues et d'anthropologues, que les économistes, à l'exception probable des contemporains d'Adam Smith, qui étaient aussi des philosophes, sont absents des débats, ce qui pose question.

De l'indignation à la rébellion il y a plus d'un pas à franchir au cours duquel se font et se défont des « régimes de vérité » produisant de la morale à partir de valeurs en constantes interactions et en aval des normes, c'est-à-dire de la morale réifiée. Cet univers est profondément dynamique et c'est pourquoi les frontières de la réprobation, de l'indignation, de la révolte sont mobiles, historicisées et prioritairement politiques, la production morale se situant en aval et non pas en amont. La morale se produit en société et l'économie politique n'est toujours pas morale.

Les dimensions émotionnelles et médiatiques de la moralité contemporaine présentent les images de la souffrance, de la mort (le mal absolu), des pauvres, des exclus, des réfugiés, des immigrés, des femmes, des enfants exploités. Les diverses formes de lutte contre ces maux s'y substituent à la quête de la vertu comme la moralité remplace la morale. C'est dans ce grand écart que s'inscrit l'économie morale aujourd'hui, partagée entre ceux qui luttent contre les maux et ceux qui s'interrogent sur la production du bien en société. Les premiers se font travailleurs humanitaires ; les seconds, philosophes. C'est pourquoi l'économie morale se présente comme un champ non balisé, sans disciplines explicites, ouvert à tous les vents, à la mesure de son déficit contemporain. L'abondance de l'indignation ne comble pas le déficit de morale et les consensus mous survivent à la réprobation, fût-elle à répétition.

Ces consensus largement moraux s'alimentent aujourd'hui des marchandises morales produites par le marché dès lors qu'il tient lieu de plus en plus de société.

La production des marchandises morales

Beaucoup de Chinois parlent de l'économie de marché comme d'une civilisation tardivement découverte avec un certain bonheur et quelques problèmes collatéraux. Ils évoquent un ensemble de règles logiques en forme de totalité pertinente. Le capitalisme serait en Asie une valeur de civilisation dans la mesure où il intègre autant qu'il produit les valeurs et règles de la société de marché (A. Ong, 1997). Dès lors que l'économie de marché est mondialisée, ses règles s'imposent en économie mais elles imprègnent les rapports sociaux à un point tel qu'elles produisent des valeurs, « une culture de marché » selon l'expression de W. Reddy (Reddy, 1984). Celui-ci note dans son ouvrage *The rise of market society: the textile trade and French society*, 1750-1900 : « [...] les termes de la culture de marché n'étaient pas inscrits dans la nature mais appliqués par bribes, au hasard, sans réflexion à un ensemble de pratiques sociales. » Ce type d'incorporation spontanée, invisible, involontaire évoque l'incorporation des ordinateurs ou des téléphones portables par les individus aujourd'hui. L'imprégnation progressive évoquée par W. Reddy est historicisée. Elle a connu des étapes et des rebondissements car le marché n'a cessé de négocier avec la société ; même aujourd'hui où il semble surplomber la société et lui imposer une partie croissante de son fonctionnement.

En effet, on observe désormais que la colonisation de la société par le marché est très avancée, suivant un modèle nord-américain qui fascine les uns (Chinois en particulier), est contesté par d'autres – appelés alternatifs très significativement – mais fonctionne comme modèle global unique. Parler d'alternatives au capitalisme signale explicitement une hégémonie avérée ou une pensée unique non seulement de la production des richesses mais de l'ordre social et, consécutivement, des rapports sociaux. Les valeurs se discutent. Les normes moins et les règles moins encore.

C'est pourquoi le marché fait société. Il produit du social et même des rapports sociaux, au-delà de ses fonctions économiques. La concurrence s'installe dans les rapports sociaux, les relations contractuelles se développent par l'argent, le PIB devient la mesure de la dignité des nations dont la souveraineté est passablement obsolète. Quant aux agences de notations si décriées, elles font figure d'instruments moraux, destinés à sanctionner les griveleurs, ceux qui mangent gratis au restaurant... avant d'être condamnés à la soupe populaire et aux restos du cœur, au FMI et à la troïka pour les États. Les valeurs morales véhiculées par le marché, ses règles de fonctionnement, imprègnent largement la plupart des sociétés, tout en ménageant en permanence des espaces de négociations dites sociales, ou culturelles, qui sont souvent en trompe-l'œil. Car le champ de la négociation est suffisamment rigide pour interdire toute échappée, sauf la dissidence... La bonne gouvernance prônée par les institutions multilatérales est l'orchestration de cette partition dont la symphonie est bien engagée. Les normes mises en avant sont issues du management des entreprises et les États sont invités à se gérer comme des entreprises dont seule la taille et les missions seraient spécifiques. *Quid* de la notion de service public fréquemment déléguée à des entreprises privées d'Occident en Chine ? Le silence répond à cette question devenue presque superflue.

La lutte contre la pauvreté qui gonfle les objectifs du millénaire d'un très léger parfum moral évoque une maladie dont le symptôme est l'absence de richesse. Conformément aux lectures de certaines sectes protestantes passées, la pauvreté serait presque une damnation divine mais quand la pitié d'aujourd'hui se substitue à la piété d'hier, les soins de l'aide humanitaire viennent re-moraliser tout cela. L'estime de soi peut être acquise par un don qui peut être utile. Quand le marché fait société, ou tient lieu de société, il hérite d'une lourde responsabilité morale qui est de redistribuer les richesses avec justice, non seulement afin d'éviter les émeutes mais pour se reproduire paisiblement, ce qui exclut la violence. Il s'agit certes d'une responsabilité encore attribuée aux États mais il est aisé de voir que leur capacité de redistribution est largement amputée par des contraintes financières drastiques. De même les politiques sociales, dites publiques, subissent des contraintes similaires qui les rendent progressivement subalternes.

Parce qu'il est dès lors impératif de moraliser le marché, l'économie doit produire des valeurs susceptibles de légitimer les normes qu'elle impose de fait. C'est ainsi que sont produites « les marchandises morales » (Hours, 2008) aujourd'hui présentes sur tous les étals de la planète globale. Cette notion semble faire l'objet d'un silence embarrassé tant elle heurte la vulgate morale contemporaine selon laquelle les refuges idéalistes disponibles sont moins douloureux que beaucoup de constats.

Le développement de l'action humanitaire a fonctionné depuis 25 ans comme une vaste chaîne de production de marchandises morales, dont les ONG sont les entreprises. Cette qualification de marchandise ne véhicule aucun jugement moral négatif. Elle résulte de l'observation suivant laquelle les ONG sont des entreprises de moralité qui vendent des biens immatériels de moralité à des donateurs clients et fidélisés, après un marketing offensif, ou encore reçoivent des financements d'entreprises ou de multilatéraux en vue de faire du bien en prodiguant des soins à des plus malheureux que soi. La vente de ces marchandises morales porte sur des soins, des services. Elle exclut toute tentative pour connaître les causes sociales et économiques des crises humanitaires médiatisées. Entre « le cœur » et « l'argent » s'installe une dialectique obscure et ininterrogeable. Mais elle se mesure *in fine* en argent, condition des interventions. Cet argent se récolte sur un marché concurrentiel, et les actions requièrent une logistique lourde exigeant une gestion performante. Les ONG répondent à des appels d'offres des bailleurs multilatéraux qui s'adressent aux entreprises de marchandises morales qu'elles sont. Comme dans l'industrie, les plus importantes sont les plus performantes et les mieux dotées en ressources. Les biens moraux qu'elles distribuent, les services qu'elles rendent aux assistés proches ou lointains ne sont pas des politiques publiques mais s'y substituent en partie. Ces marchandises morales sont proposées *via* les médias, Internet, et sont même en vente dans la rue où des jeunes gens arrêtent des clients potentiels et sont rémunérés pour cette activité commerciale portant sur des biens moraux immatériels.

Cette vente est réalisée dans un cadre à la fois émotionnel et moral à partir du spectacle pénible, voire insupportable de la souffrance et du malheur d'autrui. Le donateur, ou le bailleur de fonds, quel qu'il soit, acquiert par cette transaction une dignité morale née de sa générosité et de son absence d'indifférence. Par son investissement et son geste, il exprime sa volonté et son aspiration à un monde meilleur, non *via* des utopies politiques qualifiées de mortifères parfois, mais par une bienveillance partagée, générale, dont l'efficacité n'a pu être mesurée, ni la portée, puisqu'il s'agit de morale et donc de faire le Bien avec ces biens immatériels ou marchandises morales.

La production contemporaine de ces marchandises morales s'inscrit dans l'histoire. Laborieusement sortie de la théologie et de la morale l'économie est désormais en charge d'une production morale. L'économie de marché, système économique et non civilisation, produit et distribue des biens de toute nature ainsi que des souffrances dont la comptabilité est lourde. Apaiser ces souffrances, à tout le moins en diminuer la visibilité, est une tâche morale qui lui incombe désormais et dont elle peut et doit recueillir les avantages moraux escomptés en termes de légitimité, comme une exploitation gentille et attentive des consommateurs de toutes les marchandises dont les données personnelles sont scrupuleusement collectées afin d'optimiser la gestion de leur profil économique, social, moral.

L'action humanitaire et le retour de la philanthropie

L'extrême développement qu'a connu l'action humanitaire depuis la fin de l'URSS est indissociable de la globalisation et de l'hégémonie acquise par l'économie de marché capitaliste, avec ses dérives financières, héritage du néolibéralisme. En effet, la « locomotive » des processus globaux fut incontestablement le passage à l'économie de marché, en Chine et en Russie, ainsi que partout les réformes de privatisations tous azimuts de nombreux services sociaux, un ajustement structurel planétaire et la fin du *Welfare State* de l'après deuxième guerre mondiale en Europe. Cette explosion – intense et continue –, des intérêts privés a provoqué un recul manifeste du pouvoir des États, de moins en moins souverains (sauf autoritaires et nationalistes) et de plus en plus gestionnaires, d'abord et presque exclusivement de l'équilibre de leurs finances publiques. La bonne gouvernance n'invite-t-elle pas les États à se gérer comme une entreprise saine et dynamique ? Le caractère public de leurs deniers s'allège d'année en année face aux épreuves comptables. Vivre au-dessus de ses moyens semble à l'évidence une faute morale et voilà qui articule morale et économie. Cela peut exposer certains individus sans scrupules à faire des faux, à la délinquance. Dans cet univers d'initiatives privées, d'entrepreneurs à succès dont on s'est grisé autour des années 2000, le développement de l'action humanitaire ne s'est pas réalisé par hasard. Il est certes lié à une certaine euphorie de la société dite civile, au terme des Trente glorieuses, à l'apologie de l'initiative privée évoquée qui invitait à entreprendre. Pour ceux qui ne disposaient pas d'un capital financier, l'initiative prit la forme de l'aide au développement, puis de l'action humanitaire, *via* la création de très nombreuses ONG. Celles-ci furent d'abord développementalistes, néocoloniales un peu, paternalistes pas mal, avant de devenir humanitaires à la fin de la guerre froide et au nom des droits de l'homme, cet inépuisable réservoir de légitimité morale globale. L'essor des ONG et le développement de l'action humanitaire dans les années quatre-vingt-dix s'inscrivent dans ces dynamiques idéologiques post-guerre froide qui exportaient dans l'allégresse l'économie de marché et la démocratie partout où… il en manquait. Les deux allaient ensemble, croyait-on.

Le marché portait la démocratie, comme aux USA. Mais l'on n'était pas aux USA mais en Ouzbékistan (Hours, Selim, 2010), au Vietnam, au Congo, et la graine semée tourna au simple *business as usual*. Conformément à son origine nord-américaine, la démocratie était une valeur morale et son accouplement historique avec le marché aux USA faisait du marché un champ moral lui aussi. Éthique et business irriguent historiquement le capitalisme américain. S'il est une économie morale qui se pense comme réelle c'est en effet aux USA qu'on la trouve, dans le berceau du capitalisme moderne ou de sa dernière déclinaison historique. L'éthique protestante évoquée par Max Weber et l'ascèse du travail considéré comme une activité morale ont contribué à légitimer la production de richesse puis l'accumulation du profit. D'où cette valeur pérenne, dans l'idéologie américaine, attribuée aux performances économiques qui sont, encore un peu de nos jours, un don de Dieu, la rémunération des vertus morales de l'entrepreneur (ou de l'entreprise), sans omettre un ticket pour une gratification finale dans l'au-delà.

Aujourd'hui la figure de l'entrepreneur est moins flamboyante, sauf pour les grands escrocs. La firme (corporation) concentre la valeur symbolique et elle se définit en droit comme une « personne morale » (*corporate*) ce qui est explicite.

L'économie de marché et la morale entretiennent donc une intimité ou complicité historiquement avérée, même si l'on doit se garder d'un culturalisme déterministe qui prêterait au protestantisme, comme au confucianisme des causalités sommaires. Il reste que les entreprises, à un moindre degré les entrepreneurs désormais, et l'économie de marché dans son ensemble, ne peuvent « faire l'économie » de s'appuyer, d'évoquer, d'invoquer, des valeurs morales. Les excès du néolibéralisme, ses conséquences sociales évidentes, ont de leur côté rendu encore plus nécessaire les investissements moraux dans le champ humanitaire. On peut en effet relever la contemporanéité relative qui s'observe dans les années quatre-vingt et quatre-vingt-dix entre une idéologie néolibérale radicale appliquée et le développement de l'action humanitaire, sinon soudain du moins passablement brutal à l'échelle du XXe siècle. Que l'action humanitaire soit née au Biafra est plausible mais simpliste quand on se souvient des financements par la fondation néolibérale Héritage de Libertés sans frontières, la fondation française antitotalitaire de Claude Malhuret durant les dernières années de l'URSS (Hours, 1998). Très logiquement, l'extension mondiale de l'économie de marché financiarisée a besoin d'un adjuvant ou complément humanitaire, curatif, philanthropique, c'est-à-dire moral pour être supportable voire acceptée. La violence générée par les marchés, leurs conséquences sociales lourdes et connues nécessitent d'être allégées, voire effacées par une fenêtre ouverte sur un monde meilleur, où règne l'empathie, l'attention à autrui, le soin (*care*), la bienveillance, qui rendent sa dignité à un agent économique brutalisé, violenté, pressé, harcelé, exploité pour emprunter un mot du XXe siècle peu fréquent désormais. Cet agent économique est un sujet largement nié dès lors qu'il n'est qu'une bête à produire et/ou à consommer. « Pas de pleurs, du cœur » affichait Médecins sans frontières(MSF) en 1986 dans une vaste affiche peuplée d'Éthiopiens faméliques. Parce qu'elle produit de la richesse et doit en produire de plus en plus en affirmant qu'elle est bénéfique pour tous (cf. gagnant-gagnant), l'économie de marché financiarisée doit nécessairement s'équiper et afficher des ambitions morales. Dès lors que la vertu individuelle des entrepreneurs ne suffit plus à intéresser les médias et que les dérives financières des marchés abîment leur image, il devient impérieux d'insuffler un parfum de moralité et de recouvrir l'hégémonie de fait de l'entreprise de Bill Gates par une ambition philanthropique d'échelle égale.

L'action humanitaire s'est développée à partir des émotions morales des donateurs privés, désormais fidélisés par prélèvement automatique. Le mécénat d'entreprise a accompagné le développement de l'action humanitaire en Europe plus discrètement qu'aux États-Unis, culture politique oblige. Mais la baisse des dons des particuliers liée aux crises récentes place les entreprises en recours tentant pour des ONG exposées à une perte d'indépendance manifeste face à leurs bailleurs multilatéraux enfermés dans des logiques bureaucratico-institutionnelles sans issues (Commission européenne, Nations unies, Banque mondiale...). Ces ONG sont devenues des entreprises de moralité et sont elles aussi gérées comme des entreprises, bien loin des logiques associatives que conservent seulement les organisations les moins visibles, c'est-à-dire les moins riches d'argent et de projets. L'usine humanitaire tourne désormais à plein régime et la machine s'emballe comme lors du grand tsunami où MSF tira l'alarme face à un excès de dons. Mais victimes potentielles de leur succès, les grosses ONG voient de fréquentes dissidences, toutes exprimées à travers des objections morales et politiques. À force de trop faire semblant de rendre le monde meilleur, c'est l'intention elle-même qui est abîmée. En outre, les logiques technocratiques qui imprègnent les projets multilatéraux ne peuvent passer trop durablement pour des initiatives d'une société civile de donateurs muets. Se substituer aux utopies du XXe siècle n'est pas chose facile pour les ONG au XXIe siècle, dont certaines sont devenues des usines de marchandises morales. La vente de projets *via* Internet connaît avec le *crow funding* un succès notable qui marque peut-être l'ouverture d'un nouveau chapitre humanitaire et l'affaiblissement possible à terme du « monopole du cœur » dont se sont toujours targuées les ONG depuis plusieurs décennies. Le financement participatif marginalise les intermédiaires mais on peut se demander quel type de bien produit l'engagement simplement financier et quel degré de solidarité est en jeu ? Le cœur se vend aux enchères sur Internet par financement des projets sans intermédiaires. Cette nouvelle illusion démocratique, cette nouvelle mise en scène du phantasme d'une communication directe entre le donateur et le bénéficiaire, pourrait avoir un bel avenir et affaiblir les ONG nées au siècle dernier (Hours, Selim, 2014). Celles-ci seraient alors exposées à s'abandonner plus aux sirènes des financements des entreprises en quête de blanchiment moral, ou des fondations à l'image des États-Unis.

Les grosses ONG humanitaires et les entreprises fonctionnent dans un champ d'économie morale partagée, même si ces deux acteurs sont bien distincts pour l'heure. Des ONG connues s'attaquent parfois aux mauvaises pratiques d'entreprises. Dans le domaine de la santé, MSF a joué un rôle décisif, en toute indépendance face à des multinationales pharmaceutiques. Mais MSF est justement la seule ONG française à disposer d'une autonomie financière suffisante. La fonction de témoignage et de dénonciation (*advocacy*) attribuée aux ONG est capitale pour leur image auprès de la société civile mais les risques de dépendance évoqués demeurent et les contraintes financières sont peu esquivables même en économie morale, à supposer que l'économie morale soit un champ distinct.

Parler de retour à propos de la philanthropie fait référence à l'époque où Weber analysait l'éthique protestante et l'esprit du capitalisme. Les capitaines d'industries de l'époque étaient présumés profondément vertueux, leur réussite étant un don de Dieu, légitimé par leurs vertus : capacité de travail, prise de risque réfléchie, souci du bien-être de leurs ouvriers. Leurs épouses, au-delà de l'éducation de leurs nombreux enfants, s'adonnaient activement à la philanthropie à travers des « bonnes œuvres » pour les plus démunis. Ce cliché d'économie morale au parfum paternaliste souligne l'historicité des valeurs morales et la permanence de l'équation entre Bien, richesse, entreprises.

La philanthropie aujourd'hui est une autre affaire, même si certains de ses ressorts sont les mêmes dans la mesure où elle s'inscrit dans la globalisation de l'économie de marché et où les entreprises y occupent une place importante afin justement de moraliser leurs profits tout en obtenant des avantages fiscaux importants. La fameuse fondation Gates s'abstient d'investir dans des domaines contraires à ses intérêts boursiers fussent-ils peu conformes aux recommandations en santé publique. Les fondations d'entreprises ont connu un extrême développement en Chine, à la mesure du développement de l'économie de marché et en particulier après le tremblement de terre du Sichuan. Waren Buffet et Bill Gates, acteurs économiques et financiers globaux s'il en est, auraient en 2010 fait la promotion de la philanthropie d'entreprises auprès des « nouveaux milliardaires rouges ». Ces phénomènes globaux d'investissements financiers d'entreprises pour acquérir une virginité morale et blanchir leurs profits répercutent à plus grande échelle le modèle philanthropique du capitalisme américain initial permettant d'affirmer un lien étroit et structurel entre le système économique capitaliste et les investissements moraux *via* la philanthropie, que celle-ci prenne le nom d'un entrepreneur comme aux États-Unis ou en Chine, ou celui d'une société comme en Europe. Néanmoins, à la différence des entrepreneurs wébériens, les chefs d'entreprises d'aujourd'hui sont nécessairement ostentatoires, à tout le moins c'est le spectacle médiatisé de leurs dons qui fait sens. Même s'ils financent des institutions d'orphelins dont les parents sont décédés au travail dans leurs entreprises !

La réputation ne se produit plus dans le voisinage et par une conduite vertueuse à l'ère des médias où chacun se regarde en photo sur son téléphone portable. Elle résulte d'une mise en scène, d'une performance, d'un évènement qui fait spectacle et qui est consommé par un large public. Si l'action humanitaire se présente ainsi comme un spectacle du mal qui tient lieu de théorie du bien (Hours, 2008), les spectacles philanthropiques contemporains conduisent à la production d'une communauté morale éphémère (dans le Téléthon pour exemple), ou, pour les grandes fortunes ou compagnies industrielles, à la mise en scène d'un rite de lustration de la richesse qui a toujours lieu dans un hôtel 5 étoiles en bonne compagnie, tels les banquets philanthropiques américains où le couvert se paye en milliers de dollars, ou les enchères agonistiques entre milliardaires chinois.

Dans l'économie financière actuelle, l'argent est devenu fascinant autant que suspect et sale dans l'opinion publique. Cette ambiguïté manifeste une inquiétude morale explicite et appelle à une dynamique blanchisseuse de plus en plus active et visible, la transparence passant pour vertu alors qu'elle n'est qu'une simple procédure et que, comme toute procédure elle est susceptible d'aménagements… comme les peines. Même Jérôme Kerviel, l'ex trader de la Société Générale, un pauvre, un moment fasciné par l'argent des autres, se livre, en marchant à pieds sac au dos pendant un mois et en rencontrant le pape, à un rite d'hygiène morale médiatisée autant que tardive. La morale semble finalement au cœur de l'économie de l'entrepreneur modèle vertueux, comme du pécheur financier susceptible d'être gracié, voire de connaître la rédemption. On ne peut pas éviter de constater que les valeurs et normes religieuses pèsent depuis des siècles en la matière. Les anciens riches demeurent néanmoins discrets. Seuls les nouveaux riches s'exposent, dit-on, avec une vulgarité ostentatoire qui signale des fortunes volatiles, mal acquises ou de courte durée. L'habitude de la richesse invite certainement à la discrétion et à une certaine frugalité déjà recommandée par les sectes protestantes.

Les investissements moraux réalisés par les particuliers dans les entreprises de moralité que sont les ONG, les investissements moraux des grandes fortunes ou sociétés dans des fondations, des ONG, ou des campagnes philanthropiques apparaissent comme des activités visant à moraliser la richesse acquise, même modeste. Comme si l'argent était périlleux et contenait un risque intrinsèque d'usage mauvais, diabolique pour les théologiens depuis le Moyen Âge, potentiellement problématique pour les psychanalystes aujourd'hui. Même la caverne d'Ali Baba, ou les trésors enfouis sous les mers, sont sources de phantasmes aussi bien que de régulations sociales qui en normalisent et en moralisent l'usage. L'argent n'a pas d'odeur dit-on, probablement à tort, mais il est source de délire individuel et de délire social et économique. C'est pourquoi la morale, la loi, ont toujours été mobilisées pour l'encadrer afin d'en faire un instrument d'intégration plutôt que de désintégration sociale.

À quelle forme de communauté doit profiter la richesse produite et, plus largement, quel bénéfice la société doit-elle en retirer ? Le slogan néolibéral contemporain en forme d'escroquerie du « gagnant-gagnant » n'est qu'un rideau opaque qui masque le creusement d'inégalités mortifères que Dieu, longtemps évoqué par les économistes de la morale ou les moralistes de l'économie, ne saurait cautionner. Pas plus qu'une référence aux droits dits humains, qui, bien que fort abstraits et peu mis en œuvre, sont devenus une norme majeure dans la globalisation.

Que la morale soit imprégnée de valeurs religieuses ou laïques, elle demeure productrice de la vérité, elle énonce ce qui est juste et dénonce ce qui est injuste, au terme de multiples interactions et médiations de toute nature, condition nécessaire d'un consensus autour des valeurs de référence puis des normes produites.

À l'heure où le marché fait de plus en plus société il est devenu le principal producteur de marchandises morales aujourd'hui.

Conclusion

La notion d'économie morale apparaît comme très conjoncturelle. C'est un concept en creux, provoqué par deux ouvrages importants (Thompson, 1971 ; Scott, 1976), qui ont servi de prétexte à des gloses d'inégal intérêt. Ces ouvrages portent sur des études de cas documentées. Ce ne sont pas des discours de circonstance, à l'occasion misérabilistes, sur le droit à l'émeute ou le droit de rébellion, aussi ambigus que le consentement à la domination. La crise que traverse le capitalisme contemporain, qu'elle soit dénoncée ou occultée, favorise ce débat dont le noyau dur porte sur les valeurs morales et les normes consécutives qui contribuent à forger un jugement sur la légitimité, en termes de justice et de vérité, de l'activité économique et des conditions dans lesquelles sont produites les richesses. L'économie de marché, désormais largement financiarisée, et le capitalisme plus encore, y sont radicalement interrogés. Cette question traverse toute l'histoire de la pensée et ce n'est pas un hasard si les auteurs les plus pertinents sont aujourd'hui historiens ou politologues, comme ils furent théologiens et philosophes dans le passé, à l'exception notable de Polanyi. La question dépasse largement le champ idéologique actuel, émotionnellement humanitaire, qui se penche sur les pauvres, les femmes, les enfants, protégés par des droits en partie inopérants du fait de l'exploitation économique et des rapports sociaux. L'actualité de la souffrance au travail est exemplaire à cet égard et la question posée est profondément morale : où s'arrête une exploitation légitime et où commence l'abus ? Les normes de bonne gouvernance sont supposées répondre à cette question qui s'applique aux entreprises comme à la vie économique et politique. Ne nous proposent-elles pas, en mettant en œuvre ces normes, une économie transparente, morale, démocratique, respectueuse des clients comme des employés, vertueuse selon l'expression en usage… toujours un peu ironique lorsque les médias étalent les scandales et les abus quotidiennement.

La bonne gouvernance propose désormais les recettes pour un monde vertueux à défaut d'être juste, une définition du bonheur au XXIe siècle. Les procédures de protection qui s'entassent, comme les droits, produisent la permanence d'un « souci moral » qui rassure à moitié dans la mesure où l'ingéniosité des montages, l'usage des fictions bureaucratiques, permettent la continuation de pratiques parfois criminelles, souvent bénéfiques financièrement, quelquefois condamnées au prix d'années de procédures devant des tribunaux nationaux ou transnationaux. Qu'elles fassent l'objet d'une réprobation unanime n'y change rien pour le moment et peut être géré.

Les analyses et débats sur les biens communs portent aussi sur la propriété privée. Ils s'inscrivent en pleine actualité dans le champ de la morale, de l'économie, comme de l'économie morale, dépourvue d'autonomie à mon sens. L'exploitation de l'air, ou de l'eau par des entreprises privées réalisant des profits est moins morale qu'un service public en la matière. Mais les États privatisent et délèguent à grande échelle sous divers prétextes d'efficience. L'interlocuteur du marché est le client qui, après, ou en même temps que le travailleur, est devenu la figure principale de l'exploité et de l'exploitation. Il est celui qui a des besoins, réels ou inventés, et qui dépend des fournisseurs de services, de biens matériels ou immatériels. Électricité, eau, internet, téléphonie, ces seules marchandises emprisonnent le consommateur dans une dépendance complète, agrémentée de quelques promotions pour capturer le client. Le marché a fait du client un esclave que ses droits dits humains ne protègent pas sérieusement de l'aliénation dont il est la victime, souvent consentante, tant ces marchandises sont gratifiantes qui vous invitent à des découvertes, des rencontres, des surprises, des émotions ludiques ou morales. Après les paysans et les travailleurs, les consommateurs sont invités à dépenser leurs revenus dans la boutique du maître, le marché.

Parler de morale de l'économie, ou d'économie morale, c'est aujourd'hui consommer de la moralité pour supporter le reste et se sentir un peu digne. C'est consommer des marchandises morales qui amènent à s'interroger sur la nature du sujet de l'éconômie de marché et sur la nature de l'entité collective à laquelle s'adresse ce marché. Parce qu'il tend à se substituer à la société, le marché n'a pas besoin d'interlocuteurs collectifs. Il n'en a pas besoin, comme le Medef se passerait bien des syndicats. Il ne s'intéresse qu'au consommateur qui est à la fois un individu, un client, un profil enregistré sur Internet. Comme le marché fait société, les consommateurs tendent à passer pour société civile, ce qui est bien pratique pour les manipuler par des sondages d'opinions. À force d'être interrogé à chaque pas sur notre satisfaction, il serait inconvenant de se déclarer insatisfait. Encore moins révolté. À la rigueur, moralement indigné. Le marché peut s'en accommoder dans une large mesure. Pourtant de multiples voix, dites alternatives, ce qui en dit long sur l'hégémonie à contester, s'expriment pour faire du marché une place publique et de la société une société civile non réduite à des citoyens-consommateurs. Ces revendications partagées se heurtent à un rempart de marchandises morales qui bloquent, ou freinent leur aboutissement, en créant de multiples détournements et en saturant le champ politique de marchandises morales permettant de supporter l'insupportable tout en glosant sur le seuil de supportabilité afin de montrer qu'on s'en occupe… sans rien changer.

La production collective d'un « régime de vérité » appuyé sur des valeurs morales opératoires est ainsi largement interdite. Sauf erreur, c'est d'ailleurs ce qu'on nomme une révolution et le caractère global du marché le rend particulièrement résistant, sauf crise systémique grave dont l'hypothèse n'est ni probable, ni totalement utopique.

Dans cette lecture, l'économie morale apparaît comme un artefact idéologique contemporain hautement volatil, qui se présente à la fois comme une quête authentique de dignité et de solidarité, mais aussi, et en même temps comme un rideau de fumée selon les acteurs qui s'en emparent. L'économie morale nous renvoie à la question fondamentale formulée depuis des siècles : quelle est la nature de la communauté morale invoquée et présumée, ses contours, limites, contenus et dynamiques ? Peut-on produire une communauté morale globale qui se dessine à l'ère de la globalisation ? Plus radicalement, une communauté morale peut-elle être pensable concrètement, même si elle est abondamment et légitimement pensée abstraitement depuis des lustres dans et hors des religions ? Car le marché désormais financiarisé n'est plus seulement la statue du commandeur qui surplombe. Il commande des champs de plus en plus larges. La concurrence qui le fonde provoque une violence inévitable et permanente qui s'apparente à de la sauvagerie. Celle-ci est la même que celle des animaux lorsqu'ils défendent leur territoire de chasse. L'homme devenu espèce naturelle peut-il encore distinguer entre le bien moral et les avantages et positions économiques ? L'économie morale ressemble donc fort à un filtre pour éviter le constat que l'économie de marché, financiarisée, ne saurait être morale car elle est profondément et systémiquement immorale. S'interroger sur les seuils de supportabilité s'apparente alors à une douce escroquerie en forme d'alibi car l'interrogation ne vaut pas solution. Les capacités de récupération et de dérivation des indignations diverses dont le marché se dote en produisant des marchandises morales laissent un espace des plus ambigus, aussi nécessaire qu'insuffisant, aux tentatives dites d'économies solidaires, qui pour les plus sérieuses, jugent que les « entreprises sociales » sont profondément suspectes, et ressemblent à un miroir aux alouettes.

Dès lors, il y a tout lieu de présumer qu'Adam Smith, s'il revenait parmi nous, trouverait qu'au XXIe siècle, l'économie de marché financiarisée ne sert plus à rien dans le ciel. Tant le paradis attendu à son époque de l'économie encore politique ressemble peu à notre enfer actuel, celui où chacun de nous peut se vendre comme une marchandise sur le site *whats your price*, celui de la dégradation de l'environnement et du pillage des ressources naturelles par un marché devenu sauvage et irresponsable à force de concurrence. À quel prix et jusqu'à quand ?

RÉFÉRENCES BIBLIOGRAPHIQUES

BAZIN L., HOURS B., SELIM M., 2010 : *L'Ouzbékistan à l'heure de l'identité nationale*, Paris, L'Harmattan.

FASSIN D., 2009 : « Les économies morales revisitées », *Annales*, 6.

FASSIN D., EIDELIMAN J.-S., 2012 : *Économies morales contemporaines*, Paris, La Découverte.

HOURS B., SELIM M., 2014 : *L'enchantement de la société civile, ONG, femmes, gouvernance*, Paris, L'Harmattan.

HOURS B., 2008 : « Les marchandises morales globales où le blanchiment du capitalisme », in BAUMANN, BAZIN, OULD-AHMED, PHÉLINAS, SELIM (ed.) : *Anthropologues et économistes face à la globalisation*, Paris, L'Harmattan.

HOURS B., 1998 : *L'idéologie humanitaire ou le spectacle de l'altérité perdue*, Paris, L'Harmattan.

ONG A., 1997: "Chinese modernities : narratives of nation and capitalism" in NONINI D. M. and ONG A. (ed.) : *Underground empires : the cultural politics of modern Chinese transnationalism*, New York, Routledge.

REDDY W., 1984: *The rise of market culture: the textile trade end French society, 1750-1900*, Cambridge UP.

ROITMAN J., 2000 : « Économie morale, subjectivité et politique », *Critique internationale*, Vol 6, n° 6.

SCOTT J.-C., 1976: *The moral economy of the peasant: rebellion and subsistence in South East Asia*, Yale UP.

SMITH A., 1759 : *Théorie des sentiments moraux*.

THOMPSON E. P., 1971: "The moral economy of the English crowd in the eighteen century", *Past and present*, 50 (1).

DE LA LUTTE DE CLASSES À LA LUTTE DES MORALES : LA QUESTION DE L'ENCASTREMENT MORAL DE L'ÉCONOMIE EN TURQUIE NÉOLIBÉRALE *

Cem ÖZATALAY

Des expressions telles que « l'argent n'a pas d'odeur » ainsi que celles qui mettent l'accent sur l'indifférence de la rationalité économique vis-à-vis de la morale ne sont plus en vogue dans le langage politique, non plus que dans le langage scientifique. Autrement dit, les valeurs et la morale ne sont plus conçues comme appartenant à un « monde hostile » à la sphère économique. Les frontières qui distinguent le monde des valeurs morales de celui de la rationalité instrumentale sont effacées et le rôle attribué à la morale dans la régulation de l'économie devient de plus en plus fondamental.

D'une part, on constate souvent, dans le discours des politiciens pendant les moments de crise, comme ce fut le cas au cours de la crise financière de 2007-2008, la transformation de la morale en « remède miracle ». En bref, les scandales financiers et les fraudes qui se sont succédé, comme les affaires d'Enron, de WorldCom et d'autres sociétés, ont entraîné, surtout après le tournant des années 2000, l'actualisation d'un discours revenant à « moraliser » l'économie de marché.

D'autre part, la notion de moralisation de l'économie est aussi en usage pour qualifier certains développements positifs en termes de croissance

* Cet article est le produit d'une recherche soutenue financièrement par le comité des recherches scientifiques de l'université Galatasaray (Turquie) dans le cadre du Fonds de recherche (N° 14.502.002).

économique. Plus précisément, il s'agit d'une tendance en expansion, explicitement wébérienne, à interpréter les taux de croissance obtenus par des pays émergents en y incluant le rôle de la morale et de l'éthique dans l'analyse. Or, il existe déjà une vaste littérature en sciences sociales focalisée sur le rapport de la morale et de l'éthique, découlant souvent de croyances religieuses, dans le développement économique de certains pays de l'Asie de l'Est, du Moyen-Orient ou bien de l'Amérique latine.

En fait, on pourrait dire que la morale sert aujourd'hui de référent, et que son absence est considérée comme un déclencheur de scandales financiers dans le cas, par exemple, des pays occidentaux ; sa présence, à l'inverse, serait la motivation qui conduirait à l'accumulation du capital et à la croissance économique des pays émergents.

La Turquie, dont le taux de croissance économique atteignait près de 5,2 % par an en moyenne entre 2002 et 2012, a bien évidemment été l'objet d'analyses problématisant le rapport de la morale au développement économique. Mahmut Arslan est l'un des premiers à avoir interrogé la relation entre l'éthique du travail des nouveaux entrepreneurs et les dynamiques d'accumulation du capital apparues après les années 1980 en Turquie. En s'appuyant sur les résultats d'une étude de terrain comparative menée auprès d'entrepreneurs britanniques, irlandais et turcs, Arslan constate que l'orientation vers la réussite est plus forte chez les entrepreneurs turcs et irlandais que chez leurs homologues britanniques, et qu'elle entraîne l'émergence d'un engagement ferme à l'égard de l'éthique « protestante » du travail chez les Irlandais catholiques et les Turcs musulmans (Arslan, 2000, 2001), à la différence des Britanniques protestants. Selon Arslan, même si cette différence est le corollaire d'inégalités matérielles, dans le cas de la Turquie, le rôle de l'islam dans la formation de cette nouvelle éthique du travail ne devrait pas être négligé.

De même, selon l'étude de Sennur Özdemir (2006), la naissance du Müsiad (Association des hommes d'affaires et industriels indépendants), fondé en 2000 par une élite économique islamiste, pourrait s'expliquer par la transformation culturelle qui se manifeste chez des gens d'affaires pieux et conservateurs autour d'une éthique spécifique du travail, qualifiée de « musulmane » ou « islamique ». En 2005, le rapport publié par *European Stability Initiative* se référait pour la première fois à la notion de « calvinisme islamique » pour mettre l'accent sur le rôle de l'éthique islamique du travail dans le développement économique connu par l'Anatolie centrale après les années 1990. Selçuk Uygur, à son tour, distingue les valeurs quasi puritaines, qualifiées d'éthique islamique du travail, adoptées par les gens d'affaires pieux en Turquie, comme suit : acharnement au travail, sens de l'épargne, honnêteté et probité (2009 : 217). En outre, comme Dilek Yankaya le souligne (2013), l'émergence du discours autour d'une éthique islamique du travail est fermement associée à la formation d'une nouvelle classe entrepreneuriale, « la bourgeoisie islamique », et pourrait être considérée également comme un processus de formation d'une communauté morale qui fournit à ses membres un environnement plus approprié pour progresser dans le monde des affaires.

L'objectif de ce chapitre est d'abord de développer une réflexion sur le phénomène de moralisation de l'économie – et/ou sur la tentative de faire de la morale un outil régulateur de l'économie de marché – et, par la suite, de discuter ses effets sociaux souvent si divergents, voire contradictoires en partant du cas de la Turquie.

La moralisation du capitalisme comme imaginaire néolibéral

La pensée néolibérale, dont la genèse remonte au lendemain de la grande crise de 1929, consiste de fait en une critique du libéralisme manchestérien – ou libéralisme du laisser-faire – qu'elle condamne pour ne pas avoir établi des cadres juridiques et moraux afin de contrôler le champ d'action des agents économiques (Amable, 2010).

La nécessité de cadres juridiques et moraux pour un meilleur fonctionnement de l'économie de marché s'est exprimée, bien évidemment dans différentes mesures, diverses écoles (néo) libérales représentées d'abord, lors du colloque Walter Lippmann tenu en 1938 et par la suite dans la Société du Mont Pèlerin, qui depuis 1947, réunit des universitaires, des politiciens et des gens d'affaires (Denord, 2001, 2002 ; Audier, 2012, 2013).

Mais pour que les institutions juridiques et morales aient un rôle décisif dans la régulation de l'économie, il a fallu faire face d'abord à la faillite du mode de régulation keynésien dans les années 1970, puis aux insuffisances des politiques néolibérales monétaristes mises en œuvre pour remplacer le modèle keynésien dans les années 1980. La faillite du modèle économique conduit par Ronald Reagan aux États-Unis et par Margaret Thatcher en Grande-Bretagne, en suscitant des effets lourds de conséquences sur le plan social, a imposé une remise en question des politiques néolibérales.

Ainsi, au tournant des années 1990, le néolibéralisme ne consistait plus en un ensemble de politiques économiques basées sur la dérégulation, le recul de l'État dans le fonctionnement économique, la mise en œuvre d'un monétarisme rigoureux sous le leadership des politiciens avant-gardistes. De telles politiques avaient vu le jour, comme Philip Cerny le souligne, dans les conditions spécifiques des économies britannique et états-unienne en récession pendant les années 1970 (Cerny, 2010 : 128).

Dans le sillage des discours de la « Troisième Voie » de la « nouvelle gauche » de Tony Blair et de Bill Clinton, la Banque mondiale fut la première à changer de cap et commença, dès lors, à élaborer ses politiques en se focalisant moins sur le « marché libre » que sur la « politique d'État » et le « changement institutionnel » (Kiely, 2005 : 87-88).

Autrement dit, la phase *destructive* du néolibéralisme – *roll-back neoliberalism* – a été remplacée par une nouvelle phase *constructive* – *roll-out neoliberalism* (Peck and Tickell, 2007) ayant pour but d'« encastrer » idéologiquement, institutionnellement et structurellement le néolibéralisme dans la société (Cahill, 2014) à travers les techniques telles que la bonne gouvernance ou le changement institutionnel (voir Tableau I en annexe).

Le développement de la fonction des autorités administratives indépendantes fut l'un des résultats de cette transition. En d'autres termes, l'État renonce à opérer comme un agent qui intervient directement dans l'économie et se transforme en « régulateur indirect » dont la fonction consiste à réguler les systèmes de contrôle interne (Parker, 2002).

Cependant, depuis le début du XXIe siècle, la succession des scandales financiers et les fraudes d'Enron, de WorldCom et d'autres sociétés ont montré que les réglementations et les contrôles des autorités administratives indépendantes ne suffisent pas à eux seuls à établir un fonctionnement correct, moral et responsable des marchés occidentaux. En outre, les faillites dues aux fraudes financières ont ébranlé les marchés et par conséquent la totalité de l'économie. Par exemple, la faillite d'Enron à elle seule a provoqué le licenciement de milliers de salariés, la perte de dizaines de milliards de dollars des investisseurs, la réduction des fonds de pension des salariés, la chute des actions la plus importante jamais connue en temps de paix, la perte de confiance des citoyens envers le système bancaire, etc. La conséquence des scandales financiers fut l'apparition du discours de « moralisation du capitalisme », dont l'expression concrète a consisté à soutenir dans les marchés les pratiques associées à l'éthique des affaires ou à la responsabilité sociale de l'entreprise par les institutions de gouvernance globale et locale.

Quant aux économies émergentes, le questionnement du rapport de la morale à l'économie s'est déployé dans un registre passablement différent. Les taux de croissance relativement élevés obtenus dans les pays du BRIC (Brésil, Russie, Inde et Chine) et de Next-11 (Bangladesh, Corée du Sud, Égypte, Indonésie, Iran, Mexique, Nigeria, Pakistan, Philippines, Turquie et Vietnam) entraînent des travaux mettant l'accent sur les impacts positifs des éléments moraux sur les succès économiques.

Il suffirait de jeter un coup d'œil aux publications en sciences sociales pour avoir une idée de l'ampleur des recherches menées autour de cette problématique. Les études qui interrogent l'impact de l'éthique confucéenne sur le développement économique de l'Asie de l'Est (Hofstede and Bond, 1988 ; Franke *et al.*, 1991 ; Granato *et al.*, 1996 ; Lam, 2003 ; Cheung and Chan, 2005 ; Ntibagirirwa, 2009 ; Ardichvili *et al.*, 2012) et de l'éthique islamique du travail dans les pays à majorité musulmane (Ali, 1988 ; Arslan, 2000, 2001 ; Yousef, 2001 ; Özdemir, 2006 ; Ali and Al-Kazemi, 2007 ; Uygur, 2009 ; Chanzanagh and Akbarnejad, 2011) sont accompagnées par les recherches remettant en question la relation de l'épanouissement du pentecôtisme en Afrique et en Amérique latine avec la mise en œuvre des politiques néolibérales (Martin, 1990 ; Martin, 1995 ; Gill, 2004 ; Pfeiffer *et coll.*, 2007 ; Berger, 2008 ; Burity, 2012).

Par conséquent, on pourrait constater que la morale se présente dans le discours scientifique et politique du XXIe siècle soit comme un soutien au fonctionnement de l'économie, soit comme un élément institué du marché. Ceci correspond, selon la catégorisation de Marion Fourcade et Kieran Healy (2007), aux troisièmes et quatrièmes positions prises dans les sciences sociales pour considérer le rapport de la morale à l'économie : les points de vue de « marché faible » et « marché moralisé » (voir Tableau II).

L'approche du « marché faible », dont les précurseurs les plus connus sont Max Weber et Werner Sombart en Allemagne, Thorstein Veblen, John R. Commons et aussi Clarence E. Ayres aux États-Unis, repose sur l'idée que le marché seul possède un pouvoir faible sur l'ordre social et nécessite d'être obligatoirement supporté par une éthique et un esprit spécifiques comme les sociologues allemands Weber et Sombart le soulignent, ou bien par un cadre institutionnel adéquat à l'évolution technique comme défendu par l'approche institutionnaliste.

Les différences des approches wébérienne et institutionnaliste pourraient être montrées à travers l'ancrage et le mouvement du support que nécessite l'économie. Plus précisément, même si ces deux approches soulignent le rôle des valeurs, des cadres cognitifs, des connaissances accumulées, des comportements institués, en bref, l'importance des effets des éléments symboliques sur le champ économique, pour la première, la source des effets symboliques provient de l'héritage culturel (religion, etc.) dont l'influence stable, lente et profonde s'effectue de bas en haut, tandis que pour la deuxième, ce sont les institutions préexistantes qui surdéterminent les interactions à venir dans la sphère économique. Mais bien évidemment sans négliger un probable changement institutionnel effectué à présent de haut en bas pour pouvoir sélectionner finalement les valeurs inadéquates aux exigences de l'économie. Donc la version institutionnaliste, surtout son interprétation inspirée de la pensée de Clarence E. Ayres, qui a pour but d'élaborer une économie normative du progrès socio-économique (Brette, 2004), se joint en dernière instance à la quatrième approche qui est pragmatique et constructiviste.

Mais il convient de ne pas négliger qu'il existe une concomitance entre l'évolution historique du capitalisme englobant la succession de divers modes de régulation et celle de la manière de penser le rapport de la morale à l'économie. Autrement dit, les divers esprits [1] du capitalisme entraînent, d'une part, la naissance et la prolifération d'éthiques de travail distinctes dans l'évolution historique du capitalisme, et en parallèle, les différentes façons de penser le rôle de la morale dans le monde de travail et son rapport à l'économie, d'autre part. Cette étude se veut donc une étude exploratoire auprès d'un échantillon représentatif des managers travaillant dans différents types d'entreprises capitalistes en Turquie, pour pouvoir distinguer la diversité morale au sein des cadres moyens et des entrepreneurs des PME, et enfin montrer la concomitance entre la diversité morale et les esprits du capitalisme ainsi que l'homologie structurelle entre les positions occupées par les individus dans le champ économique et leurs engagements moraux.

Explorer la morale, l'éthique de travail et l'esprit du capitalisme à Istanbul

Sur le fondement du cadre conceptuel décrit ci-dessus, l'univers de l'enquête a été composé de trois groupes :

a. les employeurs et les cadres des PME ;

b. les cadres moyens des entreprises publiques et privées avec des structures organisationnelles relativement bureaucratiques ;

c. les cadres moyens des entreprises qui sont censées apporter le « nouvel » esprit du capitalisme (Boltanski and Chiapello, 1999), c'est-à-dire qui travaillent par projet dans des entreprises en réseau, dans des industries culturelles et créatives, ou bien dans les entreprises multinationales des secteurs de la finance, de la télécommunication, de l'informatique, etc.

L'échantillon de l'étude est composé de 345 cadres et employeurs, hommes et femmes, dont 52 % (181 répondants) occupent des positions supérieures dans les microentreprises (nombre d'employés inférieur à 10), 23 % (80 répondants) sont cadres moyens dans de petites et moyennes entreprises (nombre d'employés entre 10 et 250), et, enfin, 24 % (84 répondants) sont cadres dans de grandes entreprises (nombre d'employés supérieur à 250). L'échantillon n'a pas été construit selon la répartition proportionnelle des entreprises en Turquie par leurs échelles, mais selon la capacité de celles-ci à représenter la variété des cultures d'entreprise afin de distinguer les divers ancrages moraux.

Pour recueillir les données, j'ai construit un questionnaire composé de quatre parties :

a. 42 questions pour discerner la diversité des justifications des managers concernant leur engagement dans le capitalisme ;

1. En utilisant la notion d'« esprit du capitalisme » ; je respecte la définition comme « l'idéologie qui justifie l'engagement dans le capitalisme » développée par Boltanski et Chiapello.

b. 65 questions pour se renseigner sur le niveau d'engagement des répondants à l'égard de l'éthique protestante du travail et de ses sept dimensions qui sont fixées dans *The Multidimensional Work Ethic Profile* (MWEP) comme « travail acharné », « autonomie », « loisirs », « centralité du travail », « morale/éthique », « ajournement de la satisfaction des désirs », et « perte de temps » (Miller *et al.*, 2002) ;

c. 10 questions pour mesurer les niveaux de religiosité des répondants à travers *The Religious Commitment Inventory-10* (Worthington, Everett L. *et al*, 2003) ;

et enfin d. : questions préparées en vue d'obtenir des informations sur les profils démographiques des répondants et de leurs familles, ainsi que leur position de classe et leur milieu culturel. Ainsi, j'ai prévu d'avoir des données riches et multidimensionnelles permettant de faire des comparaisons croisées entre différentes variables.

Une analyse de regroupement en deux étapes (*Two-Step Cluster Analysis*) est effectuée sur les données recueillies afin de classer les cadres et employeurs enquêtés en fonction de la ressemblance de leurs idéologies justifiant leur engagement dans le capitalisme, de leurs valeurs de travail, ainsi que des éléments indiquant leur position dans l'espace social tels que la qualification, la compétence, le niveau d'éducation, l'appartenance de classe, la structure familiale, le changement de position sociale, l'engagement religieux, le genre. Selon les tests statistiques, 230 répondants ont pu être regroupés, tandis que 115, qui n'ont pas de point commun significatif, sont exclus de l'échantillon.

De cette façon, j'ai identifié trois groupes. Le premier groupe de l'échantillon diffère des deux autres groupes, tout d'abord, par les résultats de ses composants selon leur engagement à l'égard de l'éthique protestante du travail. Plus particulièrement, une grande différence est constatée entre les premier et troisième groupes selon leurs scores de MWEP (voir Tableau III en annexe). Et, d'autre part, j'ai constaté que, contrairement à d'autres groupes, le premier groupe était composé essentiellement de cadres et d'employeurs des microentreprises.

À partir de ces données, on peut conclure qu'il existe une corrélation inverse entre la taille de l'entreprise et l'engagement dans l'éthique protestante du travail. En d'autres termes, dans la mesure où la taille de l'entreprise diminue, les valeurs des cadres sont plus associées à l'éthique protestante du travail. Les résultats du test non paramétrique de Kruskal-Wallis indiquent que les valeurs moyennes de quatre dimensions du MWEP (c.-à-d., le travail acharné, le loisir, l'ajournement de la satisfaction des désirs et la perte de temps) sont les plus élevées parmi les dirigeants des microentreprises à forte intensité de main-d'œuvre (groupe 1), tandis que les valeurs les plus élevées, concernant les dimensions « centralité du travail » et « autonomie », sont obtenues par les cadres des petites et moyennes entreprises (groupe 2). En ce qui concerne le troisième groupe, il est composé principalement des cadres moyens de grandes entreprises bien établies et d'entreprises en réseau, dont les valeurs de travail ne sont pas apparemment compatibles avec l'éthique protestante du travail. Il ne sera donc pas faux de dire que la moralisation de l'économie en Turquie ne progresse pas unidirectionnellement (voir Tableau III en annexe).

D'une part, le processus de moralisation de l'économie progresse à travers la dynamique des PME qui se caractérisent par la possibilité qu'elles offrent pour l'émergence d'une éthique protestante du travail et des attitudes pro-travail auprès de leurs dirigeants. D'autre part, il se développe à travers la dynamique des grandes entreprises ou des sociétés en réseaux bien intégrés dans les marchés mondiaux et, apparemment, adaptés fermement à la tendance à agir de façon éthique et morale dans le monde des affaires.

En fait, plusieurs études indiquent que, après les années 1990, et plus particulièrement après les années 2000, des progrès visibles sont constatés en Turquie à l'égard du renforcement de la sensibilité vers l'action éthique dans les affaires, en particulier dans de grandes entreprises bien établies (Berkman and Arslan, 2009 ; Eğri and Sunar, 2010). Par conséquent, il n'est pas surprenant de constater que l'idée que l'établissement de la justice sociale n'est possible que dans un marché composé de personnes ayant de hautes valeurs morales est adoptée davantage par le troisième groupe que par les autres groupes de l'échantillon [2].

On peut aussi constater qu'il existe un grand écart entre les niveaux de religiosité des trois groupes. En d'autres termes, l'analyse de regroupement indique un chevauchement entre l'éthique protestante du travail et le niveau de l'engagement religieux.

Notons également qu'entre les cadres qui constituent le groupe 1 et le groupe 2, il existe des différences significatives selon le genre, le niveau d'éducation, la qualification professionnelle, la position de classe de leurs parents et la taille du lieu de travail. Le groupe 1 rassemble les dirigeants masculins des microentreprises à forte intensité de main-d'œuvre ayant de forts engagements religieux et une solide éthique protestante du travail et qui viennent de milieux socioéconomiques et culturels défavorisés et qui n'ont pas eux-mêmes des niveaux d'éducation et de qualification élevés. Alors que les cadres moyens, composants du groupe 3, qui sont employés dans de grandes entreprises multinationales bien établies ainsi que dans des entreprises en réseau dont une partie significative est active dans des

2. Ce résultat est obtenu à partir du test de Kruskal-Wallis appliqué à trois groupes construits par l'analyse de regroupement en deux étapes. Les valeurs moyennes pour cette opinion sont comme suit: Groupe 1 = 92,89 ; Groupe 2 = 122,17 ; Groupe 3 = 153,65.

industries culturelles et créatives, présentent un engagement très faible pour la religion aussi bien que pour l'éthique protestante du travail. Ils ou elles semblent adopter une éthique des affaires mais sans exagérer l'importance du travail dans la vie. Très bien éduqués et qualifiés, les cadres hommes et femmes inclus dans ce groupe, sont issus de familles aisées possédant un certain capital économique, social et culturel.

D'où on peut facilement observer que les groupes qui se distinguent entre eux en fonction de leur milieu socio-économique et culturel participent au processus de moralisation de l'économie en Turquie de manière à se baser sur diverses valeurs morales.

Quant à l'esprit du capitalisme dont ils/elles sont porteurs, il varie aussi entre les groupes. Les membres du groupe 1 s'engagent dans l'activité économique capitaliste avec une motivation précise d'ascension sociale, tandis que pour les membres du groupe 3, présenter sa créativité et accéder au marché de la consommation est prioritaire. Aussi, pour le groupe 1, le succès économique dans l'économie nécessite une solidarité basée sur les relations primaires ainsi que sur l'intervention de l'État dans l'économie en faveur des acteurs faibles des marchés (marchés des biens et des services et marché des services). Les membres du groupe 3, au contraire, considèrent la nécessité de l'implémentation des conditions d'une concurrence juste et d'un système méritocratique. Les activités de charité sont vues par les membres du groupe 1 comme le moyen le plus effectif pour réduire les inégalités sociales tandis que pour le groupe 3, il s'agit de renforcer dans une société l'égalité des chances afin d'introduire les individus dans la concurrence.

En somme, on peut souligner, en s'inspirant de la thèse « de divers esprits du capitalisme » de Luc Boltanski et Ève Chiapello, que le premier esprit du capitalisme se concrétise actuellement dans les attitudes des patrons des PME en Turquie tandis que le troisième esprit du capitalisme est porté essentiellement par les jeunes managers stambouliotes des transnationales, ce qui entraîne une lutte des valeurs au sein du monde des affaires.

Conclusion

La moralisation de l'économie de marché peut être considérée comme l'un des faits majeurs du capitalisme néolibéral. Ce processus est le corollaire du désengagement de l'État de ses fonctions d'intervention directe dans l'économie de marché. L'État se préoccupe de la régulation indirecte des systèmes de contrôle interne qui reposent en fait sur des règles morales et juridiques. Mais, avec sa transformation en pilier central pour le mécanisme de régulation de la sphère économique, la morale devient aussi une source de conflits économiques.

D'après les résultats de mon enquête, on peut parvenir à des constats qui pourraient être énumérés comme suit :

— L'autorégulation du marché néolibéral, basée sur le contrôle des activités des agents économiques à travers les mécanismes indépendants et les communautés morales, rend l'économie plus que jamais sensible aux différences culturelles. Si bien que, dans certains marchés émergents avec un niveau d'accumulation du capital relativement faible, y compris la Turquie, on assiste à l'approfondissement des contradictions morales et à l'éclatement de conflits entre les groupes culturels dans la sphère économique. Plus précisément, les conflits de classe, qui étaient fondés sur la redistribution des richesses entre les classes sociales dans la période keynésienne, semblent être transformés aujourd'hui en un nouveau type de conflits – que l'on peut qualifier de conflits économiques culturels et/ou moraux qui ont lieu dans le champ économique entre différents types de communautés morales avec une composition multiclasses dans le but de partager la richesse matérielle aussi bien que pour imposer leurs propres valeurs morales dans la sphère économique.

— Il serait erroné de penser les sources de ces conflits dans une perspective essentialiste en s'appuyant uniquement sur les différences culturelles. Au contraire, il s'agit d'une homologie structurale entre les positions occupées par les individus et/ou les groupes dans le champ économique donné et leur engagement moral. Par exemple, dans notre cas, le premier groupe de l'échantillon composé principalement par les gestionnaires de sexe masculin, relativement moins éduqués et moins qualifiés, de micro et petites entreprises, a une forte éthique protestante du travail et un engagement religieux. Aussi, ce groupe se trouve-t-il à la recherche d'un État fort, apte à soutenir et protéger les participants faibles du marché au détriment de ceux disposant d'un capital économique, culturel et social relativement élevé. Par contre, les valeurs du troisième groupe de l'échantillon, composé de cadres moyens qualifiés et bien éduqués et employés dans de grandes sociétés bien établies et des entreprises actives dans les industries culturelles et créatives quelle que soit leur taille, sont très peu associés à l'éthique protestante du travail. Ce groupe soutient l'économie de marché et la méritocratie, à condition que l'égalité des chances soit assurée.

— Les différences qui séparent ces deux groupes sur le plan moral correspondent à la distinction faite par Boltanski et Chiapello entre le premier et le troisième esprit du capitalisme. Dans les économies émergentes, les deux esprits du capitalisme ayant des valeurs morales différentes coexistent et se développent simultanément, tandis que le second esprit du capitalisme, propre à la période keynésienne, est apparemment en déclin.

— Par conséquent, il n'est pas surprenant de constater que les luttes économiques, culturelles et/ou morales dans le capitalisme d'aujourd'hui, plus particulièrement dans les marchés émergents, gagnent de l'importance. D'une part, dans de grandes entreprises établies, dans des entreprises en réseau des secteurs culturels et créatifs, l'emploi de cadres avec des niveaux d'éducation et de qualification précisément élevés et avec une croyance croissante dans la méritocratie et l'individualisme, entraîne une morale et une éthique des affaires compatible avec des notions telles que la bonne gouvernance, la gestion des parties prenantes, la responsabilité sociale des entreprises, le développement durable et la gestion de la diversité, etc. Mais d'autre part, la structure de l'emploi dans ces pays repose de plus en plus sur les microentreprises à forte intensité de main-d'œuvre dans lesquelles les femmes et aussi les valeurs morales corollaires du troisième esprit du capitalisme sont presque totalement exclues. Cette contradiction révèle une opposition entre les cadres qui portent une éthique des affaires compatible avec la gestion moderne et les dirigeants de microentreprises, qui, à leur tour, tentent d'imposer une éthique du travail de type protestant dans la vie professionnelle.

— Les protestations de Gezi Parc au printemps de l'année 2013 sont un exemple, dans le cas de la Turquie, de ce qui oppose les cadres aux dirigeants des PME sur le plan moral. Ayant une éthique des affaires compatible avec le nouvel esprit du capitalisme, les cadres qualifiés étaient largement présents dans le mouvement, protestant non seulement pour protéger un espace vert commun contre les plans du gouvernement consistant à le convertir en centre commercial, mais aussi contre le modèle de développement économique prôné par le gouvernement avec l'appui des PME à forte intensité de main-d'œuvre dont les dirigeants sont porteurs d'une éthique protestante du travail.

RÉFÉRENCES BIBLIOGRAPHIQUES

ALI Abbas, 1998: "Scaling an Islamic Work Ethic", *The Journal of Social Psychology,* 128 (5), 575–583.

ALI Abbas J. et AL-KAZEMI Ali A., 2007: "Islamic work ethic in Kuwait", *Cross Cultural Management: An International Journal,* 14, 93-104.

AMABLE B., 2010: "Morals and politics in the ideology of neo-liberalism", *Socio-Economic Review,* 9 (1), 3-30.

ARDICHVILI Alexandre, JONDLE Douglas, KOWSKE Brenda, CORNACHIONE Edgard, LI Jessica and THAKADIPURAM Thomas, 2012: "Ethical Cultures in Large Business Organizations in Brazil, Russia, India, and China", *Journal of Business Ethics,* 105 (4), 415–428.

ARSLAN Mahmut, 2001: "A cross-cultural comparison of achievement and power orientation as leadership dimensions in three European countries: Britain, Ireland and Turkey", *Business Ethics: A European Review*, 31, 340-345.

ARSLAN Mahmut, 2000: "A cross-cultural comparison of British and Turkish managers in terms of Protestant work ethic characteristics", *Business Ethics: A European Review*, 9 (1), 13-19.

AUDIER Serge, 2013 : « Les paradigmes du « Néolibéralisme », *Cahiers philosophiques*, 133 (2), 21-40.

AUDIER Serge, 2012 : « Le néo-libéralisme : unité, diversité, divergences », *La vie des idées*. //laviedesidees.fr/Le-neo-liberalisme-unite-diversite.html.

BERGER Peter L., 2008: "Faith and Development", *Society*, 46 (1), 69-75.

BERKMAN Ümit, ARSLAN MAHMUT, 2009 : *Dünyada ve Türkiye'de İs Etigi ve EtikYönetimi*, Istanbul: TÜSIAD Yayinlari.

BOLTANSKI Luc, CHIAPELLO Eve, 1999 : *Le nouvel esprit du capitalisme*, Paris, Gallimard.

BRETTE Olivier, 2004 : *Un réexamen de l'économie « évolutionniste » de Thorstein Veblen*. Thèse de doctorat en Sciences économiques: Université Lumière, Lyon 2.

BURITY Joanildo A., 2012: *Capitalism, neoliberalism and Christian articulations of economic ethics: Pentecostals and Ecumenicals*. 10th Conference of the Globalisation for the Common Good Initiative, Oxford (Grande-Bretagne), 2-5 sept. 2012. http://gcgi.info/index.php/conferences/2012-oxford-conference-program/2012-oxford-papers/281-capitalism-neoliberalism-and-christian-articulations-of-economic-ethics-pentecostals-and-ecumenicals-in-latin-america

CAHILL Damien, 2014: *The End of Laissez-Faire ? - On the Durability of Embedded Neoliberalism*, Cheltenham, UK ; Northampton, MA: Edward Elgar Publishing.

CERNY Philip G., 2010: *Rethinking World Politics - A Theory of Transnational Neopluralism*. New York: Oxford University Press.

CHANZANAGH Hamid Ebadollahi and AKBARNEJAD Mahdi, 2011: "The meaning and dimensions of Islamic Work Ethic: Initial validation of a multidimensional IWE in Iranian society", *Procedia - Social and Behavioral Sciences*, 30, 916-924.

CHEUNG Chau Kiu and Andrew Chi Fai CHAN, 2005: "Philosophical foundations of eminent Hong Kong Chinese CEOs' leadership", *Journal of Business Ethics*, 60, 47-62.

DENORD François, 2002 : « Le prophète, le pèlerin et le missionnaire », *Actes de la recherche en sciences sociales*, 145 (5), 9-20.

DENORD François, 2001 : « Aux origines du néo-libéralisme en France », *Le Mouvement Social*, 195 (2), 9-34.

EGRI Taha and SUNAR Lüti, 2010: "Türkiye'de Is Ahlaki Çalısmalari : Mevcut Durum ve Yönelimler/Studies on Business Ethics in Turkey: Current Situation and Tendencies", *Is Ahlaki Dergisi / Turkish Journal of Business Ethics*, 3 (5), 41-67.

FOURCADE Marion and HEALY Kieran, 2007: "Moral Views of Market Society", *Annual Review of Sociology*, 33 (1), 285-311.

FRANKE Richard H., HOFSTEDE Geert H., BOND Michael Harris, 1991: "Cultural Roots of Economic Performance: A Research Note", *Strategic Management Journal*, 12, 165-173.

GILL Anthony, 2004: "Weber in Latin America: is protestant growth enabling the consolidation of democratic capitalism?", *Democratization*, 11 (4), 42-65.

GRANATO Jim, INGLEHART Ronald F. and LEBLANG David, 1996: "The Effect of Cultural Values on Economic Development: Theory, Hypotheses, and Some Empirical Tests", *American Journal of Political Science*, 40, 607-631.

HOFSTEDE Geert and BOND Michael Harris, 1988: "The Confucius connection: From cultural roots to economic growth", *Organizational Dynamics*, 16 (4), 5-21.

KIELY Ray, 2005: *The Clash of Globalisations - Neo-Liberalism, the Third Way and Anti-Globalisation.* Leiden: BostonBrill.

LAM Kit Chun Joanna, 2003: "Confucian Business Ethics and the Economy", *Journal of Business Ethics*, 43 (1-2), 153-162.

MARTIN Bernice, 1995: "New Mutations of the Protestant Ethic among Latin American Pantecostals", *Religion*, 25, 101-117.

MARTIN David, 1990: "Protestantism and Economic Culture: Evidence Reviewed", in Martin D. (ed.): *Tongues of Fire* (p. 205-232). Oxford: Basic Blackwell.

MILLER M. J., WOEHR D. J., HUDSPETH N., 2002: "The meaning and measurement of work ethic: Construction and initial validation of a multidimensional inventory", *Journal of Vocational Behavior*, 60, 451-489.

NTIBAGIRIRWA Symphorien, 2009: "Cultural Values, Economic Growth and Development », *Journal of Business Ethics,* 84, 297-311.

ÖZDEMIR Şennur, 2006 : *MÜSIAD: Anadolu Sermayesinin Dönüsümü ve Türk Modernlesmesinin Derinlesmesi,* Ankara: Vadi Yayinlari.

PARKER Christine, 2002: *The Open Corporation: Effective Self-regulation and Democracy,* Cambridge: Cambridge University Press.

PECK Jamie and TICKELL Adam, 2007: "Conceptualizing Neoliberalism, Thinking Thatcherism", in LEITNER H., PECK J., SHEPPARD E. S. (ed.): *Contesting Neoliberalism* (p. 26-50), New York: Guilford Press.

PFEIFFER James, GIMBEL-SHERR Kenneth and ORVALHO Joaquim Augusto, 2007: "The Holy Spirit in the Household: Pentecostalism, Gender, and Neoliberalism in Mozambique", *American Anthropologist,* 109(4), 688-700.

UYGUR Selçuk, 2009: "The Islamic Work Ethic and the Emergence of Turkish SME Owner-Managers", *Journal of Business Ethics,* 88, 211-225.

YOUSEF A. Darwish, 2001: "Islamic work ethic – A moderator between organizational commitment and job satisfaction in a cross-cultural context", *Personnel Review,* 30, 152-169.

ANNEXES

	Le moment roll-back du néolibéralisme… la phase destructive et de la dérégulation	**Le moment roll-out du néolibéralisme… la phase créative et de la re-régulation**
Mode d'intervention	Recul de l'État	Gouvernance
Régulation de marché	Dérégulation	Re-régulation expérimentale
Style politique	Conviction idéologique	Compréhension pragmatique
Agents du changement	Politiciens avant-gardistes	Technopoles
Programme idéologique	Explicitement programmatique	Institutionnellement encastré
Front	Politique économique	Politique sociale et pénale
Imposition	Réductions sélectives	Régression systémique
Politique monétaire	Monétarisme rigoureux	Prudence
Dépense publique	Réductions	Responsabilité fiscale
Régime du marché du travail	Chômage de masse	Pleine employabilité
Relations d'emploi	Retranchement	*Workfare* (Politiques de réactivation et de réinsertion)
Politique sociale	Désyndicalisation	Flexibilité
Régulation financière	Libéralisation	Standards et codes
Éthos du développement	Ajustement structurel	Capital social

Tableau I : Moments *Roll-Back* et *Roll-Out* du néolibéralisme : traits stylisés
Source : PECK J., TICKEL A.: "Conceptualizing Neoliberalism, Thinking Thatcherism", in LEITNER H., PECK J. and SHEPPARD E.S. (eds.): *Contesting Neoliberalism*, New York: Guilford Press, 2007, p. 34.

1e approche	**2e approche**	**3e approche**	**4e approche**
Le marché, civilisateur : le rêve libéral	Le marché, destructeur : le cauchemar de la marchandisation	Le marché faible : les manilles et les bénédictions	Le marché moralisé : marchés comme projets scientifiques et moraux
Une éthique de la vertu du marché Le commerce renforce la coopération Le capitalisme rend les individus libres Les marchés affranchissent la créativité et l'innovation	Au lieu de la vertu, la vanité et les désirs Au lieu de la coopération, la coercition et l'exclusion Au lieu de la liberté, le populisme de marché Au lieu de la créativité, le droit d'auteur	L'accent mis sur l'importance de l'héritage culturel dans le développement économique Les institutions adéquates et inadéquates pour un bon fonctionnement de l'économie Divergence institutionnelle et variété des capitalismes	Formation des personnes morales pour les marchés Performativité des sciences économiques Gouvernemantalisation de l'économie *via* la prolifération des agences et des organismes qui surveillent les comportements des individus, des sociétés et des gouvernements nationaux à l'égard de l'éthique
Libéralismes classique et néoclassique	Marxisme, École de Francfort	Première sociologie économique	Nouvelle sociologie économique

Tableau II :
Les points de vue moraux de la société de marché, dérivé de l'article de Marion Fourcade et Kieran Healy (2007)

1er groupe	2e groupe	3e groupe
Propriétaires et gestionnaires des microentreprises intensives en travail	Cadres intermédiaires des petites et moyennes entreprises locales	Cadres intermédiaires des entreprises en réseau et de services créatives
Groupe composé uniquement d'hommes	Groupe partiellement mixte (39.8 % de femmes)	Groupe mixte (46 % de femmes).
Âge moyen relativement élevé dans l'échantillon (39,8)	Âge moyen (35,8)	Managers relativement jeunes de l'échantillon (32,4).
Faible niveau d'éducation (enseignement primaire, secondaire et lycée)	Niveau relativement élevé de l'éducation (licence professionnelle associée et licence)	Niveau élevé d'éducation (licence, Master)
Presque aucune connaissance de langue étrangère	Niveau de langue étrangère faible ou moyen	Maîtrise au moins une langue étrangère.
Presque pas de relations d'affaires avec les entreprises et les clients étrangers	Relations d'affaires avec les entreprises et les clients étrangers très limitées	Relations d'affaires intenses avec des partenaires et des clients étrangers.
Faible niveau d'éducation des parents (en moyenne pas même l'école primaire)	Faible niveau d'éducation des parents (en moyenne pas même l'école secondaire)	Niveau relativement élevé de l'éducation des parents (lycée et plus)
Très fort engagement religieux et éthique protestante du travail élevée	Relativement fort engagement religieux et éthique protestante du travail élevée	Engagement religieux faible et faible éthique protestante du travail

Tableau III :
Trois groupes de cadres dans le milieu d'affaires en Turquie

CORPORATIONS DANS L'EUROPE D'ANCIEN RÉGIME ET PRINCIPE D'AUTOSUFFISANCE

COMPRENDRE LE CARACTÈRE MORAL DES CORPORATIONS D'ANCIEN RÉGIME *

Jean-Michel SERVET

> « Dans le système des corporations, comme dans tous les autres systèmes économiques qui l'avaient précédé dans l'histoire, les mobiles et les conditions des activités productives faisaient partie de l'organisation générale de la société. [...] Le mercantilisme, malgré toute sa tendance à la commercialisation, ne s'attaqua jamais aux garanties qui protégeaient ces deux éléments fondamentaux de la production qu'étaient le travail et la terre et les empêchaient de devenir des articles de commerce. [...] [Il] conçut les marchés de façon exactement contraire à l'esprit de l'économie de marché. »
>
> Karl POLANYI, *La Grande Transformation*.

Selon un des principaux historiens de leur évolution au XVIIIe siècle en France, Steven Kaplan, l'organisation des métiers en corporations dans l'Ancien Régime avait pour objet :

> « D'amasser et de diffuser les informations, de promouvoir l'émulation, d'allouer le capital social et culturel, d'encourager les réseaux de communication, de fixer des critères de production, de prévenir et de réprimer les fraudes, dans certains cas de

---

* Je remercie tout particulièrement les co-auteurs du *Marché autrement* (Paris, Classiques Garnier, 2015) sous la codirection d'Isabelle Hillenkamp, ainsi que Liliane Pérez, Bruno Théret, André Tiran et Pierre Dockès pour leurs suggestions et contacts, ainsi que Steven Kaplan et Philippe Minard, suggestions que je n'ai pu malheureusement toutes suivre, et les participants au séminaire « Économie morale, Morale de l'économie », CESSMA, IRD, Paris, 12-13 novembre 2013.

certifier et de distribuer les matières premières, d'exprimer des souhaits collectifs, d'abriter les intérêts familiaux, d'organiser des secours mutuels, des rites de passage et autres cérémonies et activités d'intégration sociale. » (Kaplan, 2001 : 163).

De très nombreux termes désignent à travers l'Europe ce que l'on appelle aujourd'hui en français depuis leur suppression « corporations [1] », autrefois « maîtrises », « jurandes » ou « métiers jurés »

Longtemps les arguments anti-corporatistes des auteurs libéraux du XVIIIe siècle et des historiens et économistes du XIXe siècle ont prévalu. Ce dénigrement se trouvant en quelque sorte symétriquement légitimé par les éloges d'auteurs, pour la plupart non-économistes, ayant assez étroitement interprété le fonctionnement des corporations à partir de catégories juridiques fondant les ordres d'Ancien Régime, pour lesquels ils éprouvaient une nostalgie. D'où aussi la sympathie des régimes fascistes au XXe siècle pour cette association prétendue non conflictuelle entre travail et capital et entre les diverses activités économiques, ordre supposé retrouvé et recevant ainsi en quelque sorte une légitimité historique [2].

À partir des années 1990, ont été publiés un ensemble de travaux permettant de fortement nuancer les jugements globalement négatifs portés sur le rôle complexe des corps représentant les artisans et les commerçants et sur les réglementations organisant les métiers et plus généralement les activités de production non agricole et d'échange, qui leur sont liées dans les sociétés d'Ancien Régime. Ce nouveau regard, qui ne se limite pas à une évaluation économique de l'institution, a remis en cause la vision traditionnelle des corporations et permet de mieux comprendre leur fonctionnement, en particulier les formes de solidarité et l'entraide qu'elles réalisaient, mais aussi les tensions internes et avec les autorités publiques, qui les traversaient ; donc les relations entre politique et économique qu'elles supposent. Les oppositions passées des traditionalistes aux réformateurs expliquent aussi les résistances à leur suppression sous les coups de boutoir des mutations économiques ayant institué le capitalisme comme mode de production normal. Les revendications associatives des travailleurs contre ces transformations et face à la libre concurrence

1. Kaplan (2001 : IX *sq.*) souligne le sens très péjoratif que l'expression « corporatisme » a pris en français comme étant une opposition à l'intérêt général ou une organisation autoritaire de l'économie mise en place par le gouvernement du Maréchal Pétain (1940-1944). Les régimes fascistes du XXe siècle ont prétendu établir à niveau national une organisation dite « corporatiste » de la production et des échanges Ce qui apparaît comme une rupture d'avec l'esprit républicain fait qu'il peut être difficile pour un historien contemporain d'y consacrer des travaux sans être accusé d'être nostalgique de régimes politiques déchus. Voir ci-dessous.

2. Steven Kaplan (2009, *op. cit.* 2001, p. IX *sq.*), dresse un excellent tableau du rejet du terme « corporation » dans la France contemporaine à partir de nombreuses confusions sur la réalité passée de leur fonctionnement.

défendue par les tenants du modèle libéral peuvent être considérées comme une mise en avant d'arguments moraux quant à l'organisation de la production et des échanges, du travail et du commerce.

Comment comprendre ce qualificatif « moral » et le distinguer de la déontologie imposant des comportements moraux ? Observons son sens au début du XIXe siècle. Il est alors très large. On parlait des sciences « morales et politiques » notamment dans les académies qui les réunissaient, pour désigner l'étude des objets traités par les savoirs dits aujourd'hui « sciences sociales et humaines » ; ce que l'on appelait dans un fourre-tout les « mœurs » des populations. Moral désigne aussi la recherche du bien commun au sein d'une société et c'est ainsi que l'on doit comprendre les oppositions populaires aux spéculations sur les grains, telles que les analyse Edward Palmer Thompson (1971). Comment lier ces deux approches ? Ceci renvoie aussi au caractère multifonctionnel des institutions. Parvient-on au bien commun par le seul jeu des intérêts particuliers confrontés et additionnés ? Ou bien par la prise en compte d'un intérêt collectif dépassant les précédents ? Si les pratiques reconnues comme « économiques » semblent relever essentiellement de la production, des échanges et du financement, elles ont en tant que telles des dimensions reconnues aujourd'hui comme économiques mais aussi politiques et sociales ; ce qui explique l'impossibilité de les réduire à un modèle économique ; l'économique, au sens substantif, pouvant se trouver ainsi immergé dans une multitude de pratiques sociales, et à l'inverse, ce qui nous paraît aujourd'hui essentiellement économique avoir des logiques que l'on a considérées comme non économiques. La conséquence est que, si les corporations étaient le support d'une économie d'échanges et étaient pensées et revendiquées comme telles, cette circulation des biens et des services ne fonctionnait pas selon la logique formelle d'une économie de concurrence telle que les économistes l'ont construite à partir du XVIIIe siècle ; à savoir comme une confrontation des intérêts individuels. Celle-ci passait aux yeux de beaucoup pour immorale du fait de l'amoralité de l'autonomie prétendue ou promue de l'économique.

Avant d'appliquer cette lecture en montrant que les corporations incarnaient ainsi un autre marché, il est essentiel de souligner qu'il serait erroné de penser que toute l'économie de l'Europe occidentale et de la France a été pendant un temps réduite à un type unique de corporations et que toutes les productions et échanges étaient étroitement soumis à cet ordre [3]. Les différences ne sont pas ici seulement entre nations mais aussi au

3. Parmi les nombreux travaux consacrés aux économies d'Ancien Régime, voir : G. Treasure, *The Making of Modern Europe 1648-1780*, London/New York, Routledge, 1985, où une vision synthétique de la position des guildes dans l'organisation économique des sociétés est donnée p. 6, 17, 19-20, 66, 71, 172, 261, 379, 447.

sein d'un même pays entre villes [4]. On doit noter en particulier la différence entre les « jurandes » reconnues par lettres royales et les métiers réglés, régulés par des municipalités ou des autorités locales (Poitrineau, 1990 : 413), chacune de ces formes connaissant elle-même des diversités [5]. En l'absence de corporations, notamment dans les campagnes ou dans les espaces urbains [6] et pour les activités qui leur échappaient, les systèmes de production et d'échange dans la France d'Ancien Régime ne permettaient pas à chacun d'agir en toute indépendance et comme bon lui semblait dans l'organisation de son activité, pour ses embauches, pour ses approvisionnements et pour le rythme de ses activités ; sans contraintes autres donc que celles imposées par la confrontation indépendante des offres et des demandes et par les prix de vente et d'achat, qui auraient été les parfaits guides de la rationalité des acteurs économiques. Steven Kaplan (2001, 333) souligne que ce que l'on désigne par opposition aux corporations comme étant du travail « sauvage » manifestait « certains signes remarquables d'organisation et d'autoréglementation » pouvant comprendre des structures avec chefs élus, code de conduite assez proche des statuts corporatifs, partage des tâches, pratiques de solidarité et entraide (avec prêts d'argent, et d'outils). Ils apposaient même des marques de fabrication au grand dam des maîtres des corporations. Les corporations étaient soumises à des règles, qui n'avaient rien d'uniforme ; les autres activités de production et d'échange y échappant étaient, elles, assujetties à des normes les hiérarchisant et les organisant, qui, tout en paraissant informelles [7], pouvaient être tout aussi contraignantes. De plus, il serait faux d'imaginer que les unes et les autres étaient complètement séparées par la concurrence puisqu'il pouvait exister entre les deux formes d'activités des relations de sous-traitance et beaucoup de complicités (Kaplan, 2001 : 334).

De façon générale, tant dans les espaces soumis aux corporations que hors corporations, il y avait bien marché, notamment pour satisfaire la consommation croissante de ces « choses banales » selon la belle expression

4. Philippe Minard (2004) l'illustre avec l'exemple de la soie à Lyon et à Nîmes et celui de la laine à Lille et dans les autres villes du Nord de la France.

5. Philippe Minard (2004) insiste fortement sur cette diversité.

6. On pense aux *chambrelans* [travailleurs en chambre] décrits par Arlette Farge (1986 : 152 *sq.*) mais aussi aux enclos à privilèges comme le cloître et le parvis Notre-Dame, le Temple, Saint-Jean-de-Latran, Saint-Germain des Prés (Farge, 1986 : 123) ; ainsi qu'au Faubourg Saint-Honoré, voir Thillay, 2002.

7. Depuis les années 1970 et les travaux fondateurs de Keith Hart sont parus des milliers de publications et recherches de terrain consacrées aux informalités dans tous les secteurs et dans tous les pays. Parmi les publications récentes en présentant une synthèse, voir Hillenkamp, Lapeyre, Lemaître (ed.), 2013.

de Daniel Roche [8] ; mais ces marchés n'étaient pas réglés selon le principe de concurrence. Ce ne sont donc pas des adultérations du marché, qui l'handicaperaient par des interventions le régulant. Nous sommes bien en présence de formes marchandes d'organisation de la production et de la circulation des biens et services. Mais le principe de concurrence s'y trouve confronté, subsumé par d'autres principes.

Contrairement à une idée largement répandue, elle aussi imbibée d'économisme rampant, ce n'est pas la « révolution industrielle » qui a supprimé les corporations d'artisans. Aux Pays-Bas, elles s'éteignirent avant l'industrialisation. Quant à l'Angleterre, le commencement de leur effacement daterait de la seconde moitié du XVIIIe siècle. Toutefois elles cohabitèrent longtemps avec l'introduction des machines à vapeur dans les premières fabriques ; et jusqu'en 1835 elles n'y furent jamais formellement abolies [9]. En France, après l'échec d'un premier essai de suppression en février 1776 par Anne-Robert Turgot [10], contrôleur général des Finances du roi Louis XVI, la tentative de quasi-nationalisation, dans le cadre de leur réforme par Necker en août 1776, est suivie quinze ans plus tard par leur abolition par le décret d'Allarde (ouvrant la « liberté économique » tout en imposant fiscalement les activités de production et d'échange – hors agriculture – à travers la patente) et la loi Le Chapelier (réprimant les associations de travailleurs ou de maîtres dans un contexte de montée des revendications des travailleurs). S. R. Epstein et Maarten Prak (2008 : 22) remarquent que, de façon générale, la raison de leur disparition n'apparaît pas comme économique mais comme politique ; ce qui éclaire leur fonctionnement passé.

La diversité de leurs modèles à travers le temps et l'espace est considérable ; précisément parce qu'elles apparaissent comme des organisations hiérarchiques de la production et des échanges les plus largement répandues et les plus durables pendant un demi-millénaire, au moins en Europe. Cette diversité et cette longévité rendent d'ailleurs difficile de prétendre présenter un modèle unique fournissant une explication passe-partout de leur raison d'être et de leur fonctionnement. Selon une perspective économique, leur point commun paraît être d'organiser et d'encadrer la concurrence, et bien souvent à un point tel que le terme « marché », pour

---

8. D. Roche : *Histoire des choses banales. Naissance de la consommation dans les sociétés traditionnelles (XVIIe-XIXe siècle)*, Paris, Fayard, 1997.

9. On peut mettre au Royaume-Uni cette suppression en relation avec d'autres éléments ayant généralisé le système de concurrence et de propriété privée, comme le Speenhamland Act (1834) pour ce qui est du travail, ou les *corn laws* de 1844 pour ce qui est la libre circulation des blés qui constituaient alors la base de l'alimentation de la majorité de la population.

10. Sur les arguments libéraux anti-corporations en France au XVIIIe siècle de Vincent de Gournay à Turgot, voir S. Meyssonnier, 1989 : *La balance et l'horloge : La genèse de la pensée libérale en France au XVIIIe siècle*, Montreuil, éditions de La Passion.

appréhender la circulation des biens et services que leurs membres produisent ou dont ils se font les intermédiaires, c'est donner à ce terme un sens et une réalité très éloignés de celui de concurrence, telle qu'elle est analysée dans les manuels des sciences économiques *main stream* [11].

En se référant aux travaux de Karl Polanyi, Steven Kaplan (1984 : 23-40) distingue le principe de marché (*market principle*) des places de marché (*market place*), lieux où se traitaient les échanges. Les tenants du *main stream* économique pensent de façon dominante les échanges à partir de l'opposition entre offre et demande alors que les corporations manifestent essentiellement une forte articulation de ces flux réciproques grâce aux ordres moraux, politiques et économiques, qui, en les encadrant et les réglementant, organisent les interdépendances entre productions, échanges et financements. Une des conséquences implacables de la dynamique d'une économie de marché dont la mécanique serait livrée à elle-même est que la concurrence engendre un monopole ou au mieux un oligopole. En cela, le marché pur concurrentiel est une situation exceptionnelle et une utopie. Il est possible de penser l'organisation corporative de la production et des échanges de biens et services dans les sociétés d'Ancien Régime comme un moyen d'endiguer ce processus et la force aveugle, que les économistes retiendront d'une expression pourtant si peu présente dans *La Richesse des Nations* : *la main invisible*. Le monopole économique qu'engendre la concurrence livrée à elle-même apparaît au pire immoral, au mieux sans morale. L'institution corporative, qui selon un point de vue économique constitue un monopole, doit donc être comprise non selon ce regard rétrospectif, mais à travers les dimensions politiques et morales tant des finalités les ayant légitimées que de l'efficacité de ses structures inconscientes. L'articulation entre les différentes dimensions est réalisée par les règles et les normes de réseaux sociaux (mais aussi, dans de nombreux cas, politiques) et d'interventions publiques. Elles structurent offres et demandes et les relations entre les deux champs de l'*universitas* et de la *societas*. Les corporations ont très souvent été présentées par des auteurs libéraux du XVIIIe siècle (Kaplan, 2001 : 7-49) ainsi que par de nombreux historiens comme « *the hotbeds of economic conservatism* ». Les économistes, comme les historiens, n'ont fait, de décennie en décennie, pour l'essentiel que réactualiser les critiques bien connues formulées par Adam Smith dans le chapitre X du livre premier *La Richesse des Nations* (1776) et de l'ensemble du courant dit « libéral » au XVIIIe siècle à l'encontre des corporations comme obstacle à l'expansion de la concurrence et des manufactures employant des salariés, supposés libres et vendant et achetant

11. En opposition à la thèse *pro market* de Laurence Fontaine dans *Le Marché* (2014), voir les contributions à Hillenkamp, Servet (ed.), 2015.

tout aussi librement les biens. À cela s'ajoutent les dénonciations du corporatisme de différentes professions et sa mise en avant comme nouvel idéal par les régimes fascistes en Europe [12] dans les années 1930 (Espagne, Italie, Autriche, Roumanie, Portugal, etc.) et par des économistes français comme François Perroux, rédacteurs de la charte du travail sous le régime du maréchal Pétain. La défaite de ces idéologies ayant dévoyé l'idée d'association et de coopération entre acteurs économiques a suffi à déconsidérer pour des décennies jusqu'au terme même de corporation [13].

Une démarche, adoptant pour focale la concurrence des intérêts privés et la propriété privée et ignorant les concepts de « bien commun » et de « juste prix », rend impossible la compréhension de la diversité même du fonctionnement et des finalités d'institutions comme les anciennes corporations et de leur raison d'être. À cela s'ajoute la domination idéologique du prisme de la circulation par rapport à celui de la production, laissant dans l'ombre de nombreux éléments qui auraient pu permettre de mieux intégrer les contraintes d'approvisionnement des membres des corporations, et au-delà de l'ensemble de la population [14].

Pour comprendre les corporations d'Ancien Régime, il faut les aborder comme gestionnaires de biens communs. Mais il convient de ne pas réduire ceux-ci à des sommes d'argent, des créances, des immeubles, des meubles, des tableaux, des instruments de mesure pour contrôler, d'éléments nécessaires à l'exercice de leurs rites de passage et à leurs manifestations publiques, de registres, de biens stockés saisis auprès d'artisans ou de commerçants ne respectant pas les réglementations, etc. La différence considérable de richesse matérielle entre corporations illustre le caractère hiérarchique de ce système. Il existe des corporations puissantes et fort bien pourvues et d'autres dont le capital matériel est très réduit. Au cours du XVIIIe siècle, le passif l'emporte sur l'actif, compte tenu de leur endettement croissant. Par « bien commun des corporations », on doit surtout entendre l'ensemble des privilèges dont jouit chacune d'elles et dont elle a la gestion exclusive, avec des degrés d'indépendance variable par rapport aux autorités publiques. Comprendre les biens communs des corporations comme étant

12. Sur le rôle de l'articulation du politique et de l'économique dans ces régimes, on (re)lira avec grand intérêt les analyses de Karl Polanyi dans les textes réunis et traduits par Michele Cangiani et Jérôme Maucourant sous le titre *Essais de Karl Polanyiï* (Polanyi, 2008).

13. Comme l'illustrent Kaplan (2001 : IX-XII) et Kaplan et Minard (2004).

14. Parallèle à établir sur la guerre des farines en France au XVIIIe siècle à la suite d'une autre décision libérale de Turgot. Sur les représentations morales des populations britanniques luttant au XVIIIe siècle contre la mise en place de marchés des céréales organisés selon les principes de la concurrence, autorisant la vente en gros par échantillon sur des places de marché et hors de celles-ci dans les fermes, au détriment des achats par petites quantités des pauvres, et permettant aussi des achats avant la récolte, voir Edward Palmer Thompson (1971).

constitués de seuls biens matériels serait encore plus réducteur que d'assimiler les biens communs des communautés agricoles aux seules terres communales en oubliant l'ensemble des droits (et devoirs) qu'apportait l'appartenance à une communauté (vaine pâture, glanage, distribution de certains secours, etc., permettant la subsistance de beaucoup : Weber, 1983). Le bien commun des corporations comprend le résultat de leurs interventions : la qualité des biens produits et échangés, l'approvisionnement des producteurs et des consommateurs, une rémunération décente pour chacun, etc. La gestion de ce commun occupait une grande partie de leur activité et les éléments matériels cités comme capital des corporations constituaient les moyens matériels d'exercice de ces fonctions. Elles s'en sont trouvées largement dépossédées lors de processus d'unification aux niveaux nationaux. On voit ici une spécificité du commun des corporations. Quand on envisage généralement un commun on l'inscrit dans un espace dont on peut tracer des frontières géographiques. Selon le commun concerné, la communauté est plus ou moins grande. Or dans le cas des corporations d'Ancien Régime, elles cohabitent au sein d'un même espace (en général municipal) ; d'où des conflits pouvant être importants entre corporations pour faire reconnaître leurs intérêts particuliers. Il existe donc des communs dépassant l'espace professionnel de chacune d'elles. Leur emboîtement n'est pas seulement celui d'étages hiérarchisés.

La critique libérale des corporations comme entraves à l'exercice de la concurrence et de la liberté de travail et d'embauche

L'académie d'Amiens ouvre en 1757 un concours ayant pour objet : « Les obstacles que les corps de métiers apportent au travail et à l'industrie », un intitulé qui préjuge de la réponse. Joachim Faiguet de Villeneuve (1765) dans l'*Encyclopédie* de d'Alembert et Diderot présente les maîtrises comme des « raffinements de monopole vraiment nuisibles à l'intérêt national », « des règlements favorables à quelques-uns et nuisibles au grand nombre ». La critique commune des corporations est en phase avec la tradition économique libérale française développée au XVIIIe siècle. Ses diatribes à l'encontre de tout ce qui paraissait entraver les marchés ont été fondamentales dans la légitimation d'une nécessaire éradication des corporations alors que celles-ci se trouvaient de plus en plus minées par l'essor de pratiques concurrentielles. Il convient donc de faire un détour par l'histoire de la pensée économique, et notamment par ce que l'on appelle aujourd'hui les économistes classiques par opposition à leurs prédécesseurs que l'on désigne couramment sous l'appellation commode mais contestée de mercantilistes.

Plus que Smith, critique des corporations, mais affirmant en pratique une défense modérée et pragmatique de la libération des marchés, une des charges les plus fortes a été celle d'Anne Robert Turgot, qui tenta de les supprimer durant les quelques mois où il occupa les fonctions de contrôleur général des Finances du roi Louis XVI, entre 1774 et 1776 [15]. Le libéralisme d'Adam Smith et le néolibéralisme contemporain s'opposent dans le rapport qu'ils établissent entre marché et État [16]. Celui qui est considéré comme le père de l'économie, s'il s'oppose aux politiques mercantilistes, reconnaît l'utilité possible de l'État dans certains domaines de l'économie, et pas seulement comme régulateur [17]. D'une part, la puissance publique pourrait, voire, selon lui, doit, en certaines circonstances, être un régulateur économique efficace, compte tenu des limites de la concurrence et des intérêts privés dans le bon fonctionnement du système économique des sociétés. Mais d'autre part, en affectant directement une part des ressources produites et en agissant comme propriétaire unique et collectif de certains biens, l'État pourrait plus ou moins suppléer le marché en certaines circonstances et pour certaines activités. D'où le titre de *Vive l'État* donné par Christian Chavagneux à un ouvrage comprenant des extraits de l'œuvre de Smith [18]. Opposé à un financement nécessitant des capitaux à très long terme par des apports privés de court terme, dans le livre V de *La Richesse des nations* [19], celui-ci indique qu'une grande route [20], un pont, un canal de navigation ou la poste devait, à l'avantage de la société dans son ensemble, être propriété de l'État, qui peut en confier la gestion à des administrateurs ou des commissaires. Adam Smith est favorable à la libre circulation des grains [21] y compris en période de disette afin, selon lui, de permettre les ajustements entre la demande et l'offre par les prix. Mais en certaines circonstances l'intervention des autorités est nécessaire :

> « Empêcher le fermier d'envoyer ses biens en tout temps sur le meilleur marché, c'est évidemment sacrifier les lois générales de la justice à une certaine idée de

---

15. Or, la mise en pratique de ses idées par l'économiste écossais se révèle beaucoup plus modérée et pragmatique que l'intervention gouvernementale du libéral français : ce qu'illustre la comparaison entre l'activité de Smith comme responsable des douanes en Écosse de 1778 à 1790 et celle de Turgot.

16. On lira sur cette question des rapports marché/État dans l'économie politique du XVIIIe siècle avec grand intérêt A. Tiran : « Dette publique et fiscalité chez James Steuart », in J.-P. Potier (ed.) : *Les marmites de l'histoire*, Paris, Garnier, 2014, p. 41-53, à propos de l'économie politique de James Steuart. Il montre que ce qui est longtemps apparu comme un archaïsme (la légitimation de l'intervention publique) lui confère aujourd'hui une certaine modernité.

17. A. Smith, *Vive l'État !*, extraits de la *Richesse des nations* présentés par Christian Chavagneux et annotés par Igor Martinache, Paris, Les Petits Matins/Alternatives économiques, 2014.

18. *Op. cit.*, en note 17.

19. A. Smith, 1776, trad. 2005, p. 749, 751.

20. Exemple des routes dans le livre V de la *Richesse des Nations* (1776).

21. Smith, *op. cit.*, livre IV, digression du chapitre V.

> l'utilité publique, à une sorte de raison d'État, c'est un acte d'autorité législative qu'il faudrait exercer et qu'on peut exercer seulement *en cas d'extrême urgence* [22]. »

On est loin d'une position dogmatique sur les automatismes bénéfiques du marché en tout lieu et en tout temps excluant tout recours à la puissance publique. Il critique aussi fortement [23] la gestion privée du Bengale par la Compagnie des Indes. Le premier chapitre de *La Richesse des nations* est même *a priori* étonnant pour un ouvrage considéré comme glorifiant l'économie de marché : il est consacré à l'analyse du fonctionnement d'une manufacture d'épingles où les relations entre les producteurs sont une division technique non marchande du travail, implicitement coordonnée de façon autoritaire par un propriétaire invisible. Il aurait pu prendre l'exemple d'une manufacture dispersée, comme la fabrique de la soie à Lyon tel qu'est exposé le modèle français de la manufacture dans l'*Encyclopédie* de d'Alembert et Diderot, et non celui d'une manufacture concentrée qui, il est vrai, est présentée comme constituant le modèle anglais [24]. Celui-ci deviendra dans les suites de l'*Encyclopédie*, publiées par Charles-Joseph Panckoucke entre 1776 et 1780, le modèle général de manufacture. Qui plus est la manufacture d'épingles la plus importante de France à Laon, qui a servi de modèle, est une corporation [25]. Smith en a fait un « *trade* » [métier] particulier [26]. L'analyse de Smith est donc très éloignée de celle des néolibéraux pour lesquels l'État (comme structure de commandement) peut

22. Livre IV, chapitre 5, trad. 2002, p. 557. Je souligne la fin de la citation. On peut penser que ces situations d'extrême urgence sont consécutives aux famines mais aussi aux nombreux soulèvements de population quand les prix des grains constituent plus de la moitié des dépenses de consommation d'une large fraction de la population en Europe au XVIIIe siècle. On doit remarquer ici que l'augmentation des prix des grains, compte tenu de ce poids dans l'alimentation des populations ne tend pas à réduire leur consommation. L'amputation du pouvoir d'achat des consommateurs et leur impossibilité de se reporter sur d'autres produits relativement moins chers tend au contraire à augmenter leur demande en grains. Par conséquent, contrairement au dogme de l'équilibre par les prix, un accroissement du prix de ce bien aussi essentiel provoque une augmentation de sa demande et non sa diminution.

23. A. Smith. p. 773-783, 845.

24. Adam Smith s'est inspiré d'Alexandre Delaire, « Épingles » in *L'Encyclopédie*, 1755, tome 5, p. 803-807, qui a servi aussi au *Dictionnaire universel du commerce et métiers*, tome 2, article « Épingles et épinglier », p. 343-345.

25. Une description de cette manufacture, située à Laigle (Normandie) et ayant servi de modèle à un article de *L'Encyclopédie*, ainsi qu'une analyse de la répartition des tâches et de la productivité, sont données par Jean-Louis Peaucelle : « La division du travail. Adam Smith et les encyclopédistes observant la fabrication des épingles en Normandie », *Gérer et comprendre*, n° 57, sept. 1999, p. 35-51. Voir la présentation de l'organisation sous forme de corporation de la fabrication des épingles à Laon dans Marie-José Geoffroy-Tranoy : « Le commerce à Laon au XVIIIe siècle », in *Société historique de Haute-Picardie*, t. 46, 2001, p. 73

26. Smith ne développe pas cette dimension. Les fabricants d'épingles étaient par leur statut en corporation situés au 17e rang des corporations après les cloutiers.

et doit disparaître du champ économique en tant que gestionnaire et producteur de biens ou services. Ceci est bien souligné par Giovanni Arrighi dans *Adam Smith à Pékin* [27]. Il remarque :

> « Loin de faire la théorie de l'autorégulation d'un marché qui fonctionnerait mieux si l'État était réduit au minimum ou n'existait pas du tout, *La Richesse des nations* présupposait, tout autant que *La Théorie des sentiments moraux* et les *Leçons sur la jurisprudence* (inédites de son vivant), l'existence d'un État fort, susceptible de créer et de reproduire les conditions d'existence du marché : d'un État qui utiliserait le marché comme un instrument de gouvernement efficace, qui régulerait son fonctionnement, et qui interviendrait activement pour corriger ou contrer des effets socialement ou politiquement indésirables [28]. »

Avec les néolibéraux, l'État ne disparaît pas totalement. Il apparaît indispensable à l'essor et à l'exercice du principe de concurrence, mais son rôle doit être politique ; pour ne pas dire policier. Cette répression de la liberté d'expression pour permettre les réformes économiques de la société contre ceux qui critiquaient la réforme libérale voulue par Turgot est déjà manifeste en 1776 [29]. Celui-ci fait preuve de peu de pragmatisme et de beaucoup de dogmatisme, à la différence d'Adam Smith et plus généralement des interventions anglaises en ce domaine. La politique de Turgot illustre bien les effets d'une intervention fondée sur la croyance aux vertus spontanées des équilibres de marché.

La relation des corporations à l'État doit être interrogée, parce que c'est une autre façon de poser la question de l'articulation entre politique et économique. Mais cette relation paraît très difficile à appréhender ; et pas seulement du fait de l'extrême diversité des situations locales bien mise en avant par Philippe Minard. Il est commun d'établir un lien entre corporations et organisations des municipalités. Sans doute le commentaire fait par exemple en ce sens par Adam Smith [30] doit être interprété comme une poursuite de sa critique des économistes qu'il désigne comme « mercantilistes ». Karl Polanyi [31] met ces différences entre les niveaux locaux et nationaux et internationaux et le fait que soit imposé un modèle national [32] en rapport avec les volontés d'établir un marché national. Il s'agit de ne pas cantonner les échanges à des communautés locales (sans toutefois établir un « marché des forces de travail » à travers le salariat et une libre

27. G. Arrighi : *Adam Smith à Pékin*, 2007, trad. 2009, p. 75-78.
28. G. Arrighi, 2009, *op. cit.*, p. 76.
29. S. Kaplan, 2009, *op. cit.*, 2001 p. 80, 97-103.
30. Livre I, chapitre 10, trad. 2000, p. 135-137 ; Livre III, chapitre 3, trad. 2002, p. 413.
31. *La Grande Transformation*, 1944, p. 64-67, 70-71.
32. En Angleterre dès le *Statute of Artificers* (disparu en 1813-1814 seulement) ou en France avec certaines mesures prises par Colbert, puis par Necker, après l'échec de Turgot pour tenter de les supprimer en 1776.

circulation de la main-d'œuvre) tout en faisant prévaloir de plus en plus des logiques économiques sur des finalités de bien vivre localement qui sont au cœur de la morale des oppositions populaires aux transformations libérales (Thompson, 1971).

Corporations d'Ancien Régime et innovations

Dans nombre de lectures passées et contemporaines, les corporations jouaient un rôle positif pour encadrer la production et permettre ainsi la protection et l'entraide des travailleurs [33]. Mais elles auraient été néfastes du point de vue du progrès économique en tant que système entravant la diffusion du progrès technique, empêchant une libre embauche de la main-d'œuvre, une libre circulation des matières premières et des produits finis et une liberté de formation des prix par confrontation des offres et des demandes, etc. On trouve dans cette lecture une opposition courante dans les interprétations économistes entre le politique et le social d'un côté et l'économique de l'autre. Le discours peut être favorable à l'un ou défavorable à l'autre, et vice versa selon les courants de pensée. Mais ils se rejoignent dans cette dichotomie. Ainsi on mettra l'accent soit sur les solidarités et les soutiens pour tenir un discours en général passéiste favorable aux ordres d'Ancien Régime ; défavorable parce que ces mêmes protections et solidarités apparaissent comme des entraves à la modernité, ou des freins au « progrès » du fait d'une interférence permanente du social et du politique ou, à l'opposé, la concurrence était pensée en tout temps et en tout lieu comme bénéfique.

Tout d'abord il serait erroné de surestimer la dimension pacificatrice des corporations dans les relations sociales entre employeurs et employés. Le modèle statutaire ordonnant celles-ci résiste mal à une analyse rigoureuse des sources. Dans *La vie fragile* (1986), à partir de l'étude minutieuse d'archives parisiennes du XVIIIe siècle, Arlette Farge restitue bien ces antagonismes au quotidien au sein des ateliers s'exprimant par des insultes et des violences physiques [34]. Au-delà des disputes entre employeur et employé, notamment quand le compagnon s'estime traité comme un domestique parce qu'appelé à des tâches multiples sans rapport avec son rang et son savoir-faire, ou quand l'apprenti subit le même sort et que sa formation à un métier ne se fait pas, il est possible de parler de conflit social. Il peut aller jusqu'à des grèves et des émeutes ; ce sont des manifestations

33. En matière de secours aux orphelins et aux malades, pour les frais funéraires notamment, mais presque jamais d'aide aux chômeurs (Pierre Goubert, Daniel Roche : *Les Français et l'Ancien Régime*, Paris, Armand Colin, 1984, tome 1, p. 161).
34. Farge, 1986, *op. cit.*, p. 123-152.

parties d'un atelier qui s'étendent à la rue, puis à un métier tout entier. Elles semblent particulièrement nombreuses à Paris dans les années 1760 [35].

Et surtout, ce rôle protecteur et de solidarité[36] le clivage passé/futur est inopportun. Protection et solidarité ne s'opposent pas de façon systématique à la diffusion d'innovations tant dans les procédés de fabrication que pour ce qui est des produits eux-mêmes. Les corporations n'ont pas été aussi hostiles au progrès technique qu'il est généralement laissé à croire. Autrement dit, l'organisation des métiers en corporations était loin de présenter tous les défauts qui leur ont été imputés d'abord au XVIIIe siècle par les libéraux, et jusqu'à nos jours. Pour beaucoup d'auteurs, de façon implicite ou explicite, seule la concurrence permettrait d'innover, et donc est supposée bénéfique pour l'ensemble de la société. Or les entraves à celle-ci qu'apparaissent induire les corporations permettraient de les opposer à l'idée d'innovation. Mais, force est de constater qu'il s'agit d'un préjugé. En histoire de la pensée économique, il est courant d'opposer les contraintes urbaines des corporations aux libertés offertes par la production à domicile commanditée dans les campagnes par des marchands-fabricants. Toutefois, cette présentation est erronée quand elle laisse entendre que l'organisation des corporations était totalement rigide et hostile à tout changement en se reproduisant à l'identique. Elle ne permet pas de comprendre pourquoi et comment entre les XVIIe et le XVIIIe siècles des métiers se subdivisent ; d'autres se regroupent ; ni comment les innovations techniques et de produits se diffusent [37]. L'accroissement de la demande, parce que la population urbaine s'accroît [38], a sans doute permis ces évolutions. L'augmentation du nombre de consommateurs, pour autant qu'existe un

35. Farge, 1986, *op. cit.*, p. 133, 144, 147, 296-308, 330-331 note 4. Sur les grèves de travailleurs au XVIIIe siècle, elle cite en référence (p. 331) M. J. Flammermont : « Mémoire sur les grèves et les coalitions ouvrières à la fin de l'Ancien Régime », *Bulletin des sciences économiques et sociales*, 1894 ; J. Hayem : « La répression des grèves au XVIIIe siècle », *Mémoires et documents pour servir à l'histoire du commerce et de l'industrie*, Paris, 1911.

36. Kaplan le souligne à propos du commerce du blé en France au milieu du XVIIIe siècle : « *Freedom from guild restrictions also meant the absence of guild solidarities, the want of a countervaling force to oppose to the demands of the authorities and the public, and the exposure to ruthless competition.* » (1984 : 81). Cette autre vision du marché peut être rapprochée de celle analysée par Edward Palmer Thompson (1971) en Angleterre. Voir ci-dessus note 15.

37. Voir l'exemple de la production des vêtements et de leurs accessoires en France par D. Roche : *La culture des apparences*, Paris, Fayard, 1989, plus particulièrement sur ces évolutions, p. 256-264, 280-292.

38. Puisque les corporations sont principalement urbaines, indiquons qu'au XVIIIe siècle, en France par exemple, les villes ne représentaient que le cinquième de la population totale et que cette population s'accroissait. Le pays comptait, outre Paris ayant entre 500 000 et un million d'habitants, huit villes de plus de 50 000 habitants et vingt-cinq en ayant entre 50 000 et 20 000, à côté d'un réseau dense de petites agglomérations pouvant en avoir moins de 10 000.

pouvoir d'achat suffisant, est sans aucun doute favorable à un accroissement des quantités produites et vendues. Et cet accroissement quantitatif de la demande est un facteur favorable à la diffusion d'innovations dans la production.

À partir des années 1980, un ensemble d'historiens ont mis en cause le préjugé d'un archaïsme des corporations [39]. Les maîtres mots de l'interprétation nouvelle sont flexibilité et adaptation aux changements de leur environnement [40]. Les contributions publiées en 2008 sous la direction de Stephan R. Epstein et Prak Maarten [41] sont entièrement consacrées à la discussion de cette thèse et, en s'attachant essentiellement à des corporations produisant des biens, donnent beaucoup plus d'arguments aux tenants de la seconde hypothèse (en particulier en montrant les modalités de diffusion de certains progrès techniques) qu'à la première. Elles forment ainsi un contrepoids au réquisitoire généralement dressé depuis Adam Smith à l'encontre des corporations de métiers.

Il s'agit d'un enjeu théorique essentiel puisque la question posée est bien celle de la capacité d'innover socialement et techniquement en dehors de la pression de la libre concurrence et de la capacité de producteurs et de marchands de s'organiser pour tenter de canaliser la brutalité de la fluctuation des prix. Il est important ainsi de ne pas comprendre les autres principes que celui de concurrence comme n'étant pas simplement une opposition ou une résistance à celle-ci mais de bien concevoir leur capacité à innover à la fois socialement et techniquement.

Difficile donc de penser les dimensions morales des corporations (qui expliquent l'absence d'hégémonie du principe de concurrence) comme ayant systématiquement été un obstacle aux transformations, donc ayant freiné et la production et le commerce.

Par conséquent, on ne doit pas s'étonner que les régions favorables en France aux corporations dans les Cahiers de doléances de 1789 aient été celles économiquement les plus dynamiques (Kaplan, 2001 : 386, 420). Comment le comprendre si cette organisation des métiers n'avait été qu'une entrave hiérarchique que l'on pourrait réduire à une situation de monopole ?

L'analyse par Sheilagh Ogilvie (2011) des corporations comme obstacle supposé au développement économique (entendons par là, l'économie de concurrence) porte essentiellement sur les corporations contrôlant les échanges à grandes distances dans l'Europe d'Ancien Régime et non sur les

---

39. De Munck, 2007 ; S. R. Epstein, M. Prak (ed.): *Guilds, Innovation, and the European Economy, 1400-1800*, Cambridge/New York: Cambridge University Press, VIII-352 p., 2008 note 8 p. 2, p. 17 ; C. Lis, H. Soly: "Subcontracting in Guild-based Export trades, Thirteenth-Eighteenth Centuries", in S. R. Epstein, M. Prak (ed.), p. 81-113. 2008, note 1, p. 81.
40. S. R. Epstein, M. Prak, *op. cit.* 2008, note 9, p. 3.
41. Voir aussi Prak, van Zanden, 2013.

corporations locales de métiers, un objet d'études donc différent [42] de celui de la plupart des articles réunis par S. R. Epstein et Maarten Prak (2008). Il est à remarquer qu'Adam Smith lui-même dans *La Richesse des Nations* analyse de façon séparée les deux types de corporations.

Les contributions à l'ouvrage dirigé par S. R. Epstein et Maarten Prak montrent en particulier le rôle des corporations dans la diminution des coûts de transactions :

— par la création d'un environnement stable qui encourage la formation des compétences et la transmission des savoirs,

— par la coordination de processus compliqués de production,

— et dans la commercialisation des produits par la réduction des asymétries d'information entre producteurs et acheteurs finals. Ulrich Pfister (2008a : 26) donne l'exemple du textile. Ce contrôle de la qualité des balles de tissus peut aussi être interprété comme un dépassement de l'opposition des intérêts propres à une logique concurrentielle. Le coût serait considérable si, à chaque étape de la cession et du transfert d'une balle de tissu, le textile devait être vérifié et apprécié. C'est aussi le cas des articles métalliques qui, eux aussi, étaient, comme les tissés, exportés vers des marchés lointains (Pfister, 2008a : 27). Je reviendrai par la suite sur cet argument de la qualité des biens fabriqués.

Corporations et principes d'intégration économique

Les corporations d'Ancien Régime (et je fais l'hypothèse que ce serait plus pertinent encore si les informations permettaient d'étendre l'analyse à l'ensemble des organisations de métiers et de marchands à travers le monde au sein desquelles elles apparaîtraient comme une figure singulière, en particulier si on les compare aux structures subsahariennes ou asiatiques de castes [43]) constituent l'équivalent d'un test de laboratoire permettant d'apprécier l'efficacité du concept polanyien de principe d'intégration

42. Karl Polanyi, dans *La Grande Transformation* (1944 : 64-67, 70-71), insiste sur cette différence entre ces deux types d'échanges, notamment par le fait que les corporations à marché de proximité ont pour finalité la satisfaction de besoins locaux en lien avec une logique domestique de l'économie et non d'engager un processus d'accumulation, que peuvent rechercher des corporations liées au commerce à grande distance. Mais Philippe Minard (2004 : 47-48) relève les limites de cette opposition, compte tenu des nombreuses articulations et dépendances entre les deux.

43. Il y était quasi impossible de déroger à la caste de sa naissance, quand caste il y avait. Alors qu'en Europe, même si les maîtres voulaient transmettre de façon héréditaire la qualité de maître et que le remariage de la veuve d'un maître avec un compagnon pouvait permettre de conserver le titre, le système connaissait une beaucoup plus large ouverture grâce en particulier à l'apprentissage.

économique [44]. Entendus comme des logiques d'interdépendance des activités humaines de production, d'échange, de financement et de consommation, ces principes ne doivent pas être confondus avec des modes de circulation ou de transfert. Leurs articulations et leurs hybridations permettent de les comprendre non seulement comme des structures mais aussi comme un processus dynamique. Les interventions des parties prenantes, le fonctionnement des organisations, et au niveau supérieur les institutions, répondent à des logiques idéales qui sont :

— pour le principe de concurrence, une logique de profit légitimée par la prévalence de l'autonomie individuelle liée à la propriété privée de moyens de production et d'échange ;

— pour le principe de prélèvement-répartition, une logique de commandement légitimée par la recherche de protection ;

— pour le principe de réciprocité, une logique de solidarité légitimée par la volonté de défendre et de structurer une communauté ;

— et pour le principe d'autosuffisance, une logique domestique [45] légitimée par le souci des autres membres d'une même communauté et la recherche d'un contrôle des ressources et d'une satisfaction équilibré des besoins.

Par domestique, on doit entendre bien au-delà d'unités familiales comme le précise Karl Polanyi (*La Grande Transformation* trad., p. 84).

Cette application aux corporations d'Ancien Régime d'un concept central pour l'approche polanyienne des institutions économiques paraît d'autant plus stimulante que dans les années 1920, en réponse à l'économie administrée qui se mettait en place en Union soviétique, Karl Polanyi a soutenu un « socialisme de guilde » [*Gildensozialismus*] – « La comptabilité socialiste » [1922], in *Essais* [46] p. 285 – fondé sur une subsidiarité

44. Polanyi (2011 : 77-88, 137, 395) ; Polanyi (1944/reed. 2001 : *The Great Transformation*, p. 49-52, 55-56, 58-60, 62, 70, 277-280) recourt le plus souvent à l'expression « *principle* » alors que dans *Trade and Market* le terme « *form* » est couramment employé, expression qui sera retenue le plus souvent ensuite par de nombreux auteurs. Le terme « *mode* » est plus exceptionnel et fait écho au concept marxiste de mode de production. Le terme « *pattern* » se trouve par exemple dans Polanyi, 1960, article reproduit p. 306-334 dans Polanyi, 1968, p. 307-310 (voir aussi p. XIV note 7).Voir les occurrences du principe de réciprocité et la mise en avant de ses particularités par rapport aux autres principes : 1944, trad. fr. 1983 : *La Grande Transformation*, p. 75-76, 80, 85-86, 91, 93, 353, 355-356 ; *Les Systèmes économiques dans la théorie et dans l'Histoire*, 1957, trad. fr. 1975, p. 100-101, 244-249, 259. Voir aussi dans la somme d'articles et chapitres repris et traduits dans Polanyi (2008) : *Essais*, première parution dans Polanyi, 1960, p. 201-202 et Polanyi (2011), p. 77-83, 86-88, 95-99, 108-110, 113, 157, 222, 236-237, 381.

45. Voir deux applications récentes de ce principe dans Hillenkamp (2013) : *L'économie solidaire en Bolivie entre marché et démocratie*, Paris, Karthala, et Saiag (2015a, 2015b).

46. Polanyi parle à ce propos de socialisme corporatif et précise : « L'opposition entre socialisme et capitalisme ne se réduit plus au poncif économie sans échanges contre économie

ascendante de l'organisation de la production et des échanges. Les réflexions sur un lien possible entre corporations d'Ancien Régime et origine de la pensée socialiste sont bien antérieures. Ainsi lit-on dans un ouvrage de Ludwig Gall, un professeur berlinois ayant influencé le jeune Marx, paru un siècle plus tôt :

> « Le Moyen-Âge, avec ses corporations, possédait une organisation rationnelle du travail. Les corporations sont détruites et ne peuvent être rétablies. Mais le travail libéré tombera-t-il du corporatisme dans le despotisme, du pouvoir des maîtres au pouvoir des fabricants ? N'y a-t-il à cela nul remède ? Il en existe, c'est la libre corporation, la socialisation [47]. »

Il importe donc de comprendre ce qui pourrait être mobilisé dans ce passé pour assurer grâce à une logique de solidarité la transformation des sociétés dites « capitalistes » en crise [48]. La transformation est un mouvement et cette dynamique suppose l'hybridation et l'articulation des principes qui viennent d'être citées, l'un des principes supplantant un autre comme principe hégémonique [49]. En parcourant la vaste documentation apportée par les historiens, il paraît évident, une fois encore, qu'il est exceptionnel qu'une forme d'organisation de la production ou des échanges puisse parfaitement

---

d'échange [...] Le capitalisme actuel ne représente pas plus l'économie marchande libre qu'on ne peut concevoir, de l'autre côté, une économie d'une certaine envergure sans une forme quelconque d'échange. Les économies socialiste et capitaliste se distinguent autrement. » (p. 285) Sur le socialisme de guilde voir aussi : p. 323-324 ; ainsi que les commentaires de Gareth Dale (*Karl Polanyi. The Limits of the Market*, 2010, p. 12, 24-25, 29, 237) montrant l'influence des débats anglais du premier quart du XXe siècle sur le *guild socialism* proposant un contrôle ouvrier de la production (notamment à travers les publications de G. D. H. Cole).

47. *Rückblicke auf Personen und Zustände* [Regards en arrière sur les hommes et les faits] extrait cité dans Werner Blumenberg [1962] : *Marx*, trad. Paris, Mercure de France, 1967, p. 67-68.

48. J.-M. Servet : *Le Grand Renversement. De la crise au renouveau solidaire*, Paris, Desclée de Brouwer, 2010 ; « Clairvoyance: Penser l'utopie pour reconnaître un futur déjà présent », *Revista de Antropologie urbana* (Bucarest), Anal I (2013a) ; n° 2, p. 76-91 ; « Le radeau de la Méduse. Pouvoir, savoir et crise », in Jean-Pierre Potier (ed.) : *Les marmites de l'histoire. Mélanges en l'honneur de Pierre Dockès*, Paris, Garnier Classiques, 2014.

49. On pourrait en cela comparer principe d'intégration économique et mode de production chez Karl Marx. Toutefois, une différence essentielle réside, d'une part, dans l'absence d'opposition entre infra et superstructure par l'approche en terme d'immersion de l'économique chez Polanyi et, d'autre part, dans la perspective globalement évolutionniste du marxisme, inexistante chez Karl Polanyi mais très présente dans les commentaires qu'en a faits un interprète comme Jérôme Maucourant (2005).

Voir de façon récente une interview donnée à David Nadjari, le 1er novembre 2014 [https://www.youtube.com/watch?v=WWWNYpDK2Fis§feature=youtu.be]. Or, les principes d'intégration ne se réduisent pas à un mode de circulation, critique qu'en avait faite Maurice Godelier dans son introduction à la traduction française de *Trade and Market in the Early Empires* (Larousse, 1974).

se confondre, de façon pure et parfaite, avec un seul des principes. On peut au mieux y rencontrer l'hégémonie d'un des principes et plus encore une articulation de ces principes, l'un ou deux d'entre eux soumettant les autres, selon les cas, et dont les logiques s'opposent ou s'hybrident. »

On peut supposer que ces caractères des corporations transformées par une logique de profit propre au principe de concurrence se sont accentués au fil du temps ; mais qu'ils correspondent mal à leurs formes archaïques où d'autres principes ont longtemps prédominé.

Les situations de monopole qu'imposent les corporations de marchands au bénéfice de leurs membres (Ogilvie, 2011) peuvent être comprises comme une articulation des logiques de profit et de commandement. Mais ici, l'argument central d'Ogilvie (2011) sur la recherche du profit maximum par l'établissement d'un monopole ou d'un monopsone devrait s'accompagner d'informations sur l'importance de cette rente, sur sa répartition et sur les usages qui en étaient faits par les bénéficiaires. Se focalisant sur la circulation plutôt que sur la production et sur la répartition, l'ouvrage apparaît silencieux sur cette dimension relative au surplus, pourtant essentielle pour comprendre le fonctionnement et la pérennité d'un tel système sur une très longue période. Or, dans l'Europe d'Ancien Régime des lois somptuaires limitaient considérablement les consommations privées par des couches sociales non aristocratiques ; les marchands se trouvaient par ailleurs, de façon récurrente, ponctionnés par les autorités publiques (ne serait-ce que du fait de l'impossibilité, sauf privilège, de transmettre par héritage leurs biens quand un marchand n'avait pas la citoyenneté du lieu de son décès). Le risque est donc considérable, en s'appuyant sur tel ou tel contexte et sur telle ou telle situation, de pouvoir prétendre tout et son contraire à propos des corporations en généralisant des cas particuliers et en les étendant à la longue vie de ces organisations alors que, selon les lieux et les époques, des principes différents dominent leur fonctionnement parce qu'ils sont hiérarchisés et articulés de façon chaque fois spécifique.

Elles ne sont pas en cela comparables aux entreprises capitalistes pour lesquelles il est aisé d'affirmer que leur fonctionnement est dominé par le principe de concurrence, avec la possibilité d'articulation à d'autres principes mais qui sont toujours subsumés par ce principe de concurrence, à moins de cesser d'être capitalistes. Ce qui ne signifie évidemment pas que les conditions de travail soient partout identiques. Les principes d'intégration économique ne sont pas seulement « économiques » et il existe, de ce point de vue, une spécificité de celui de concurrence par rapport aux trois autres. Sa légitimité est assise sur des critères « économiques » alors que le fonctionnement de l'économique suppose d'autres dimensions. L'observation des corporations montre que pour qu'elles puissent assumer leurs rôles économiques (au sens substantiel) de produire et d'échanger il fallait que des cadres non économiques les instituent.

Si les contraintes imposées par les corporations et empêchant la concurrence de marchands étrangers avaient pour but unique la défense d'une rente de situation au bénéfice de leurs seuls membres (ou d'une partie d'entre eux), ceci n'explique pas les contraintes que les corporations imposaient à leurs propres membres en limitant considérablement leurs possibilités d'étendre une activité. Pourquoi dans la production de laine à Lille par exemple chaque maître ne pouvait-il pas faire travailler plus de six métiers [50] ? Si le mobile du monopole était d'accroître les gains aux dépens des consommateurs, on comprend mal cette restriction. Une analyse selon une seule logique de monopole ou de monopsone, d'oligopole ou d'oligopsone au profit d'une infime minorité de commerçants ou artisans peut éclairer la période de décomposition des corporations ou des modes de résilience ou de résistance face au capitalisme naissant. Mais elle ne permet pas d'intégrer leurs formes anciennes et leurs logiques particulières de fonctionnement sur une longue période.

Un point commun à l'ensemble des corporations sur le long terme mérite d'être ici souligné. Quand le principe de concurrence devient hégémonique, les spécificités majeures de l'organisation corporative tendent à disparaître et elles peuvent de façon générale se fondre dans l'ensemble des organisations économiques de la production et des échanges subordonnées « aux lois du marché [51] ». Toutefois, jusqu'à des changements politiques majeurs révolutionnant l'ensemble de la société, certaines traditions d'origine corporative ont pu perdurer longtemps, y compris de façon occulte, en étant soumises à l'organisation dominante nouvelle des échanges et de la production, ou bien en constituant un mode occulté de résistance ; de même que certaines dénominations pour ce qui est de la hiérarchie des activités ou certaines pratiques de rémunération ont persisté tout en pouvant prendre des sens nouveaux. L'explication par la seule approche économique *main stream* des marchés laisse donc de nombreuses zones d'ombre pour qui veut comprendre le fonctionnement et l'utilité des corporations et la légitimité dont elles ont pu si longtemps jouir auprès du plus grand nombre.

Pour analyser le fonctionnement des corporations, une difficulté tient aussi à la distinction entre réalité et discours tenu par les parties prenantes ; et le témoignage qu'on a conservé du modèle idéal qu'elles sont supposées incarner dans une perspective d'entraide ou de protection en matière de travail et d'approvisionnement ou au contraire de l'abomination qu'elles

---

50. Minard (2004 : 45).

51. On pourrait ici établir une comparaison avec les transformations des coopératives et mutuelles fortement soumises à la concurrence des sociétés anonymes par actions.

représenteraient pour les adeptes du modèle de la concurrence et de la propriété privée. Ceci est d'autant plus fort en ce domaine que les maîtres ont eu généralement tout intérêt à présenter comme des formes de protection, d'entraide ou de solidarité ce qui constituait des formes plus ou moins masquées d'exploitation et de domination [52].

Les corporations constituent un cadre sécuritaire pour les travailleurs tout en servant à contrôler la main-d'œuvre [53].

Corporations d'Ancien Régime et autosuffisance

Malgré la difficulté de distinguer discours et réalités et de connaître les modes anciens de fonctionnement des métiers dans la période médiévale et l'émergence et l'essor des corporations d'Ancien Régime, certaines informations permettent de les comprendre comme articulation des principes « d'autosuffisance » et de réciprocité. Ce qui, par exemple, a souvent été dénoncé comme une manœuvre (et ceci par Adam Smith lui-même) pour contrôler l'approvisionnement ou les débouchés, pour limiter le nombre d'embauchés et d'apprentis par maître [54] et ainsi faire pression à la hausse (pour les ventes) ou à la baisse (à l'achat) sur les prix en limitant la concurrence (donc du point de la norme et des règles du marché prôné par les économistes), peut se révéler comme une expression de ces principes s'opposant ici à celui de concurrence.

Réduire le fonctionnement des corporations à une opposition entre logique de profit et logique de commandement, ou principe de concurrence et principe de prélèvement-redistribution [55], ne permet pas de comprendre leur utilité et leur pérennité ; et encore moins les raisons de leur émergence dans des sociétés au sein desquelles le principe de concurrence agissait très sporadiquement compte tenu du poids des autres principes. Cette marginalité du principe de concurrence, fortement lié, quand il devient dominant, à une montée de formes d'autonomie des individus [56], se manifeste notamment par le caractère public de contrats privés commerciaux.

---

52. Hillenkamp (2013), dans note 57, p. 73.

53. Sur cet encadrement, les mesures policières, les rébellions individuelles et collectives contre les maîtres, on lira avec grand intérêt Arlette Farge, voir ci-dessus note 36.

54. Smith, 2000, *op. cit.*, Livre 1, chapitre 10, p. 131-135.

55. Voir les accusations contre la réforme de Necker qui est accusée d'être une manœuvre fiscale pour renflouer une nouvelle fois les caisses de l'État. On remarque que leur suppression sous la Révolution est aussi un moyen de faire contribuer sous la forme de la patente.

56. À souligner ici que cette autonomie des individus n'est pas seulement propre au champ de la production. On la trouve aussi dans les façons de vivre au quotidien. Dans les sociétés d'Ancien Régime, la promiscuité est considérable selon les critères actuels, qu'il s'agisse des logements, des lits, des façons de déféquer, des rapports sexuels, des odeurs des corps, etc.,

La possibilité d'une application du principe d'autosuffisance aux corporations permet aussi d'affirmer qu'il est erroné de confondre ce principe avec des pratiques d'autarcie [57] dans la mesure où ces organisations structurent des échanges à des échelons locaux et internationaux. Des relations extérieures sont bien souvent nécessaires pour parvenir globalement à une autosuffisance locale caractérisée par la recherche de satisfaction des besoins. Le contrôle doit porter par conséquent non seulement sur des marchés locaux mais aussi sur des importations (permettant les approvisionnements) et des exportations (afin de conserver localement ce qui est pensé comme nécessaire).

Le principe d'autosuffisance est d'abord caractérisé par la contrainte d'utiliser les ressources locales. On le voit par exemple dans l'obligation d'affréter des navires en un lieu protégeant ses autochtones (Olgivie, 2011 : 73).

De nombreux exemples à travers l'Europe montrent que, dans le même but de soutenir les intérêts locaux, les guildes d'une ville restreignaient la période durant laquelle les marchands étrangers pouvaient y résider chaque année. La limite pouvait aussi porter sur les lieux au sein de la ville où ils étaient autorisés à résider, les emplacements où ils pouvaient commercer et les équipements commerciaux locaux qu'ils pouvaient utiliser, ainsi que sur les quantités de marchandises qu'ils pouvaient y introduire (Olgivie, 2011 : 74). La même logique préside à l'exclusivité de commercer que les guildes de marchands se réservent dans différentes régions du nord de l'Europe (Olgivie, 2011 : 103-104). Au XVIIIe siècle dans les cités rhénanes, les marchands-migrants ne pouvaient faire commerce que des produits de leur pays d'origine (Fontaine, 2014 : 115).

Toutefois, ce qui est interprété comme un monopole pour accroître les profits par le contrôle des marchandises, et donc de leur prix, peut aussi l'être comme un moyen d'assurer les approvisionnements pour répondre à des besoins spécifiques. Il en va ainsi par exemple des harengs, alimentation essentielle pendant les périodes de carême. Ces réglementations des approvisionnements servent donc aussi à protéger les consommateurs. Ici, les poissonniers devaient attendre à quai trois heures avant de pouvoir vendre en gros ; et les marchands de bois trois jours pour le même motif. Là, les boulangers se voyaient interdire l'entrée d'une place de marché avant midi afin d'empêcher les professionnels de s'emparer de tous les produits au détriment des ménages (Fontaine, 2014 : 87).

---

comme le montrent bien, pour ce qui est de Paris, Arlette Farge (1986) et Daniel Roche (1998 : 135 *sq.*).

57. Dans le même sens voir l'exemple d'unités de l'économie solidaire en Bolivie par Isabelle Hillenkamp (2013 : 54, 55).

Le contrôle des approvisionnements se fait souvent dans ce système hiérarchique à l'avantage des maîtres. À Londres la corporation des cordonniers, en janvier 1769 par exemple, a mené campagne en faveur d'une interdiction des exportations de cuir et de l'introduction d'une prime à l'importation de cette matière première (Riello, 2007 : 148) ; ce qui correspond à une logique d'approvisionnement servant l'activité. Mais il est à relever qu'une loi de 1603 interdisait aux corroyeurs d'y vendre le cuir au détail. Or une enquête de 1738 montre que moins de 500 cordonniers londoniens pouvaient payer 10 livres, le coût d'une peau entière, alors qu'un morceau de peau vendu 2 shillings permettait à un ouvrier de fabriquer une paire de chaussures qu'il vendait lui-même sur le marché à la sauvette, de racheter le cuir pour faire une ou deux paires ; et ainsi de faire vivre sa famille. Ceci permet sans doute d'éviter une surproduction de chaussures. Le Parlement décida en 1739 d'abroger la disposition contraignante de 1603 laissant se développer la concurrence au sein du marché de la chaussure à Londres (Riello, 2007 : 163), alors qu'il fallait répondre aux besoins d'une population en croissance.

D'autres interdépendances des activités économiques permettent d'évoquer à leur propos le principe d'autosuffisance. Epstein S. R., Prak Maarten (2008, Intro. : 11 note 43) citent d'autres arrangements, pour l'industrie du cuir, des relations entre tanneurs et cordonniers, en l'occurrence à Bologne pour ce qui est de la fixation des prix des peaux fournies par les premiers aux seconds [58]. On rencontre aussi ce type de relations dans le cas du textile en Allemagne et au sud des Pays-Bas (Pfister, 2008a : 36).

À Cologne, la guilde promettait de fournir tout l'acier que ses membres pouvaient produire et à un prix fixé (Pfister, 2008a : 37) et l'on trouve dans ce cas-là, comme dans celui du textile en Allemagne et au sud des Pays-Bas, un système d'avance.

Avant d'être dans une économie de la quantité, ces pratiques se sont situées dans une recherche de la qualité (autre dimension de la poursuite de la satisfaction des besoins), du fait même des normes communes imposées aux produits et pas seulement aux conditions de leurs productions [59].

Ce qui explique la récurrence de la critique selon laquelle le hors corporation produit des produits à bas prix et de mauvaise qualité. Tous les libéraux qui critiquent le système des corporations consacrent dans leur

58. En s'appuyant sur C. Poni, 1991, "Local Market Rules and Practices: Three Guilds in the Same line of Production in Early Modern Bologna", in Woolf (ed.): *Domestic Strategies: Work and Family in France and Italy 1600-1800*, Cambridge: Cambridge University Press, p. 82.

59. Cette dimension de l'activité des corporations est particulièrement analysée par Philippe Minard, 2004, *op. cit.*

argumentaire un moment à cette question de la qualité, soit pour réfuter qu'il y ait un problème, soit pour y répondre. C'est en effet un argument souvent évoqué à l'encontre de l'édit de suppression des corporations par Turgot en 1776.

Il est frappant de constater que Joachim Faiguet de Villeneuve dans son article « Maîtrises » (1765) de l'*Encyclopédie* ne rejette pas totalement l'argument d'une possible baisse de la qualité des fabrications à la suite de la suppression de l'encadrement des corporations. Mais il répond que la qualité des produits des corporations n'est pas aussi grande qu'on le dit et qu'il vaut mieux cet inconvénient que l'oisiveté d'une partie de la population. Selon lui, celle-ci se trouve, à défaut d'emploi, réduite inévitablement à être « des fainéans, des voleurs et des filous », tous ceux qui subsistent « par la mendicité, la fausse monnaie, la contrebande, par les filouteries, les vols et autres crimes ». Sans doute pense-t-il aussi que ces produits faits selon ses propres termes par « quelques-uns de mal-habiles » et d'une « industrie vicieuse » augmenteront le bien-être de ceux qui pourront ainsi les acheter à « prix favorable » grâce à un « commerce plus vif et plus étendu ».

Le principe d'autosuffisance peut être au cœur de la régulation des approvisionnements en matières premières ; en produits semis finis ; en main-d'œuvre ou en financement, notamment sur la base d'avances de matières à travailler et des débouchés. Ce contrôle des approvisionnements explique les tensions et les conflits entre les maîtres et ceux qui travaillent pour eux. Mais cela n'implique pas que les ouvriers « libérés » du contrôle des maîtres aient pu vouloir voir dans la fin des corporations la mise en place d'une simple mécanique d'offres et de demandes soumises à la concurrence sans autre dimension morale, politique, sociale, etc., que la logique des intérêts particuliers. Il est regrettable que les historiens dénonçant ces arrangements de la production et de l'écoulement des produits comme autant de monopoles ou de monopsones les assimilent de façon systématique, en tout lieu et en tout temps, à des situations rentières et des formes d'accaparement du surplus productif ou commercial (en les situant donc dans un monde qui serait dominé unilatéralement par une logique de profit) sans tenter de les comprendre comme une alternative possible à la domination du principe de concurrence, voire à celui d'une administration de l'économie (logique de commandement). Ces deux principes n'épuisent pas l'analyse des comportements humains et du fonctionnement des organisations.

Les critiques modernes à l'encontre des corporations manifestent souvent une forte incapacité à comprendre des activités de production, d'échange et de financement comme autre chose qu'une relation économique d'intérêt et tendent à être aveugles aux formes de partage et de commun (Dardot, Laval, 2014 ; Servet, 2013b) qui leur permettent de fonctionner. Ce faisant ils occultent en tout lieu et en tout temps les dimensions sociales, politiques et morales de ces relations qui sont établies en partie en dehors des normes ou règles de la concurrence et de la propriété privée, et sans lesquelles les liens économiques seraient quasi impossibles.

Il faut donc comprendre ces pratiques de production, échange et financement, autrement que comme encadrées par des normes ou des règles mais structurées par des logiques potentiellement multiples et dans certains cas contradictoires. D'où des tensions, en particulier entre les différentes parties hiérarchisées composant les corporations.

Lorsque Olgivie (2011) met en cause l'efficacité du système des corporations, parce que portant atteinte aux intérêts des consommateurs et des producteurs au profit d'une petite minorité bénéficiant d'une rente de monopole ou de monopsone, on ne peut qu'être fortement surpris par le peu d'attention qu'elle manifeste aux crises provoquées par une domination du principe de concurrence et les réponses que les autres principes permettent d'y apporter. Sheilagh Olgivie (2011) entretient l'illusion commune d'une libre concurrence bénéficiant en tout lieu et en tout temps à toutes les parties prenantes parce qu'accroissant « la part du gâteau » ; *argumentum ad nauseam* dans son ouvrage (exemples p. 3, 163, 188, 418) sans apporter la preuve que la liberté du commerce accroît durablement en tout lieu et en tout temps le volume des biens et services produits et que chacun en jouit équitablement [60]. Dans des situations où la circulation des produits subit les coûts élevés de la distance et du temps nécessaires pour obtenir les marchandises et faire circuler l'information, les effets néfastes des intempéries, des conflits politiques et des guerres, de l'insécurité des voies terrestres ou maritimes, des instabilités monétaires, la multiplicité des unités de poids et de mesure [61], des incertitudes quant à la capacité de faire

60. En arrière-fond des analyses et préjugés d'Olbie et Fontaine se profile le monde contemporain (il l'est de façon explicite chez Fontaine, 2014). Les rapports annuels du PNUD par exemple montrent bien les effets néfastes d'une croissance qui, avec le libre jeu du marché, s'est accompagnée d'une croissance très forte des inégalités de patrimoine et de revenus depuis les années 1980. Quant aux illusions sur les effets positifs d'une moindre intervention étatique sur la croissance, il est possible de remarquer que si l'on exclut des statistiques l'Inde et la Chine, deux pays où les interventions étatiques ont été massives, le taux de croissance de l'ensemble des autres pays a été diminué de moitié dans la période 1980-2005 par rapport aux Trente Glorieuses. Si l'on prolonge les données jusqu'à la période actuelle, les effets de la crise de 2008 manifestent l'incapacité du libre marché à propager durablement une croissance forte des revenus nationaux. L'ouvrage d'Ogilvie (2011) paraît ainsi idéologiquement considérablement marqué par les illusions des effets positifs d'une supposée libération économique, telles que l'économisme rampant du néolibéralisme les a propagés depuis les années 1980.

61. Jean-Michel Servet : « Des mesures et des hommes », *Revue économique*, volume 40, n° 1, janv. 1989, p. 111-118, compte rendu d'un ouvrage de l'historien polonais Witold Kula (1916-1988).

respecter certains contrats, des changements fiscaux et monétaires, etc., rien d'étonnant à ce que priment des échanges locaux sur les échanges internationaux. Selon les sources citées par Ogilvie (2011 : 197-198), aussi tardivement qu'en 1790, seul l'équivalent de tout juste 4 % du produit national brut des pays européens franchissait les frontières nationales ; et la moitié, pas plus, correspondait à des échanges de continent à continent. Toutefois, avec les intrants de productions locales, le commerce international peut aussi avoir des conséquences sur des capacités locales de production plus importantes que ne le laissent penser des données macroéconomiques [62] estimées à des niveaux nationaux. Tant pour les approvisionnements que pour les débouchés, une organisation fondée sur la seule logique d'intérêts privés aurait toute chance de faire subir tantôt de graves pénuries, tantôt des surabondances néfastes et même, de façon récurrente, de rendre quasi impossible la simple subsistance pour la fraction des populations trop dépendantes de ces échanges [63]. Les marchés ne s'équilibrent pas spontanément en répartissant de façon équitable les gains du jeu, supposé libre des intérêts et de la tout aussi libre circulation des informations. En l'absence de contrôle ou d'institutions stabilisant les prix, une faible pénurie de la production ou un approvisionnement extérieur légèrement défaillant, peut provoquer un accroissement ou à l'inverse une baisse de prix considérable. De fortes fluctuations des prix peuvent ruiner un producteur ou un marchand et le dissuader de se livrer ensuite à son activité de transformation ou d'échange. Les organisations corporatives peuvent, au-delà de contrôler les prix, constituer une façon de pallier ces difficultés d'approvisionnement et d'écoulement [64] ; il s'agit là non seulement de stabiliser les prix [65] mais surtout de réguler les flux de matières premières et de biens ainsi que les revenus ; autrement dit il s'agit de rationner non dans le but de restreindre mais dans celui d'approvisionner avec régularité. D'un point de vue économique, il est possible de penser que la disparition des corporations a été possible grâce à une intensification des échanges, ceux-ci ayant permis d'atténuer les effets d'une circulation jusque-là limitée et erratique des produits et de fortes fluctuations des prix [66]. Et il est possible

62. Voir les sources citées par Sheilagh Ogilvie (2011 : note 21, p. 198).

63. Il va de soi que les corporations ne peuvent pas à elles seules garantir en tout lieu et en tout temps les approvisionnements. Voir un exemple aux Bermudes en 1619 donné par Ogilvie (2011 : 411).

64. Le modèle des castes de métiers a pu dans d'autres civilisations remplir les mêmes fonctions d'équilibre du système économique local et global. Dans ce cas, le principe d'autosuffisance doit s'articuler à celui de réciprocité, voire aussi à celui de prélèvement-redistribution.

65. Voir les exemples donnés par Olgivie (2011 : 391-392).

66. Ogilvie (2011, note 65, p. 412) cite quant à ces fluctuations R. De Roover, 1948 : *Money, Banking and Credit in Mediaeval Bruge : Italian Merchant-bankers, Lombards and Money-*

de faire l'hypothèse que la cité d'Amsterdam a eu d'autant moins recours aux interventions des corporations pour réguler son économie qu'elle disposait d'un entrepôt central, le *stapelmarkt*[67], contrôlé par un groupe de marchands à partir de 1500. Il joue le rôle d'un stock stabilisateur des prix en amortissant les chocs potentiels des surabondances ou des pénuries des marchandises. Ce rôle régulateur est directement assumé ailleurs par les corporations. Ceci constitue une conséquence économique volontaire d'une organisation morale des échanges.

Il serait toutefois fortement illusoire d'imaginer que les corporations pacifient toujours les relations économiques et sociales et qu'elles ne seraient jamais à l'origine de conflits ; c'est le cas précisément parce que certaines parties prenantes s'opposent à leurs interventions et qu'elles portent atteinte à leurs intérêts immédiats.

Pérez (2008 : 235), en étudiant le cas de la « grande fabrique » lyonnaise spécialisée dans la production de soie montre aussi l'hétérogénéité des intérêts des uns et des autres. Lis et Soly (2008 : 84) soulignent que le poids des corporations a empêché que les productions artisanales (notamment textiles) du fait du *putting-out* ou du *subcontracting* par des systèmes d'avances aient été entièrement soumises aux seuls intérêts du capital marchand ; une appréciation opposée à celle défendue par Ogilvie (2011).

Peut-être les corporations étaient-elles davantage urbaines que rurales parce que, quand une fraction plus importante du revenu dépend des échanges de produits artisanaux, les effets d'une crise d'approvisionnement et de débouchés sont beaucoup plus sensibles dans les villes et, en conséquence, il s'exerce une pression beaucoup plus forte à la régulation du commerce que lorsque le revenu, procuré par une activité complémentaire de travail à domicile à la campagne, n'est pas essentiel à la survie des économies domestiques, constituées par les unités familiales et les communautés locales. Toutefois, l'équilibre visant une certaine reproduction à l'identique était de plus en plus difficile à atteindre du fait d'une pression démographique croissante. Il ne s'agit donc pas d'opposer de façon dualiste une économie d'échanges à une absence d'échanges comme le fait Ogilvie (2011 : 410) en prétendant que, si les économies rurales participent aux échanges, elles connaissent les mécaniques de l'économie de marché. Il

---

changers: A study in the Origins of Banking, Cambridge, MA ; K. G. Persson, 1999: *Grain Markets in Europe, 1500-1900: Integration and Deregulation*, Cambridge.

67. Il a été présenté par l'historien néerlandais Y. P. Van Der Kooy en 1931 : *Hollands Stapelmarkt en haar Verval, Amsterdam*, cité par Ogilvie (2011 : 396-399) ; Ogilvie (2011) se réfère aussi à Van Der Kooy, 1970 : "Holland als centrale Stapelmarkt in de Zeventiende en Achtiende Eeuw" in Van Stapelmarkt tot Welvaarsstaat, ed. P. W. Klein, Amsterdam. Voir une indication des travaux publiés depuis sur cette organisation dans Ogilvie (2011 : note 19, p. 396).

faudrait au contraire tenter de saisir la proportion des produits indispensables à la reproduction matérielle d'une communauté, urbaine comme rurale, et les modalités très diverses de ces échanges car leur fonctionnement peut être très éloigné de ce que l'on croit entendre aujourd'hui par marché. Certes « *it is now clear that as early as the medieval period, people from social circles extending far beyond those of the priviledged urban merchants were involved in markets* » (Ogilvie, 2011 : 410). Mais de là, du fait de l'emploi très général du terme « marché », à attribuer par nature à toute organisation d'échanges les caractéristiques d'une concurrence pure et parfaite et à affirmer que « *thus that prices conveyed* accurate [souligné par nous] *information about supply and demand* » (Ogilvie, 2011 : 410), il y a un pas qu'il est scientifiquement audacieux et politiquement néfaste de franchir.

Epstein S. R., Prak Maarten (2008) montrent la tension entre des niveaux locaux (municipalités) et la mise en place de politiques à niveau national vis-à-vis des corporations à partir du XVIe et du XVIIe siècle avec l'émergence d'États absolutistes.

Ainsi ce n'est pas seulement la logique de profit mais aussi celle de commandement qui ont contribué à faire largement disparaître celles d'autosuffisance et de réciprocité dans le fonctionnement des corporations d'Ancien Régime ; et, de la sorte, les corporations elles-mêmes dont ces principes ont longtemps été un élément essentiel de leur constitution et de leur fonctionnement. La réforme de Necker en France en août 1776 (après le retrait de la suppression des jurandes par Turgot) illustre bien cette tentative de normalisation à l'échelon national [68] ainsi que la dispersion des biens communs que gérait chacune des communautés incarnant ces institutions. D'où les résistances locales considérables qu'elle a suscitées au nom des spécificités des métiers et des intérêts particuliers.

RÉFÉRENCES BIBLIOGRAPHIQUES

ARRIGHI Giovanni, 2009 : *Adam Smith à Pékin. Les promesses de la voie chinoise* [2007], Paris, Max Milo.

BLUMENBERG Werner, 1967 : *Marx* [1962], trad. Paris, Mercure de France.

BOURDIEU Pierre, 2013 : *Manet. Une révolution symbolique*, Paris, Raisons d'agir/Seuil.

CORNATON Michel, 2012 : *Pour qui nous travaillons*, Paris, L'Harmattan.

DALE Gareth, 2010: *Karl Polanyi. The Limits of the Market*, Cambridge UK, Polity.

68. Le statut de l'apprentissage en Angleterre avait eu bien avant la même fonction d'homogénéiser à l'échelon du royaume.

DARDOT Pierre, LAVAL Christian, 2014 : *Commun. Essai sur la révolution au XXXe siècle*, Paris, La Découverte.

DE MUNCK Bert, 2007 : « La qualité du corporatisme. Stratégies économiques et symboliques des corporations anversoises, XVIe-XVIIIe siècles, *Revue d'histoire moderne et contemporaine*, n° 54/1, p. 116-169.

EPSTEIN S. R., PRAK Maarten (eds.), 2008: *Guilds, Innovation, and the European Economy, 1400-1800*, Cambridge/New York: Cambridge University Press, VIII-352 p.

EPSTEIN S. R., 2008: "Craft Guilds, Apprenticeship, and Technical Change in Pre-industrial Europe", in EPSTEIN S. R., PRAK Maarten (eds.), p. 52-80.

EPSTEIN S. R., PRAK Maarten, 2008: "Introduction", in EPSTEIN S. R., PRAK Maarten (eds.), p. 1-24.

FAIGUET de Villeneuve Joachim, 1765 : « Maîtrises », in D'Alembert, Diderot, *Encyclopédie*, tome X.

FARGE Arlette, 1984 : *La vie fragile. Violence, pouvoirs et solidarités à Paris au XVIIIe siècle*, Paris, Hachette.

FONTAINE Laurence, 2008 : *L'Économie morale. Pauvreté, crédit et confiance dans l'Europe préindustrielle*, Paris, Gallimard.

FONTAINE Laurence, 2014 : *Le Marché. Histoire et usages d'une conquête sociale*, Paris, Gallimard.

GEEREMEK Bronislaw, 1987 : *La potence ou la pitié. L'Europe et les pauvres du Moyen Âge à nos jours*, Paris, Gallimard.

GOUBERT Pierre, ROCHE Daniel, 1984 : *Les Français et l'Ancien Régime*, tome I : *La société et l'État*, tome II : *Culture et société*, Paris Armand Colin.

HAUSBERGER Bernd, IBARRA Antonio (ed.), 2003 : *Comercio y poder en América colonial : Los consulados de comercio, siglos XVII-XIX*. Madrid : Iberoamericana/Franfurt am Main : Vervuert Verlag/México : Instituo Mora.

HILLENKAMP Isabelle, 2015 : « Les femmes, les indigènes et les marchés à La Paz (Bolivie) », in HILLENKAMP, SERVET, 2015, p. 115-139.

HILLENKAMP Isabelle, 2013 : *L'économie solidaire en Bolivie entre marché et démocratie*, Paris, Karthala.

HILLENKAMP Isabelle, LAPEYRE Frédéric, LEMAÎTRE Andreia (eds.), 2013: *Securing Livelihoods. Informal Economy Practices and Institutions*, Oxford University Press.

HILLENKAMP Isabelle, LAVILLE Jean-Louis (ed.), 2013 : *Socioéconomie et démocratie - l'actualité de Karl Polanyi*, Toulouse, Eres.

HILLENKAMP Isabelle, SERVET Jean-Michel (ed.), 2015 : *Le Marché autrement. Marchés réels et marchés fantasmés*, Paris, Garnier.

KAPLAN Steven, 1984: *Provisioning Paris. Merchants and millers in the grain and floor trade during the eighteenth century*, Ithaca/London, Cornell University Press.

KAPLAN Steven, 2001 : *La fin des corporations*, Paris, Fayard.

LIS Catharina, SOLY Hugo, 2008: "Subcontracting in Guild-based Export trades, Thirteenth-Eighteenth Centuries", in EPSTEIN S. R., PRAK Maarten (eds.).

MAUCOURANT Jérôme, 2005 : *Avez-vous lu Polanyi ?* Paris, La Dispute.

MÉNÉTRA Jacques-Louis, 1998 : *Journal de ma vie*, édité par Daniel Roche, Paris, Albin Michel.

MINARD Philippe, 2004 : « Les corporations en France au XVIIIe siècle : métiers et institutions », in KAPLAN Steven L., MINARD Philippe (ed.) : *La France, malade du corporatisme ? XVIIIe-XXe siècles*, Paris, Belin, p. 39-52.

OGILVIE Sheilagh, 2011: *Institutions and European Trade. Merchant Guilds, 1000-1800*, Cambridge University Press.

PÉREZ Liliane, 2008: "Inventing in a World of Guilds: Silk Fabrics in Eighteenth-century Lyon", in EPSTEIN S. R., PRAK Maarten (eds.), 2008, p. 232-263.

PFISTER Ulrich, 2008a: "Craft Guilds, the Theory of the Firm, and Early Modern Proto-Industry", in EPSTEIN S. R., PRAK Maarten (eds.), 2008, p. 25-51.

PFISTER Ulrich, 2008b: "Craft Guilds and Technological Change: The Engine Loom in the European Silk Ribbon Industry in the Seventeenth and Eighteenth Centuries", in EPSTEIN S. R., PRAK Maarten (eds.), 2008, p. 172-198.

POITRINEAU Abel, 1990 : « Corps de métier », in BLUCHE François (ed.) : *Dictionnaire du Grand Siècle*, Paris, Fayard.

POLANYI Karl, 1983 : *La Grande Transformation. Aux origines politique et économiques de notre temps* [1944], trad. Paris, Gallimard, préface de Louis DUMONT.

POLANYI Karl, 1975 : *Les systèmes économiques dans l'histoire et dans la théorie* [*Trade and Market in the Early Empires,* 1957]. trad. Paris, Larousse.

POLANYI Karl, 1968: "The Semantics of Money-Uses" [1957b], *Explorations*, The University of Toronto, oct., rééd. in DALTON G. (ed.): "*Primitive, Archaic and Modern Economies: Essays of Karl Polanyi*", Garden City, NY Doubleday, p. 175-190.

POLANYI Karl, 1960 : "On the Comparative Treatment of Economic Institutions in Antiquity with Illustrations from Athens, Mycenae, and Alalakh" in KRAELING C. H., ADAMS R. M. (ed.): *City Invisible*, Chicago, University Press, 1960, p. 201-202 ; reproduit p. 306-334 dans DALTON G. (ed.), 1968: *Primitive, Archaic and Modern Economies. Essays of Karl Polanyi*, New York, Anchor Books.

POLANYI Karl, 1968: *Primitive, Archaic and Modern Economies. Essays of Karl Polanyi* in George DALTON (ed.), New York, Anchor Books.

POLANYI Karl, 1977: *The Livelihood of Man*, New York/San Francisco/London: Academic press, LV + 280 p., traduction Bernard Chavance, *La subsistance de l'Homme*, Paris, Flammarion, 2011.

POLANYI, Karl, 2008 : *Essais*, trad. éditée par Maucourant J. et Cangiani M., Paris, Le Seuil.

PRAK Maarten, VAN ZANDEN Jan Luiten (eds.), 2013: *Technology, Skills and the Pre-Modern Economy in the East and the West*, Leiden/Boston: Brill, XVIII.

RIELO Giorgio, 2007 : « Le déclin des corporations de Londres : les cordonniers au XVIIIe siècle », *Revue d'histoire moderne et contemporaine*, n° 54/1, p. 145-170.

ROCHE Daniel, 1989 : *La culture des apparences. Une histoire du vêtement (XVIIe-XVIIIe siècle)*, Paris, Fayard.

ROCHE Daniel, 1997 : *Histoire des choses banales. Naissance de la consommation dans les sociétés traditionnelles (XVIIe-XIXe siècle)*, Paris, Fayard.

ROCHE Daniel, 1998 : *Le Peuple de Paris. Essai sur la culture populaire au XVIIIe siècle*, Paris, Fayard.

SAIAG Hadrien, 2015a : *Monnaies locales et économie populaire en Argentine : une approche par la dette*, Paris, Karthala.

SAIAG Hadrien, 2015b : « Une impossible libération ? Marché, genre et monnaie dans le trueque argentin » in HILLENKAMP Isabelle, SERVET Jean-Michel (ed.), 2015 : *Le Marché autrement. Marchés réels et marchés fantasmés*, Paris, Classiques Garnier, p. 145-169.

SERVET Jean-Michel, 2013b : « Monnaie : quand la dette occulte le partage », *Revue française de socioéconomie*, 2e semestre 2012, p. 125-147.

SERVET Jean-Michel, 1989 : « Existe-t-il une pensée économique sous la Révolution ? », in *Idées économiques sous la Révolution* (ouvrage collectif coordonné par SERVET Jean-Michel), p. 5-31, Lyon, Presses Universitaires de Lyon.

SERVET Jean-Michel, 2010 : *Le Grand Renversement*, Paris, Desclée de Brouwer.

SERVET Jean-Michel, 2013 : « Clairvoyance : Penser l'utopie pour reconnaître un futur déjà présent », *Revista de Antropologie urbana* (Bucarest), Anal I (2013), n° 2, p. 76-91.

SERVET Jean-Michel, 2014 : « Le radeau de la Méduse. Pouvoir, savoir et crise », in POTIER Jean-Pierre (ed.) : *Les marmites de l'histoire. Mélanges en l'honneur de Pierre Dockès*, Paris, Classiques Garnier, Collection « Bibliothèque de l'économiste ».

SMITH Adam, 2000, 2002, 2005 : *Recherche sur la nature et les causes de la richesse des Nations*, livres I-V, Paris, Economica, 3 volumes [volume notes à paraître], Paris, Economica.

SMITH, Adam, 2014 : *Vive l'État !* extraits de la *Richesse des nations* présentés par CHAVAGNEUX Christian et annotés par MARTINACHE Igor, Paris, Les Petits Matins/Alternatives économiques, 2014.

THILLAY, Alain, 2002 : *Le faubourg Saint-Antoine et ses « faux ouvriers » : la liberté du travail à Paris aux XVII*e *et XVIII*e siècle *siècles*, Seyssel, Champ Vallon, 2002.

THOMPSON Edward Palmer, 1971: "The Moral Economy of the English Crowd in the Eighteenth", *Past and Present*, vol. 50, Feb. 1971, p. 76-136.

TIRAN André, 2014 : « Dette publique et fiscalité chez James Steuart », in POTIER Jean-Pierre (ed.) : *Les marmites de l'histoire. Mélanges en l'honneur de Pierre Dockès*, Paris, Garnier, p. 41-53.

TREASURE Geoffrey, 1985 : *The Making of Modern Europe 1648-1780*, London/New York, Routledge.

TURGOT Anne Robert Jacques, 1759 : *Éloge de Gournay*, in *Collection des principaux économistes*, tome 3, *Œuvres de Turgot* I, par Eugène Daire [1844], p. 257-291.

TURGOT Anne Robert Jacques, 1776 : « Édit de suppression des jurandes » in TURGOT Anne Robert Jacques, 1997 : *Laisser faire !* Textes choisis et présentés par Alain Laurent, Paris, Les Belles Lettres, Iconoclastes-27.

TURNER Anthony, 2008: "'Not to Hurt of Trade': Guilds and Innovation in Horology and Precision Instrument Making", in EPSTEIN S. R., PRAK Maarten (eds.), p. 264-287.

WEBER Eugène, 1983 : *La fin des terroirs. La modernisation de la France rurale, 1870-1914*, Paris, Fayard.

LE COMMERCE ÉQUITABLE PEUT-IL CONSTITUER UNE FORME DE MORALISATION DU MARCHÉ ?

ARISTOTÉLISME PRAGMATIQUE *VERSUS* PRATIQUE

Delphine POUCHAIN

De nombreuses études ont été consacrées ces dernières années au commerce équitable (Ballet, Carimentrand, 2007 ; Diaz-Pedregal, 2007 ; Bécheur, Toulouse, 2008 ; Blanchet, Carimentrand, 2012). Il s'agit d'un échange marchand, entre pays du Sud et pays du Nord, ayant pour objectif l'amélioration des conditions de vie des producteurs les plus pauvres, en se basant sur le paiement d'un prix considéré comme juste par les échangistes. Selon l'organisation FINE (organisation dont l'acronyme renvoie aux quatre fédérations qui la composent : FLO, Fairtrade Labelling Organisations ; IFAT, International Federation for Alternative Trade ; NEW, Network of European WorldShops ; EFTA, European Fair Trade Association), on peut définir le commerce équitable comme étant « un partenariat commercial, fondé sur le dialogue, la transparence et le respect, dont l'objectif est de parvenir à une plus grande équité dans le commerce mondial [1] ». La plupart des travaux se sont penchés prioritairement sur deux questions. D'une part, dans quelle mesure ce commerce particulier participe-t-il réellement à l'amélioration des conditions de vie des producteurs des pays en développement ? De ce point de vue, la question de l'efficacité relative du commerce équitable ne semble plus à démontrer [2]. D'autre part, dans quelle

1. <http://www.commercequitable.org/111/> (consulté le 12 janvier 2012).
2. Voir par exemple ce qu'en dit Max Havelaar à partir de leurs chiffres de 2008-2009 : « Plus d'1,5 million de producteurs et travailleurs bénéficient du commerce équitable labellisé Fairtrade/Max Havelaar. En comptant leurs familles, cela représente environ 8 millions de

mesure la diversité des tendances du commerce équitable représente-t-elle une menace pour ce dernier ? En effet, la plupart des chercheurs ayant travaillé sur le commerce équitable mettent en exergue l'hétérogénéité problématique de ce mouvement [3]. Au-delà de ces questions, aussi pertinentes soient-elles pour la pratique du commerce équitable, nous souhaiterions pour notre part saisir le commerce équitable à l'aune de la pensée économique pour analyser ce qu'il nous révèle d'intéressant concernant les liens entre économie marchande et morale. Pour ce faire, nous nous intéresserons au projet du commerce équitable, dans sa dimension idéal-typique pourrait-on dire, davantage qu'à la diversité de ses pratiques. En effet, au-delà de cette diversité incontestable, le projet fondateur reste le même : promouvoir des échanges justes et donc plus largement une autre conception de l'économie.

Pour justifier le projet du commerce équitable, la pensée d'Aristote est largement mobilisée (Cary, 2004 ; Le Velly, 2004 ; Van der Hoff, 2005, 2009). De ce point de vue, le commerce équitable dans ses différentes tendances est particulièrement stimulant pour redécouvrir l'intérêt de la pensée aristotélicienne et, au-delà, les différentes interprétations de sa philosophie. Ce philosophe est régulièrement présenté comme ayant posé les principes dont se réclame le commerce équitable. On trouve chez les acteurs et théoriciens du commerce équitable de nombreuses références à Aristote et à ses travaux. Ce dernier est parfois présenté comme le véritable « père » du commerce équitable. Pour certains, l'histoire du commerce équitable débute au IVe siècle avant J.-C. avec la publication de l'ouvrage d'Aristote : *Éthique à Nicomaque*. De nombreux sites Internet traitant du commerce équitable rappellent également qu'Aristote fut l'un des premiers penseurs à réfléchir sur l'équité et l'équitable : « Nous avons également commencé à étudier la question de l'équité dans les échanges économiques au travers de l'histoire, apprenant que sa pratique était aussi vieille que le commerce. Aristote en

personnes dans 59 pays d'Afrique, d'Asie et d'Amérique latine. » En ligne sur : <http://www.minefe.gouv.fr/presse/dossiers_de_presse/100422_installation_cnce.pdf> Consulté le 12 janvier 2011.

3. Si tous les acteurs du commerce équitable s'accordent globalement sur la volonté d'instaurer, au niveau international, des relations économiques plus justes, les désaccords surgissent sur la question des objectifs prioritaires et des moyens d'action. Ses militants sont en effet divers, et ont des conceptions différentes du commerce équitable ainsi que de ses objectifs. Le terme de commerce équitable n'a pas la même signification pour tous ses partisans et ces derniers n'ont pas forcément les mêmes préoccupations. Beaucoup d'auteurs, qu'ils soient chercheurs ou militants du commerce équitable, s'emploient à essayer de scinder ce dernier en différents courants ou mouvements. Le commerce équitable s'apparenterait donc à une nébuleuse ou à une mouvance que l'on pourrait fractionner en plusieurs tendances. L'hétérogénéité du commerce équitable, quoi qu'en disent certains, semble bien être problématique, dans la mesure où cette *polysémie* peut être extrêmement préjudiciable au commerce équitable.

parlait déjà il y a vingt-cinq siècles... (dans *Éthique à Nicomaque*)[4]. » Christian Jacquiau (2006), pour sa part, présente à la fin de son ouvrage une chronologie retraçant « Les grandes heures du commerce équitable ». La première date citée est celle de l'année de naissance d'Aristote, 384 avant Jésus-Christ, pour ses travaux futurs sur l'éthique et l'équitable. Beaucoup d'associations de commerce équitable et de chercheurs ayant travaillé sur cet objet situent donc le commerce équitable dans la lignée d'Aristote, souvent convoqué pour servir de « caution intellectuelle » au commerce équitable[5].

Ce commerce se conçoit même plus précisément comme une mise en œuvre de la bonne économie telle qu'Aristote la définit. Il concevait en effet l'économie en lien avec les questions de morale : économie et éthique sont pour lui indissociables. Les associations de commerce équitable dans leur globalité, les chercheurs ayant travaillé sur cet objet, situent donc le commerce équitable dans la filiation de la philosophie aristotélicienne, souvent convoquée pour illustrer l'intérêt et l'ancienneté d'un commerce équitable. Le commerce équitable témoigne de la pertinence de la pensée aristotélicienne pour saisir l'économie contemporaine. Il nous révèle l'intérêt de ses concepts y compris dans une économie mondialisée et dominée par la chrématistique.

Cependant, le commerce équitable est surtout révélateur d'une double interprétation du message aristotélicien. Si, à un premier niveau, le commerce équitable permet de renouer avec la pensée d'Aristote et d'en saisir l'intérêt, à un deuxième niveau, ce nouveau type de commerce est symptomatique d'une redécouverte du philosophe partielle et partiale. Certes, ce commerce illustre l'intérêt et la pertinence de la distinction aristotélicienne entre bonne et mauvaise économie, et nous révèle l'actualité de la pensée d'Aristote. Le commerce équitable illustrerait concrètement les modalités d'une conciliation de la morale et de l'économie de marché. Mais en même temps, le commerce équitable nie implicitement la possibilité d'une bonne économie inscrite dans la morale, et nous rappelle que l'ombre de Platon plane sur l'économie contemporaine, y compris sur l'économie sociale et solidaire. Le commerce équitable est ainsi extrêmement symptomatique de la difficulté à penser l'économie en dehors de la logique platonicienne. En effet, la parenté affichée entre le commerce équitable et Aristote est mise à

4. En ligne sur <http://www.andines.com/article.php3?id_article=784> Consulté le 12 janvier 2010.

5. Il faut cependant immédiatement rappeler qu'il n'y avait pas de réflexion explicite concernant la lutte contre les inégalités dans les discours d'Aristote. En réalité, sa position sur cette question est éminemment complexe. Évidemment, sa pensée ne s'inscrit pas dans un projet réformateur de lutte contre les inégalités. En même temps, Aristote semblait conscient du fait qu'un degré trop élevé d'inégalité entre citoyens représenterait une menace pour la survie de la Cité.

mal par la confusion entre économie et politique qui ressort des discours sur le commerce équitable. Cette confusion révèle au fond l'impossibilité intrinsèque à penser une économie de marché morale. Ainsi, si la pensée d'Aristote a été redécouverte par le commerce équitable, ce dernier est en fait tributaire d'*une* interprétation de la philosophie aristotélicienne, celle qui nie *in fine* la possibilité d'une bonne économie soucieuse de moralité. Le commerce équitable est ainsi l'occasion pour nous de mettre en évidence deux interprétations du message aristotélicien, une philosophie aristotélicienne *pragmatiste* et une philosophie aristotélicienne inscrite dans une dimension *pratique*, seule à même de concevoir une moralisation de l'économie.

Il s'agira donc ici de montrer d'abord que le commerce équitable nous révèle la possibilité d'une véritable moralisation de l'économie de marché. Le commerce équitable se présente comme une incarnation de la bonne économie, et trouve en Aristote la philosophie légitimant son projet. Pourtant, cette redécouverte reste symptomatique d'une interprétation pragmatiste d'Aristote, qui manque l'essentiel de la philosophie aristotélicienne. Enfin, nous montrerons que cette interprétation tronquée empêche de concevoir une économie morale et dégénère finalement en une confusion entre économie et politique.

Le commerce équitable, une voie vers une moralisation de l'économie de marché ?

Le commerce équitable réactualise la distinction aristotélicienne entre deux formes d'économie

Nous présentons d'abord la distinction canonique d'Aristote entre les deux formes d'économie, naturelle et non naturelle. Il ne s'agit pas tant ici de présenter la distinction entre les deux formes d'économie pour elles-mêmes que de mieux comprendre la relation qui unit le commerce équitable – dans sa substance, dans sa substantifique moelle pourrait-on dire – à la bonne économie aristotélicienne. D'une part, il existe une forme d'économie naturelle, organisée par le chef de famille, qui a pour objectif le bien-vivre de la famille au sein du domaine. Cette économie est l'économie domestique, encore appelée parfois « bonne chrématistique ». Il s'agit d'un art naturel d'acquérir « une espèce de l'art d'acquérir qui naturellement est une partie de l'administration familiale : elle doit tenir à la disposition de ceux qui administrent la maison, ou leur donner les moyens de se procurer les biens qu'il faut mettre en réserve, et qui sont indispensables à la vie » (Aristote, 1993 : 113). C'est l'acquisition de ces biens qui permet d'accéder à la véritable richesse et à la vie heureuse. La quantité nécessaire de ces biens est limitée, puisque c'est « de ces biens-là qu'on tire la véritable richesse, car la quantité suffisante d'une telle propriété en vue d'une vie heureuse n'est pas illimitée » (Aristote, 1993 : 113). Il importe au consommateur d'en connaître le terme. Dans cette économie, l'échange a pour but de procurer les biens qui ne sont pas produits dans et par le domaine. Ce commerce est dit « naturel », du moins tant qu'il a bien pour objectif de satisfaire une valeur d'usage : ce petit commerce relève bien de l'art naturel d'acquérir. Les agents économiques sont animés par la volonté de « bien » échanger, ils n'échangent pas dans la perspective de produire un résultat extérieur à eux-mêmes qui maximisera *ex post* leur utilité. Il s'agit donc, comme nous l'expliquerons plus loin, d'un échange qui s'inscrit dans la *praxis*. Ici, l'échange est nécessaire et légitime, y compris sur un marché, tant qu'il se pratique à un prix juste.

D'autre part, cette première forme d'économie peut être subvertie et dériver en une « mauvaise chrématistique » non naturelle. Dans ce cas, la finalité n'est plus le bien-vivre mais l'accumulation de richesses illimitée. Au sein de la chrématistique, « il semble n'y avoir nulle borne à la richesse » (Aristote, 1993 : 115). Entre les deux formes d'économie, il s'agit bien d'une différence de nature essentielle, et non d'une différence de degré. Cette économie n'a pas de fin en elle-même, et représente une forme d'économie non naturelle et pervertie. La question de la limite, de la mesure, disparaît : « cette richesse, qui provient de la chrématistique ainsi comprise, est sans limite. [...] elle n'a pas de but qui puisse la limiter, car son but c'est la richesse et la possession de valeurs » (Aristote, 1993 : 118).

Cette façon d'acquérir et d'accumuler est intrinsèquement non naturelle. Elle est en outre blâmable car elle s'exerce forcément aux dépens d'autrui. Dans ce contexte, l'échange n'a plus pour objectif la satisfaction d'une valeur d'usage, mais seulement une accumulation sans fin de valeur d'échange. L'échange marchand est ici dévoyé et détourné de son but premier. L'échange marchand, s'il peut s'inscrire dans l'économie, est donc toujours menacé de dériver vers la chrématistique, à tel point qu'on semble aujourd'hui ne plus pouvoir envisager une économie marchande inscrite dans des limites.

Le commerce équitable comme bonne économie réconcilie morale et économie de marché

Le projet fondateur du commerce équitable s'inscrit dans une conception du commerce qui rappelle bien celle d'Aristote. La charte du commerce équitable, qui se veut représentative des différentes tendances du commerce équitable, fait bien remarquer que « Ce n'est pas le commerce en tant que tel qui est un problème, mais son utilisation comme arme économique [6] ». Les

6. <http://www.commercequitable.org/fileadmin/user_upload/gene/Charte.pdf>

acteurs du commerce équitable seraient les partisans de la bonne chrématistique. C'est bien cette bonne chrématistique qui est implicitement évoquée ici par le fondateur de Max Havelaar :

> « [...] faire des affaires ne me pose aucun problème. [...]. Depuis fort longtemps, cette façon de procéder permet d'échanger des produits (marchandise → argent → marchandise, selon le schéma traditionnel) et de répondre à la nécessité d'écouler [le surplus de] sa production afin de se procurer ce dont on a besoin et qu'on ne possède pas. Les petits producteurs ne sont pas intéressés par l'argent au point de manipuler le marché pour en « faire » toujours plus (argent → marchandise → argent). Ils veulent surtout des produits de première nécessité : de quoi se nourrir et de quoi boire » (Van der Hoff, 2005 : 31).

Le commerce ne doit donc pas avoir pour objectif l'accumulation illimitée, mais seulement le bien-vivre : « lorsque les agents du commerce équitable affirment leur volonté de construire un commerce différent, ils le font facilement dans les termes de la *chrématistique naturelle propre à l'économie domestique*. Le commerce doit permettre l'acquisition des biens nécessaires au quotidien, pas l'enrichissement personnel » (Le Velly, 2004 : 170, souligné par nous). Le « petit producteur » est donc bien l'acteur de la bonne chrématistique, qui considérerait le commerce comme un moyen et non une fin. Le commerce équitable nous donne à voir un petit producteur qui sait réfléchir à ses besoins et les limiter. Comme chez Aristote, la thématique du besoin est centrale : l'objectif de l'échange n'est pas l'argent et son accumulation, mais bien de satisfaire les besoins les plus essentiels, se nourrir et boire. Parallèlement, le consommateur de produits équitables, qui paie ses produits à un prix plus élevé que les produits du commerce conventionnel, est lui aussi incité à réfléchir sur ses besoins, quitte à les réduire pour pouvoir payer un prix dit « juste ». L'échange marchand ne peut se faire ici en dehors du respect des règles éthiques. La bonne économie, tout comme le commerce équitable qui tente de l'incarner, suggère donc une réconciliation possible de l'économie et de la morale.

Par ailleurs, au sein du commerce équitable comme dans la bonne chrématistique, les agents économiques doivent et veulent être justes, il existe une attente de justice chez les agents économiques. L'agent économique n'est pas d'abord un *homo œconomicus*. Il trouve du plaisir dans le fait de se comporter conformément aux exigences de la morale. L'économe aristotélicien, qui administre son domaine, doit avoir le sens de la justice. C'est cette conception de l'agent économique qui est à la base du commerce équitable. Le commerce équitable ne peut exister que si le consommateur est bien enveloppé par *un agent moral* personnellement

---

Consulté le 25 juin 2010. Cette idée reste présente, quoique moins explicitement, dans la nouvelle charte de 2008.

soucieux des questions de justice, qui ne souhaite pas obtenir un produit au prix le plus bas possible mais en payant un prix jugé juste.

L'art naturel d'échanger suppose donc des prix justes. Analyser le commerce équitable suppose de réinvestir cette notion de prix juste. L'on retrouve dans les discours sur le commerce équitable les trois principales définitions du prix juste qui ont jalonné l'histoire de la pensée économique. 1. On y trouve tout d'abord l'idée selon laquelle le prix juste n'est pas totalement indépendant du prix du marché. Le prix juste est un prix qui doit pouvoir être concurrentiel. La qualité du produit, le prix mondial, jouent un rôle certain dans l'établissement du prix juste. Les théoriciens du commerce équitable assimilent parfois dans cette logique prix juste et prix de concurrence pure et parfaite. 2. Ensuite, le temps de travail est aussi une donnée importante. Le petit producteur doit pouvoir vivre dignement de son travail, et son travail doit lui être payé à sa juste valeur. 3. Enfin, intervient généralement une dimension liée aux besoins du producteur, qui doit pouvoir satisfaire ses besoins et vivre dignement.

Cependant, ces trois conceptions du prix juste ne sont pas à mettre sur un même plan et ne renvoient pas à une conception univoque du marché (Pouchain, 2011). Le marché de la théorie orthodoxe mobilise des agents interchangeables et exclut la volonté des acteurs, mobilisant des théories de la valeur ayant ces mêmes caractéristiques. Que le prix résulte de la concurrence pure et parfaite ou de la valeur-travail, ce sont à chaque fois des forces présentées comme mécaniques et anonymes qui fixent le prix. Le prix ne peut plus être discuté ni faire l'objet d'un jugement ou d'une délibération. Le prix, juste ou pas, ne peut être qu'accepté et subi par les échangistes. Les réflexions sur le prix juste perdent donc ici toute légitimité et tout intérêt. On peut donc se demander dans cette perspective si le respect des conditions de la concurrence pure et parfaite, ou le respect de la valeur-travail, parfois revendiqués par les militants du commerce équitable, sont à même de garantir réellement un prix juste. Le prix juste, comme prix émergeant naturellement ou comme prix naturel, ne suppose pas une véritable délibération de la part des agents économiques. Les acteurs économiques n'ont pas à s'engager dans une réflexion sur la justice (Pouchain, 2014). Au contraire, quand le prix juste est le prix permettant au producteur de satisfaire ses besoins, le prix juste n'est pas uniquement le résultat d'un calcul, mais également d'une négociation et d'une délibération morale. Le prix sera donc considéré comme juste si chacun, grâce à ce prix, peut vivre décemment, et on retrouve bien une nouvelle fois la perspective aristotélicienne.

Le commerce équitable met fin à l'interchangeabilité des agents jusqu'à présent supposée, au profit de la reconnaissance de la personne. Le commerce équitable s'inscrit parfaitement dans cette logique d'un marché qui reconnaît les individus comme des personnes, et met fin à l'interchangeabilité des agents. Le commerce conventionnel *a contrario* serait synonyme d'ignorance, d'indifférence, et de mise en suspens de l'attention à autrui. Cette reconnaissance réciproque des personnes se substitue à l'indifférence mutuelle des individus. Acheter des produits issus du commerce équitable témoigne ainsi de cette solidarité envers des petits producteurs qui ne sont plus des agents économiques anonymes dont le destin m'est étranger. La conception du marché rencontrée nous montre bien que l'échange au sein du commerce équitable peut parfaitement s'inscrire dans l'échange marchand. Le commerce équitable nous rappelle que le marché walrasien n'épuise pas toutes les significations du terme de marché (Pouchain, 2011).

On voit donc que « sa conception du commerce [celle d'Aristote] est assez proche de ce point de vue du commerce équitable » (Cary, 2004 : 113). Ces affinités entre le commerce équitable et la bonne économie telle qu'Aristote la concevait semblent effectivement indiquer de la part du commerce équitable une volonté assumée d'incarner la bonne économie. Mobiliser la distinction aristotélicienne entre deux formes différentes d'économie est donc indispensable pour accéder à ce qui constitue l'*essence* du commerce équitable. La rencontre du commerce équitable avec Aristote est nécessaire au commerce équitable afin de comprendre ce qu'il est véritablement, même si le commerce équitable peine parfois dans sa pratique à maintenir sa proximité avec la bonne économie. Van der Hoff (2005) lui-même, cofondateur avec Nico Roozen de Max Havelaar, fait explicitement référence à la distinction entre bonne économie et chrématistique, quand il fait remarquer qu'il est grand temps de passer d'une économie conçue comme chrématistique à une économie différente, celle « qu'Aristote nommait *oikonomia*, où le foyer serait géré d'une façon qui viserait à augmenter sa valeur d'usage à long terme pour le bien de la communauté » (Cary, 2004 : 113). Pour Van der Hoff (2009), le problème économique principal réside dans l'accumulation « irrationnelle » de richesse, qui tend à pervertir les relations sociales. Le système d'échange lui-même finit par perdre son sens, en perdant de vue ce pour quoi il existe : la proximité avec Aristote est encore une fois flagrante. Max Havelaar, souvent considéré comme le versant le plus « réformateur » du commerce équitable, s'inspire donc, au travers des écrits de son fondateur, de la philosophie aristotélicienne. Le commerce équitable s'inscrirait bien *a priori* dans la bonne économie et entend donc réconcilier économie de marché et morale.

Cependant, si le commerce équitable illustre la pertinence des concepts aristotéliciens et la viabilité de la bonne économie, sa proximité avec Aristote reste de façade. En effet, le commerce équitable témoigne à ses dépens de notre difficulté à concevoir une économie marchande soucieuse de la morale.

Une réconciliation entre morale et marché en trompe l'œil

Un commerce qui relève de la poiesis et non de la praxis

Aristote, dans une distinction devenue célèbre, oppose *poiesis* et *praxis*. Certaines activités ont leur fin en elles-mêmes, d'autres ont leurs fins dans des œuvres distinctes des activités. Les premières relèvent de l'action, de la *praxis*, les secondes de la production, de la *poiesis* [7]. Comme l'explique le Stagirite, « dans la production l'artiste agit toujours en vue d'une fin ; la production n'est pas une fin au sens absolu, mais est quelque chose de relatif et production d'une fin déterminée. Au contraire, dans l'action, ce qu'on fait est une fin au sens absolu » (Aristote, 2007 (1990) : 299). La production ou *poiesis* a donc une fin autre qu'elle-même, alors que l'action ou *praxis* est à elle-même sa propre fin : on retrouve la célèbre distinction aristotélicienne entre le producteur de flûtes, qui cherche à produire toujours davantage de flûtes, et le joueur de flûte, qui cherche à atteindre l'excellence et à jouer toujours mieux. Son objectif est la perfection.

Dans la bonne économie, l'échange s'inscrit dans la *praxis* :

> « [...] la justice est la vertu ou la perfection de l'échange marchand, parce que l'échange marchand n'est pas seulement pour Aristote une opération de marchandage qui ajuste les uns aux autres les désirs individuels d'obtenir par ce moyen le résultat extérieur le plus avantageux possible, mais aussi et d'abord une rencontre entre deux êtres dont les besoins et les désirs ne sont réellement déterminés et reconnus pour chacun que dans le temps et l'acte de cette rencontre elle-même » (Berthoud, 2005b : 369).

Les agents recherchent une perfection dans l'acte d'échanger : on échange pour bien échanger, pour échanger toujours mieux et se rapprocher de l'idéal de justice. Ainsi, l'échange économique dans la bonne économie doit relever de la *praxis*. Qu'en est-il au sein du commerce équitable ?

L'échange économique au sein du commerce équitable demeure une production au sens de *poiesis* : l'objectif n'est pas d'agir et d'agir toujours mieux – *praxis* –, mais de produire et de produire toujours plus – *poiesis*. En effet, si l'on se penche sur la conception de la production révélée par le

---

7. En effet, comme le signale Franco Volpi (2004) dans le *Dictionnaire d'éthique et de philosophie morale*, la philosophie pratique aristotélicienne est basée sur plusieurs intuitions fondamentales, notamment la volonté de « [...] maintenir fermement l'autonomie de la *praxis* » (Volpi, 2004 : 1463) et de mettre en avant « [...] les éléments qui distinguent la *praxis* de la *poiesis*, c'est-à-dire l'agir du produire, et respectivement la *phronèsis* de la *technè*, le savoir pratico-éthique du savoir pratico-technique » (Volpi, 2004 : 1463).

commerce équitable, on observe que ce commerce (tout comme l'économie sociale et solidaire dont il fait partie et sur laquelle porte cette citation), « n'a, en effet, jamais cherché à remettre en question le *principe d'expansion de la production*, seul garant de la croissance durable de l'économie » (Rahnema, 2003 : 365 [8]). C'est d'ailleurs toute l'économie qui est analysée aujourd'hui sous le prisme de la *poiesis*. L'économie ne sait plus ce qu'est l'action, et est envahie par la production et la mauvaise chrématistique. Tous les acteurs économiques, qu'ils soient producteurs ou consommateurs, sont alors analysés sous le prisme de la théorie de la production. La science économique devient alors l'étude de la coordination automatique des comportements mécaniques. Le producteur du commerce équitable reste inscrit dans la *poiesis*. Il n'est pas du côté de la mesure ou de la morale et souhaite d'abord produire et vendre le maximum. Comme on peut le lire sur le site de la Plate-Forme pour le commerce équitable, les militants souhaitent « instaurer concrètement ce marché pur et parfait avec les conditions idéales qu'il suppose : des agents qui maximisent leur profit, des usagers qui maximisent leur utilité, un contexte d'information et d'interaction optimales entre acteurs [9] ». La maximisation du profit est donc ce qui motive généralement le producteur du commerce équitable, qui reste en cela inscrit dans la mauvaise économie éloignée de la morale. On voit donc que le commerce équitable « [...] repose sur le principe implicite que le marché international est la manière la plus efficace d'accroître la richesse des pays du Sud » (Diaz-Pedregal, 2007 : 99) : c'est bien l'accroissement des richesses qui demeure le principal objectif. La définition et la finalité de cette richesse recherchée ne sont pas interrogées. Le producteur du commerce équitable demeure dans la mauvaise économie, attiré incessamment par les sirènes de la mauvaise chrématistique (Pouchain, 2012a).

L'objectif du producteur, y compris au sein du commerce équitable, est de « [...] gagner toujours plus de temps en diminuant, par l'accumulation et le progrès de ses forces productives, la distance qui sépare son désir de sa réalisation » (Berthoud, 2005b : 373). C'est un producteur comparable à n'importe quel autre, qui veut obtenir « le plus par le moins ». Les agents du commerce équitable, producteurs comme consommateurs, mobilisent une intelligence qui demeure *technique*. Ils échangent pour échanger toujours plus, pour augmenter leurs profits et leur consommation. Leurs échanges s'inscrivent dans un cadre poiétique et n'ont pas en eux-mêmes leur propre finalité.

---

8. Souligné par nous.
9. <http://www.commercequitable.org/110/>

L'agent économique qui met en œuvre une véritable intelligence *pratique* est *a contrario* prioritairement le consommateur. L'agent de la bonne économie, qui conçoit l'action économique comme *praxis*, est le consommateur. L'action du consommateur est spécifique, elle n'est pas réductible au comportement du producteur. Dans cette logique,

> « Le consommateur prend soin de sa propriété. Il en use le mieux possible. Faire usage d'une chose n'est pas la renouveler ou la reproduire. Le consommateur n'est pas un producteur. [...] Le problème économique du consommateur n'est pas d'avoir demain autant ou plus qu'aujourd'hui. Le problème économique est pour lui de bien user de ce qu'il a aujourd'hui et demain sans poser la question de l'origine et du coût de ses ressources » (Berthoud, 2005a : 78).

Le consommateur de produits équitables s'inscrit-il dans cette logique ? Il semble au contraire lui aussi mû par une intelligence *technique*, celle de la production. Il n'a pas pour objectif de limiter l'accumulation de richesses et de faire un bon usage de ses propriétés. Lui aussi cherche à obtenir « le plus avec le moins ». Le consommateur de produits équitables demeure ainsi dans un cadre pragmatique impropre à penser une bonne consommation et une économie morale. La qualité supposée supérieure des produits équitables le motive davantage que la volonté d'être juste. Comme le dit Berthoud (2005b : 375) :

> « [...] la perspective productive de la science économique ou de la chrématistique [...] ne sait rien de la fragilité du désir et de l'illusion constituée par la fausse richesse. Pour le bon consommateur, la première des vertus n'est pas dans un surplus de rationalité, mais dans sa bonne volonté à exercer la critique de son désir. »

L'intelligence *pratique*, l'intelligence de l'action, exige pour sa part une véritable délibération, ainsi qu'une réflexion éthique sur les fins poursuivies. Le choix économique est ici plus ou moins juste, plus ou moins adapté à la vie que nous souhaitons mener. Il s'agit d'un choix ancré dans une morale. Cette intelligence est mise en œuvre par *un sujet moral*. Le véritable choix économique, c'est bien ici d'établir la bonne mesure et non d'atteindre « le plus par le moins » par le biais de l'intelligence dite technique. Le consommateur de produits équitables ne mobilise pas son intelligence éthique, il s'en remet à la justice générale et lui abandonne sa capacité à évaluer le juste.

Un sens moral abandonné aux institutions

Dans l'*Éthique à Nicomaque,* Aristote distingue entre une justice qui est une vertu éthique totale, entière, et une justice qui est une vertu éthique particulière. Il met en exergue en effet une première forme de justice qu'il appelle justice universelle ou légale : dans cette perspective, l'homme injuste est celui qui viole la loi. L'injuste est le caractère de ce qui est contraire à la loi. En ce sens, les actions prescrites par la loi sont justes, c'est-à-dire qu'elles sont justes *légalement parlant*. Cette justice est pour lui « la vertu tout entière », c'est une justice dite *générale*. Cette justice universelle s'oppose à la justice particulière ou spéciale, qui est pour sa part « la justice qui est une partie de la vertu » (Aristote, 2007 (1990) : 237). La justice particulière est une vertu morale indépendante des lois. Elle nécessite un « sens du juste », une délibération de l'agent sur le juste. Ainsi :

> « En dehors de l'injustice au sens universel, il existe une autre forme d'injustice, qui est une partie de la première et qui porte le même nom, du fait que sa définition tombe dans le même genre, l'une et l'autre étant caractérisées par ce fait qu'elles intéressent nos rapports avec autrui. Mais tandis que l'injustice au sens partiel a rapport à l'honneur ou *à l'argent* ou à la sécurité (ou quel que soit le nom dans lequel nous pourrions englober tous ces avantages), et qu'*elle a pour motif le plaisir provenant du gain*, l'injustice prise dans sa totalité a rapport à toutes les choses sans exception qui rentrent dans la sphère d'action de l'homme vertueux [10] » (Aristote, 2007 (1990) : 239).

Ainsi, la définition de la justice particulière nous indique immédiatement que cette forme de justice s'exerce notamment dans la sphère économique : elle a trait à l'argent, au plaisir du gain. Les définitions d'Aristote situent donc la justice générale ou légale dans la sphère politique, puisqu'elle se définit par le respect des lois, et la justice particulière ou spéciale prévaut dans la sphère économique. La justice qui a à voir avec l'économie relève de la justice particulière. En effet, « la justice considérée cette fois comme vertu éthique particulière, sera strictement cette vertu qui met en jeu des rapports interhumains de distribution *ou d'échange de biens* [11] » (Balaudé, 2007 : 22). La sphère économique est donc directement concernée par cette vertu particulière : on peut être plus ou moins juste dans l'échange. Il existe une exigence de justice qui concerne l'économie. La conception aristotélicienne de la justice particulière suppose possible la réalisation de la justice dans un cadre économique. Comment situer le commerce équitable dans cette distinction entre justice générale et justice particulière ? Les agents économiques participant au commerce équitable s'engagent-ils personnellement dans une réflexion morale sur le juste ?

Le consommateur de produits équitables accepte de payer plus cher les produits de ce commerce à condition que ces biens soient d'une meilleure qualité, argument le plus souvent mis en avant pour justifier les écarts de coût. L'insistance sur le respect de critères de qualité est alors le gage que le surcoût payé par le consommateur rémunère une qualité supérieure, et ne

10. Souligné par nous.
11. Souligné par nous.

s'apparente pas à un acte de charité. En insistant sur la qualité plus grande du produit, le commerce équitable est bien sorti du cadre du commerce solidaire pour devenir un échange marchand à part entière et non plus un geste de solidarité. Les consommateurs sont nombreux à penser que le prix juste est naturellement plus élevé que le prix habituel, car il révèle et garantit une qualité plus élevée. Parfois, les acheteurs de produits issus du commerce équitable justifient leurs achats davantage par l'argument de la qualité que par l'argument de la prise en compte des besoins des petits producteurs des pays en développement [12]. La question de la bonne consommation et de la justice du prix juste ne se pose pas. Le consommateur de produit équitable s'en remet au label, qui garantit le paiement d'un prix qui a été jugé juste *par d'autres*. L'accent mis sur la qualité justifie le paiement d'un prix supérieur, davantage que la misère des petits producteurs. L'achat de produits équitables peut alors se faire sans mobiliser de réflexion sur la moralité des conditions de l'échange (Pouchain, 2012b).

Morale et justice expulsées de l'économie

La domination d'un Aristote pragmatiste empêche d'envisager une économie à la fois marchande et morale

Polanyi, dans « Aristote découvre l'économie » rend hommage au philosophe et retrouve dans la conception de l'économie d'Aristote une définition de l'économie comme économie *substantive*, à la manière de Polanyi lui-même (1977). Polanyi note que « Le concept d'économie, selon Aristote, nous permettrait presque de considérer cette économie comme un procès institutionnalisé, grâce auquel est assurée la subsistance. » (Polanyi, 2008 : 95). Il ne fait aucun doute pour Polanyi qu'Aristote a bien considéré l'économie sous sa forme substantive, à rebours des définitions basées sur le postulat de la rareté. Polanyi et la théorie institutionnaliste à sa suite vont pourtant peiner à s'inscrire dans la *praxis* et à concevoir la possibilité d'une bonne économie. Pour l'institutionnalisme, l'économie est par essence une « mauvaise économie » : l'institutionnalisme ne considère pas la possibilité

12. « Pour les consommateur enquêtés, acheter équitable, c'est avoir ainsi « le sentiment de *se faire du bien avec des bons produits* tout en permettant à des gens de vivre décemment » ; c'est « faire une bonne action [...] c'est ça uniquement et en plus si le produit est bon... c'est le *plaisir personnel de le manger, de le consommer* » ; « on est *content d'avoir des bons produits* et en même temps on sait que ça va aider à vivre ». Le plus souvent, un ordre lexicographique est formé sur les attributs : une *priorité donnée à la qualité, ou plus largement, au plaisir personnel. Un produit alimentaire issu du commerce équitable, c'est « un produit de qualité » ; « c'est un produit de très bonne qualité [...].* « Un produit, c'est avant tout le goût qu'on y trouve [...]. *C'est plus aussi la qualité du produit qui compte. C'est ça que je recherche, la qualité* et puis peut-être l'authenticité du produit » » (Robert-Demontrond, 2008 : 230-231, souligné par nous).

d'une économie soucieuse de moralité. L'économie est implicitement conçue comme un danger, une menace. La généralisation de l'échange marchand met forcément en péril la cohésion sociale, car l'échange marchand nous fait obligatoirement basculer hors morale. Ainsi, l'échange *marchand juste* sonne ici comme un oxymore. Il faut, dans la logique de Polanyi (1944), trouver les mécanismes qui permettront de juguler la visée expansionniste du marché. Polanyi s'inscrit bien dans la conception d'un « marché illimité [13] » (Zelizer, 1992). L'économie doit ainsi être régulée et encadrée par des règles. Seul l'encastrement permet de limiter les effets potentiellement destructeurs du marché. On reconnaît là la perspective qui sera largement reprise et approfondie par la sociologie économique. Polanyi, malgré l'inspiration d'Aristote, n'envisage pas la possibilité d'agents économiques échangeant sur un marché tout en étant préoccupés par la morale. Pourtant, nous avons vu que cette perspective n'est pas illusoire. Comme l'a montré Polanyi, l'échange dans nos sociétés prend de plus en plus la forme de l'échange marchand. Mais la représentation walrasienne du marché n'épuise pas toutes les conceptions du marché, et un échange *marchand juste*, inscrit dans la bonne économie, n'est pas un oxymore. Ainsi,

> « Il n'y a pas dans l'institutionnalisme une définition nouvelle de l'économie [...] : le cœur rationnel de la théorie institutionnaliste de l'économie reste – de manière plus ou moins avouée – le modèle néoclassique et [...] sous cet angle, l'institutionnalisme n'est qu'une série de nuances, de prolongements et de corrections marginales apportés à la définition orthodoxe de l'agent économique » (Berthoud, 2005 : 189-190).

Il y a donc en réalité une interprétation *pragmatique* d'Aristote, celle de Polanyi et de la théorie institutionnaliste, et une interprétation *radicale* : on retrouve bien deux lectures différentes, deux appropriations d'Aristote dissemblables. Aristote tel qu'il est lu et compris par Polanyi s'inscrit dans

---

13. Le modèle du marché illimité renvoie à une critique idéologique du pouvoir du marché qui insiste sur ses effets nocifs au plan social, culturel et moral. Zelizer définit ainsi les cinq prémisses de ce modèle : « 1. Acceptation de la prédominance du marché dans la société moderne. 2. Dichotomisation entre le marché conçu comme rapport d'argent, indépendant de toute valeur, et les valeurs non matérielles, sacrées, sociales et personnelles. 3. Conception du marché comme une force expansionniste et destructrice qui, en pénétrant tous les domaines de la vie, rend dangereusement précaire la dichotomie marché/non marché. Une fois l'échange de marché installé, l'intérêt personnel envahit et commande tous les liens sociaux. 4. L'intrusion du marché dans les domaines personnel, social et moral de la vie conduit à leur dégradation ou à leur dissolution. 5. La « protection » des valeurs non économiques n'est possible que par un processus d'« isolement » – *insulation* – soit par l'imposition de contraintes normatives qui maintiennent certains domaines en dehors des rapports d'argent, soit par le biais de restrictions juridiques ou institutionnelles qui limitent délibérément l'extension des marchés » (Zelizer, 1992 : 4).

un cadre pragmatique et manque la dimension pratique. Les références à Aristote dans les travaux sur le commerce équitable nous révèlent un Stagirite tronqué, qui a perdu sa dimension pratique car l'idée d'une bonne économie et d'un agent économique enveloppé par un sujet moral a disparu. De ce point de vue, il est révélateur de noter que le commerce équitable est au fond incapable intrinsèquement de penser une économie juste inscrite dans la *praxis*. L'aristotélisme du commerce équitable est un aristotélisme *pragmatique* et non *pratique* ou éthique. L'aristotélisme que l'on peut déceler dans le commerce équitable reste imparfait, voire dénaturé car inapte à saisir le principe d'une économie juste.

Cette domination d'une conception de l'économie uniquement conçue comme mauvaise chrématistique peut expliquer selon nous l'expulsion de toute l'économie que l'on perçoit dans les discours sur le commerce équitable. En effet, lorsque l'on consulte les principaux ouvrages traitant du commerce équitable, un paradoxe nous étonne aussitôt : le *commerce* équitable ne semble pas être en premier lieu un objet *économique*. Les différents travaux consacrés au commerce équitable donnent plutôt à voir prioritairement une sorte de « fait social total », hybride et protéiforme, convoquant tantôt la sociologie ou la sociologie économique, tantôt la science politique, tantôt la gestion ou le marketing... mais rarement la science économique. Les militants, tout comme les chercheurs travaillant sur le commerce équitable, mobilisent prioritairement pour en rendre compte des concepts issus des sciences politiques, de la philosophie (dignité, honneur, fierté, reconnaissance, pouvoir, domination, démocratie, espace public...) ou encore de la sociologie (lien social, encastrement des échanges, don...). Le vocabulaire économique est beaucoup moins présent, et lorsqu'il est cité, c'est aussitôt pour le mettre à distance. Il s'agit bien d'une véritable dépréciation de la dimension économique du commerce équitable, pour ne pas dire d'une négation délibérée. L'économie fait peur, à tel point que le commerce équitable serait pour certains l'occasion d'un véritable et nécessaire « projet de « déséconomisation » des esprits » (Cary, 2004 : 131).

Il faut donc se demander pourquoi la science économique, mais surtout *quelle* science économique, est ainsi plus ou moins délibérément et explicitement mise de côté par les militants, ainsi que par beaucoup de chercheurs, du commerce équitable. On peut émettre l'hypothèse selon laquelle cela ne serait qu'une *certaine* économie que ces derniers souhaiteraient voir évincée. En effet, plus précisément, cette éviction de la science économique ne serait-elle pas la conséquence d'une certaine forme du sophisme économique que dénonçait Polanyi (1977) ? *Cette* science économique, celle qui est ainsi régulièrement mise à l'index dans les discours sur le commerce équitable, est en fait celle qui se serait construite sur les bases d'une émancipation croissante vis-à-vis des questions politiques et éthiques. L'histoire de la science économique serait globalement l'histoire d'une autonomisation croissante d'un discours économique, à partir d'une pratique que l'on considère comme pouvant elle aussi être décontextualisée. Ainsi, l'économie comme science et l'économie comme pratique se désencastreraient progressivement, et la science économique se construirait en faisant progressivement abstraction de la morale, des valeurs, de la politique. Même si cette vision est partielle et partiale, l'histoire de la pensée économique est souvent présentée comme l'histoire de la transformation de l'*économie politique* en *science économique*. Ce processus serait, si l'on acceptait cette logique, la condition nécessaire à l'établissement d'une discipline autonome et scientifique. Cette conception semble finalement partagée au sein du commerce équitable. Les discours sur le commerce équitable, paradoxalement, rejoignent cette thèse : des relations justes entre les êtres humains sont extérieures à l'économie, le commerce ne peut être équitable que s'il est un objet politique et non plus économique. Consommer des produits issus du commerce équitable devient un acte politique et non plus économique.

Une confusion entre économie et politique
qui expulse la moralité hors de l'économie

Beaucoup de militants et de chercheurs mettent en exergue la dimension non pas économique mais politique du commerce équitable. Paul Cary (2004) cherchait ainsi à montrer dans son ouvrage « la *dimension intrinsèquement politique* du commerce équitable [14] ». Virginie Diaz-Pedregal (2007 : 10) pour sa part se donne pour projet de montrer que « par sa participation aux échanges économiques internationaux, *le commerce équitable est d'emblée, et nécessairement, un acte politique* » (Diaz-Pedregal, 2007 : 113 [15]). On associe immédiatement le commerce équitable à des enjeux essentiellement politiques : « En travaillant ainsi sur des aspects très variés de la relation commerciale et du développement [...] le commerce équitable ne se positionne ni sur le champ strict du commerce, ni sur le champ strict de la solidarité mais bien *sur celui du politique et de la justice en vue de redonner leur dimension sociale et équitable aux échanges commerciaux* » (De Sousa Santos *et al.*, 2006 : 6 [16]). On voit bien avec cette citation que l'échange ne peut être équitable que s'il n'est plus économique et devient politique. La mouvance de la « consommation responsable », à laquelle le commerce équitable appartient, fait ainsi passer l'acte de

14. Souligné par nous.
15. Souligné par nous. Comme Anne-Marie Alcolea-Bureth (2004), qui analyse le commerce équitable sous l'angle de l'encastrement social et politique.
16. Souligné par nous.

consommation de la sphère économique à la sphère politique. Ainsi, cette consommation responsable transforme l'échange économique, qui « acquiert de ce fait la capacité de revisiter la transaction commerciale *qui passe d'un échange répondant à une logique typiquement économique de maximisation de l'utilité marginale, à une relation sociale investie d'un contenu moral et politique* » (Gendron *et al.*, 2004 : 8 [17]). Ainsi, suivant cette conception, présentée par des chercheurs sur le commerce équitable, lorsque l'échange est économique, il ne peut avoir pour but que la maximisation de l'utilité. S'il mobilise des préoccupations en termes de justice, il n'est plus économique, il devient une relation sociale comportant un contenu *politique*. Le commerce équitable ne serait ainsi possible qu'en réencastrant l'économie et la morale dans la sphère politique. Il s'agirait avec le commerce équitable de réconcilier l'acte politique du citoyen et l'acte économique du consommateur dans l'achat de produits labellisés équitables. De la même façon, la consommation du « consomm'acteur » serait avant tout une consommation *politique*, et on analyse ainsi le développement d'un « consumérisme politique », voire d'une « politisation de la consommation [18] ». Consommer des produits éthiques, biologiques, équitables, ferait immédiatement du consommateur un agent non plus économique mais politique, le consommateur deviendrait ainsi un citoyen : « [...] *dans l'espace politique, le consommateur devenu citoyen* est également celui qui peut, par son choix engagé, orienter éventuellement certaines régulations publiques » (Dubuisson-Quellier, 2008 : 21 [19]). S'il se préoccupe dans ses achats d'éthique, de justice sociale, alors le consommateur ne pourrait agir comme agent économique. Il quitterait la sphère économique pour la sphère politique. L'agent économique ne peut être un sujet moral.

L'on constate finalement une confusion entre politique et économie, comme si l'échange économique juste basculait automatiquement dans la

---

17. Souligné par nous.
18. Le consommateur est un acteur politique : « Beaucoup plus récemment, dans les années 1980 et 1990, on a assisté à une véritable « mode » du « commerce équitable » et des campagnes contre l'exploitation des travailleurs : ces nouvelles tendances ont fait le *lien entre la société de consommation et la réalité politique* » (Trentmann, 2008 : 10), et il ajoute un peu plus loin : « Depuis une vingtaine d'années, la consommation et l'offre de choix multiples sont des *vecteurs importants de projets politiques* de renforcement du bien-être des citoyens, de leur pouvoir, et d'une éthique sociale locale et internationale. Cela va de réformes « utilitaristes » des services publics jusqu'aux mouvements en faveur d'un commerce équitable et d'une consommation responsable » (Trentmann, 2008 : 19). Ainsi, « acheter, c'est voter » selon ce qui est devenu le « slogan » du consumérisme politique. On peut aussi penser ici à Alcolea-Bureth lorsque, s'intéressant au commerce équitable, elle note que « la consommation éthique ou citoyenne renvoie à l'affirmation politique de l'acte de consommation » (2004 : 229).
19. Souligné par nous.

sphère politique sans pouvoir demeurer économique. La moralité et la justice ne semblent alors avoir de sens que dans la sphère politique. L'économie est considérée comme n'ayant pas de lien avec les questions morales. L'idée développée implicitement consiste à penser qu'économie et morale relèveraient de deux ordres différents et incompatibles. De ce point de vue, le commerce équitable nie en réalité l'idée selon laquelle un échange économique pourrait être juste. Donc par certains côtés, on assiste à une paradoxale négation du message aristotélicien. En effet, le commerce équitable ne revendique pas un échange économique pouvant être juste, mais un échange pouvant être juste en devenant un acte politique. Le commerce équitable révèle à ses dépens une confusion entre économie et politique, et une négation de la possibilité d'un échange économique juste inscrit dans la morale.

Conclusion

Si le commerce équitable met en lumière la pertinence des analyses aristotéliciennes, ce commerce symbolise surtout notre difficulté à penser l'économie avec Aristote. Il reste prisonnier d'un cadre et d'un raisonnement *poiétiques*. Le commerce équitable semble renouer avec la philosophie d'Aristote, mais reste finalement étranger à la philosophie pratique aristotélicienne. La redécouverte de ce philosophe ne peut avoir d'intérêt pour l'économiste que s'il s'agit de la redécouverte d'un aristotélisme *pratique* reconnaissant la possibilité d'une bonne économie. Le commerce équitable est symptomatique de la domination d'une conception platonicienne de la science économique. Platon et beaucoup d'autres dans son sillage n'ont pas reconnu l'existence de cette bonne économie que pourrait incarner le commerce équitable. Platon considère comme étant la nature de l'économie ce qui n'est en fait que sa pathologie. Il rabat ainsi toute l'économie sur la mauvaise chrématistique, sans envisager la possibilité d'une économie naturelle inscrite dans la morale. Il ne conçoit l'économie que comme intrinsèquement dangereuse et menaçante. Marqué par cette conception de l'économie, le commerce équitable rate sa rencontre avec Aristote. Le commerce équitable cherchait Aristote mais rencontre Platon. Il perd ce faisant une occasion unique de concilier échanges marchands et moralité.

RÉFÉRENCES BIBLIOGRAPHIQUES

ALCOLEA-BURETH Anne-Marie, 2004 : *Pratiques et théories de l'économie solidaire. Un essai de conceptualisation*, Paris, L'Harmattan.

ARISTOTE, 1993 (1990) : *Les politiques* [*circa* 345-344], trad. P. Pellegrin, Paris, GF Flammarion.

ARISTOTE, 2007 (1990) : *Éthique à Nicomaque* [*circa* 350 av. J.-C.], trad. J. Tricot, Paris, J. Vrin, Librairie philosophique.

BALAUDÉ Jean-François, 1996 : *Les théories de la justice dans l'Antiquité*, Paris, Nathan Université, Philosophie 128.

BALLET Jérôme, CARIMENTRAND Aurélie, 2007 : *Le commerce équitable*, Paris, Ellipses, coll. « Transversale Débats ».

BECHEUR Amina, TOULOUSE Nil, 2008 : *Le commerce équitable. Entre utopie et marché*, Paris, Vuibert.

BERTHOUD Arnaud, 1981 : *Aristote et l'argent*, Paris, Maspero.

BERTHOUD Arnaud, 2004 : « Monnaie et mesure chez Aristote », in DRACH Marcel (ed.) : *L'argent. Croyance, mesure, spéculation*, Paris, La Découverte, coll. « Recherches ».

BERTHOUD Arnaud, 2005 (a) : *Une philosophie de la consommation, Agent économique et sujet moral*, Villeneuve d'Ascq, Presses Universitaires du Septentrion, coll. « Espaces Politiques ».

BERTHOUD Arnaud, 2005b : « Consommation et richesses », in « Alter-démocratie, alter-économie. Chantiers de l'espérance », *Revue du MAUSS*, La Découverte, n° 26, 2e semestre, p. 366-376.

BLANCHET Vivien, CARIMENTRAND Aurélie (ed.), 2012 : *Dictionnaire du commerce équitable, État des lieux des recherches universitaires*, Montpellier, éditions Quae.

CALAME Pierre, 2009 : *Essai sur l'œconomie*, Paris, Éditions Charles Léopold Mayer, coll. « Le livre équitable ».

CARY Paul, 2004 : *Le commerce équitable, Quelles théories pour quelles pratiques ?* Paris, L'Harmattan.

DE SOUSA SANTOS Frédéric, MALANDIN Eugénie, ROUBY Gaëlle, SCHEOU Bernard, 2006 : « Commerce équitable : situation actuelle et défis pour l'avenir », Rapport établi pour le 2e Forum international du tourisme solidaire, FITS 2006 (Chiapas, Mexique), 48 p. [en ligne]. Disponible sur <http://www.commercequitable.org/fileadmin/user_upload/gene/FITS.pdf> (Consulté le 08/06/2010).

DIAZ PEDREGAL Virginie, 2007 : *Le commerce équitable dans la France contemporaine*, Paris, L'Harmattan, coll. « Logiques sociales ».

DUBUISSON-QUELLIER Sophie, 2008 : « De la souveraineté à la gouvernance des consommateurs : l'espace du choix dans la consommation », *L'Économie politique*, juillet : « Pour un nouveau modèle de consommation », p. 21-31.

GENDRON Corinne, 2004 :« Le commerce équitable : un mouvement social économique au cœur d'une autre mondialisation », *Cahiers de la chaire Économie et Humanisme*, Montréal, UQAM, 27 p. [en ligne]. Disponible sur : <http://www.chaire-ccgb.uqam.ca/fr/recherche/02-2004.pdf> (Consulté le 25/09/2010).

JACQUIAU Christian, 2006 : *Les coulisses du commerce équitable. Mensonges et vérités sur un petit business qui monte*, Paris, Fayard, coll. « Mille et une nuits ».

KARPIK Lucien, 2007 : *L'économie des singularités*, Paris, NRF Éditions Gallimard, « Bibliothèque des Sciences humaines ».

LE VELLY Ronan, 2004 : « Sociologie du marché. Le commerce équitable : des échanges marchands contre *le* marché et dans le marché », Thèse de doctorat, université de Nantes, Faculté des Lettres et Sciences Humaines.

POLANYI Karl, 1977 : « Le sophisme économique », in *The Livelihood of man*, trad. : « Avec Karl Polanyi, contre la société du tout marchand », *Revue du MAUSS*, n° 29, 1er sem. 2007.

POLANYI Karl, 2008 (1957) : « Aristote découvre l'économie », in *Essais de Karl Polanyi*, 2008, Paris, Éditions du Seuil.

POUCHAIN Delphine, 2011 : « Le commerce équitable : le développement en dépit du marché ou *via* le marché ? », *Revue Éthique et Économique*, avril, vol. 8, n° 2, p. 11-29.

POUCHAIN Delphine, 2012 (a) : « Le petit producteur du commerce équitable, un entrepreneur (presque) comme les autres ? Une perspective aristotélicienne », *Innovation*, vol. 2, n° 38, p. 107-128.

POUCHAIN Delphine, 2012 (b) : « Les labels au sein du commerce équitable : entre délégation et démission du consommateur », *Mondes en Développement*, vol. 40, n° 160, p. 27-44.

POUCHAIN Delphine, 2014 : « Le prix de concurrence pure et parfaite comme prix juste : *justice*, *ajustement* ou *justesse* ? Une réflexion à partir du commerce équitable », *Économies et Sociétés*, Série « Histoire de la pensée économique », vol. 6, n° 50, p. 939-964.

RAHNEMA Majid, 2003 : *Quand la misère chasse la pauvreté*, Paris, Babel, coll. « Essais ».

ROBERT-DEMONTROND Philippe, 2008 : « Mesurer le juste prix des produits issus d'une filière « commerce équitable local » : principes, enjeux et limites épistémologiques d'une approche », *Revue management et avenir*, juin, n° 20 : « Management Prospective Éditions », p. 216-239.

TRENTMANN Frank, 2008 : « Le consommateur en tant que citoyen : synergies et tensions entre bien-être et engagement civique », *L'Économie politique*, juillet : « Pour un nouveau modèle de consommation », p. 7-20.

VAN DER HOFF Francisco, 2005 : *Nous ferons un monde équitable*, Paris, Flammarion.

VAN DER HOFF Francisco, 2009: "The Urgency and Necessity of a Different Type of Market: The Perspective of Producers Organized Within the Fair Trade Market", *Journal of Business Ethics*, Vol. 86, supplément n° 1, p. 51-61.

VOLPI Franco, 2004 : « Philosophie pratique », in CANTO-SPERBER MONIQUE (ed.) : *Dictionnaire d'éthique et de philosophie morale*, Paris, PUF, coll. « Quadrige ».

ZELIZER Viviana, 1992 : « Repenser le marché. La construction sociale du « marché aux bébés » aux États-Unis, 1870-1930 », *Actes de la Recherche en Sciences Sociales*, vol. 94, n° 1, p. 3-26.

CAUSE MORALE DES FEMMES NORMES GLOBALES DE GENRE

Monique SELIM

Les femmes et les « minorités sexuelles », le féminisme, le *gender* ou « genre », comme on le désignera ici pour faire bref, ont acquis au cours des dernières décennies une très grande visibilité, tant dans les discours médiatiques que dans les politiques mises en œuvre à différentes échelles. Cette irruption de caractère idéologique qui se donne à voir comme un ensemble de « valeurs » intangibles, étouffées et heureusement redécouvertes, s'inscrit dans une configuration globale de financiarisation outrancière du capitalisme produisant des crises multiples et apparemment incontrôlables. La réflexion semble s'imposer sur les logiques et les processus qui voient monter progressivement sur le devant de la scène des références – tel le genre – porteuses de plus de « justice » aux yeux des acteurs dont les perceptions d'injustice s'intensifient.

En effet dans une période où les rapports de domination sont globalisés et se légitiment dans des jeux permanents de contradictions motrices, la mobilisation des subjectivités (Spurk, 2012) est une ressource de plus en plus fondamentale pour le capitalisme, assoiffé de morale au singulier et au pluriel, et elle connaît des accélérations infinies (*Multitudes*, 2014) dues en partie aux nouvelles technologies de communication, modelant par leurs impulsions le tableau global des flux financiers et idéels. Une cohérence idéologique globalisée, toujours inachevée et en permanente formation, se dessine articulant des paysages sociaux, économiques et politiques contrastés, voire en apparence antagoniques, dans lesquels le genre revêt des visages extrêmement diversifiés : mode d'intégration individuel ou outil de lutte collective, instrument de justification personnelle, pourvoyeur d'emploi ou axe de dérive aux marges, levier de contestation politique ou stigmate à risque, etc.

Se pose corollairement la question essentielle, dans ce contexte foisonnant d'initiatives de tous bords, de l'expansion du marché par ses cheminements symboliques et imaginaires, conditions *sine qua non* de sa floraison économique et financière. Cette question, que les économistes dans leur grande majorité ne pouvaient pas pressentir, bloqués par l'apodicticité matérielle du marché, avait été au départ formulée par les anthropologues dans les sociétés dites « primitives », pensées comme avançant dans leur incorporation des rapports marchands comme principe et forme de la relation. Lorsque, comme maintenant, la consommation est édifiée en fondement du statut, de l'identité et *in fine* de la construction des liens sociaux, cette interrogation théorique sur le marché, sa position et son rôle premier ou subalterne dans l'édification des sociétés, acquiert une dimension aiguë et stimulante.

C'est vers de tels horizons exploratoires que nous conduirons donc ici le lecteur en faisant miroiter la catégorie de genre sous ses multiples facettes autant fascinantes que moralisatrices et en évitant de nous enfermer et de nous noyer dans ce champ dont l'autonomisation est source de forclusion intellectuelle, là comme ailleurs. La perspective épistémologique déployée retissera au contraire de façon systématique les articulations entre les faits, les discours, les domaines que tout pousserait à séparer et à distendre.

Attirons tout d'abord l'attention sur le fait que féminisme et genre apparaissent aujourd'hui comme des notions largement équivalentes, interchangeables, poursuivant les mêmes objectifs de réparation des inégalités sexuées et de rehaussement du statut et de la condition des femmes. Corollairement, de différents bords, féminisme et genre font actuellement l'objet d'attaques virulentes et convergentes qui reprennent sous des formes variées les antiennes passées : le genre dissoudrait les différences sexuelles entre hommes et femmes, dichotomie qui serait fondatrice de l'éducation des enfants et de la famille, cette institution inesquivable aux yeux de ses défenseurs. Le féminisme opposerait hommes et femmes, les mettrait en rivalité, créant des antagonismes destructeurs d'une complémentarité sexuelle essentielle à l'ordre social. Ensemble, féminisme et genre porteraient donc gravement atteinte aux équilibres fondamentaux des sociétés et plus profondément à la nature même de l'humanité.

Alors qu'on croyait ces argumentaires dépassés, incapables de resurgir avec autant de vigueur, dans une période où les mœurs sexuelles se sont extraordinairement libérées, force est de constater qu'ils suscitent de nouveaux adeptes et rencontrent un succès certain, moins limité qu'on ne l'aurait attendu. Les raisons de cette mobilisation de « réaction » sont doubles : en temps de crise les identités sexuelles constituent une voie de salut classique pour ceux qui n'ont plus aucune assise statutaire ;

corollairement le marché des orientations sexuelles a connu un développement prodigieux, à l'image des marchés économiques et financiers dont il se donne à voir comme une copie. Face à ces marchés emboîtés, ceux qui en sont exclus n'ont guère d'autre réponse à apporter que de se réfugier dans des ontologies rigidifiées de la domination dont la sexuation est l'ultime étape, renversant ainsi magiquement l'oppression qui s'abat sur eux et en fait des fantômes d'un monde entièrement régulé par la marchandise.

Ce contexte renforce la confusion entre féminisme et genre et surtout rend difficile le déchiffrage des passages et des transformations qui ont présidé aux évolutions de ces deux notions. Telle est la tâche d'analyse à laquelle nous nous attellerons ici en considérant dans un premier temps la panoplie des logiques qui distinguent les catégories du féminisme et du genre, cette dernière ayant désormais englobé la première. Puis nous nous pencherons sur les différents nœuds où se cristallisent par inclusion, exclusion ou opposition, les contenus significatifs de ces catégories en pénétrant les féminismes dans leur pluralité présente, foisonnante et contradictoire.

Dyslexies morales

Les années soixante-dix ont vu l'éclosion aux États-Unis comme en Europe de mouvements féministes s'inscrivant dans le sillon de révoltes aux facettes multiples contre la société dite de consommation. On désigne souvent ce moment comme un « féminisme de la première vague » (Fraser, 2012), qui aurait été suivi d'une seconde marquée par la prévalence de l'identité dans le féminisme, avant une troisième, dans laquelle nous serions encore plongés et qui verrait le néolibéralisme façonner en partie le/les féminismes. Très pertinent est cet essai de périodisation, qui pointe des repères conceptuels décisifs, mais qui, dans le même moment, en minorise inévitablement d'autres. Ainsi en va-t-il des irruptions féministes du XIXe siècle, très minoritaires, voire individuelles, ayant souvent à leurs côtés en Asie et en Orient, des hommes aspirant à une « modernisation » de leur pays inspirée par l'Occident et appelant de leurs vœux des réformes contre des « traditions » jugées « retardataires ». Alors que naissaient ces féminismes, que d'aucuns appellent « masculins » (Gadant, 1995), des femmes se déguisent en hommes pour s'affranchir du joug qui pèse sur elles. Ces manifestations féministes d'hommes et de femmes, ici et ailleurs, ont pour axe partagé un « progrès » qui mêle développement (Hours, 2012) et civilisation, paradigmes qui paraissent aujourd'hui presque hors de propos, le premier pour son échec patent, le second en raison des contradictions ethnocentriques qu'il recèle.

Laissons de côté ces germinations féministes lointaines pour revenir sur les mutations du XXe siècle au XXIe siècle qui voient le genre littéralement avaler peu à peu le/les féminismes (Selim, 2014; Caulier *et al*, 2014 ; Didry, Selim, 2014 ; Querrien, Selim, 2010). Insistons sur la dimension morale/immorale que recouvrent ces mutations dont le caractère économique et politique est bien sûr fondamental en conjuguant l'expansion mondiale du capitalisme après la chute de l'URSS et les retraits des États des fonctions d'assurance et de services sociaux. Les féminismes des années soixante-dix – très loin, à l'exception des féministes marxistes, de l'idée antérieure de « progrès » qu'ils combattaient au profit d'un retour ou détour à une autre vie avec les « communautés » rurales ou urbaines et les départs vers des terres exotiques, perçues comme matrices d'authenticité – affrontaient directement la morale en tant que conservatrice de mœurs inégalitaires et oppressives : ils s'affirmaient, joyeusement, immoraux et amoraux, plaçant la jouissance et la liberté au cœur de leurs dynamiques. La prise de risque s'y épanouissait à tous les niveaux et il ne serait pas venu à l'idée de poser des règles de prudence et de protection, par exemple dans les groupes de parole qui florissaient et étaient axés sur ce qu'on dénommait alors « la prise de conscience ».

L'advenue du genre marque des césures de différentes natures en regard de ces conceptions féministes largement périmées. Ces césures articulent la morale à une représentation du réel que l'on peut qualifier de réalistique en ce sens qu'elle est dépourvue des profondeurs contradictoires de la conscience et de l'inconscient. Le réel déploie alors l'immensité des « injustices » qui appellent des réparations morales : le genre vient corriger les iniquités sexuées et se donne à voir comme un outil de moralisation, en premier, des individus coupables de violences, d'agressions, d'exploitation et de comportements hiérarchiques, en second, des sociétés qui sont plus une agglutination de personnes au sens de Boudon, que des agencements collectifs, économiques et politiques. Cette connectivité morale du genre, en temps de crise, qui rompt avec les enthousiasmes immoraux des féminismes s'épanouissant dans une période de croissance, fait des femmes et des « minorités sexuelles » des communautés morales gérables et gouvernables. Elle peut être l'objet de diverses interprétations. Dans une perspective d'orthodoxie, on verrait dans ces fluctuations idéologiques des formes de reflets des changements qui se jouent dans les structures économiques et politiques délaissées par ailleurs par les féministes des temps présents, plus préoccupées, nous explique à juste titre Nancy Fraser, par le champ du « culturel ». Dans cette optique, les féministes semblent tendanciellement responsables, moralement, pourrait-on ajouter, de l'abandon des luttes économiques et politiques primordiales et, d'une certaine manière, la boucle se referme sur une logique de moralité intouchable.

Une seconde hypothèse peut être prônée, qui déconstruit la morale et les volontés de moralisation comme des instruments d'étourdissement des esprits dans une configuration globale de financiarisation outrancière qui démultiplie les perceptions d'injustices et d'impasses et pousse d'aucuns à des situations extrêmes sacrificielles. Les effets moralisateurs du genre s'offrent alors comme des sotériologies qui ont l'immense avantage de donner à chacun le sentiment d'agir pour le bien, un bien commun inestimable dans une conjoncture qui semble dominée par le mal et tant de maux frappants. Au moins le genre rendrait à « la moitié du ciel » une dignité morale que le travail ne peut plus lui apporter et qui paraît de plus en plus bafouée par la marchandisation des utérus, des embryons, du sperme, des enfants etc.

Les opposants du genre, qui, en 2014, battent le pavé avec une réactivité tristement réactionnaire, confortent la défense morale du genre, activant une scène fabuleusement simplifiée, marquée par des interdits de réflexion : les actrices et les acteurs de ce théâtre répètent à l'envi leur rôle, agitant d'un côté les droits de chacun à être heureux à sa façon, de l'autre le danger léthal que l'octroi de ces droits pourrait constituer. Néanmoins, les premiers s'accordent en grande partie avec les seconds pour considérer que ces droits doivent être limités par la morale : ni les corps, ni leurs parties ne doivent être mis sur le marché, car il s'agit de préserver le bonheur des familles sous toutes leurs nouvelles formes, et en conséquence d'auréoler le don de soi qui les cimente contre les implications marchandes.

Provocations morales

Poursuivons ces déchiffrements des circonvolutions morales/immorales à partir des lieux du genre et des féminismes où elles viennent se cristalliser. Les Femen, dans leur pluralité et leurs conflits, s'en présentent comme un exemple privilégié avec leurs actions tonitruantes, leurs arrestations musclées en Tunisie, en Chine et dans différents pays d'Europe. Remarquons qu'elles se voient partout largement condamnées pour ce qui serait leur « exhibitionnisme » et rejetées tant de la sphère du genre que par les féministes dites « historiques » des années soixante-dix qui, lorsqu'elles viennent à se rencontrer, parlent plus spontanément de leurs petits-enfants et de leur indignation face aux femmes voilées. On appréhende aisément les raisons de ces exclusions : la provocation revendiquée comme une arme de combat contre les pouvoirs politiques et religieux ne sied pas à la bonne gouvernance que le genre entend mettre sur pied au XXIe siècle. Cette provocation inscrite sur les corps nus à la fierté élancée, rayée de slogans iconoclastes, transgressifs, associant l'obscène au sacré, gêne et irrite au plus haut point les féministes de toutes obédiences qui, dans leur immense majorité, ne reconnaissent pas là le moindre fil d'action commun, malgré les évidences mémorielles de 1968. Délibérément les Femen se sont placées à l'extérieur des espaces gestionnaires du genre et des temporalités évolutives des féminismes.

Leurs offenses aux croyances des autres (catholicisme, islam, etc.) les font juger outrancièrement immorales dans une période où le respect des diverses convictions est devenu un guide partagé de bonne conduite, une sorte de considération minimale indispensable aux relations sociales. La haine véritable des instances religieuses que les Femen mettent en scène, est sans aucun doute héritée, pour le groupe ukrainien pionnier (*Femen*, 2013), de leur éducation dans un pays autrefois communiste et de leur ferveur marxiste qu'il assume pleinement et réinvestit d'autant plus aujourd'hui que l'Église orthodoxe jouit d'une aura croissante depuis la fin de l'ère soviétique, à la mesure d'une paupérisation galopante.

Néanmoins, c'est bien dans ce sillon d'un athéisme vengeur que vont peu à peu se fomenter les divisions, comme le montre le cas tunisien d'Amina (Sboui, 2014) qui, dans sa brève biographie, reconstruit son parcours à partir d'une rébellion toute personnelle, minimise énormément l'exemple et le support des jeunes Ukrainiennes et finalement s'en sépare radicalement avec, pour premier argument la religion, et pour second les risques courus par sa famille. Écoutons-la :

> « Mais j'ai trouvé les dernières interventions publiques des Femen inintelligentes, provocatrices mais pas constructives : qu'est-ce que j'en avais à faire qu'elles viennent simuler une prière musulmane, seins nus, devant l'ambassade de Tunisie à Paris ? Elles étaient en France, elles ne risquaient rien, alors que ma famille était de plus en plus menacée en Tunisie. Pour moi c'était une action stérile et presque égoïste. Elles se servaient de mon cas pour faire du bruit sans avoir réfléchi au préalable à l'efficacité de leur démarche. De même pour leur action à Notre-Dame de Paris ; ce monument relève plus aujourd'hui du domaine historique et touristique que du religieux. En plus, la France est un pays laïque, contrairement à la Tunisie où l'État donne de l'argent aux mosquées. Là encore, je ne saisissais pas ce qu'elles cherchaient à dénoncer. Il faut bien peser ses actions. Tous les endroits ne se valent pas : l'Ukraine n'est pas la France, la France n'est pas la Tunisie et la Tunisie n'est pas l'Ukraine. Ce ne sont ni les mêmes cultures ni les mêmes tabous, et, bien que le combat des femmes soit universel, il n'a pas la même résonance partout. C'est important d'être précis, chaque pays doit agir selon ses problèmes. »

Entre la jeune fille qui écrit sur ses seins « *Fuck your moral* » et celle qui, quelques mois après, appelle au respect des « cultures » et de leurs interdits, un fossé s'est creusé qui a pour conséquence d'éloigner encore plus les Femen d'un féminisme bienséant, acceptable, de les isoler dans un terrorisme idéologique et de performances. Amina, qui tient à dire qu'elle est hétérosexuelle, annonce ainsi dans son prologue : « J'ai compris que je respectais toutes les différences, y compris celles qui existent entre moi et les autres, quelles que soient leur culture, leurs traditions, leur religion. »

Désormais sérieuse, Amina est devenue une « jeune fille rangée » dont la révolte passée pourrait être interprétée comme un accident de l'adolescence et surtout comme une faiblesse face à l'emprise et à la terreur exercées par les Ukrainiennes qui l'accusent de trahison. Ainsi, le corps d'Amina appartient-il, à nouveau, contrairement au titre de ses mémoires, à son pays d'origine qu'elle avait jeté dans la honte avec son comportement effronté, et qui, après les manifestations qui ont destitué Ben Ali, est retourné à une régulation modérée du politico-religieux. Le genre doit en effet convaincre sans heurter quiconque ; il s'agit d'une sorte de pédagogie morale visant à rallier le plus grand nombre, objectif qui paraît maintenant à la très grande majorité une évidence : pourquoi choquer, blesser et s'attirer les foudres, pourquoi se marginaliser alors que des actions plus conformes aux usages partagés, plus « douces » auraient des effets bien plus positifs ?

Si l'on se tourne vers la Chine et le personnage d'Ai Xiao Ming (2010), professeure d'université de plus de 60 ans en 2014, se dévoile l'ampleur de ces ruptures idéologiques qu'ont semées et fertilisées les Femen. L'intellectuelle chinoise et les Ukrainiennes semblent être animées par un même goût de la provocation, le désir d'en découdre avec les pouvoirs institués, la volonté de défier les autorités politiques. L'expérience d'États-partis communistes et de dictatures, les rapproche, selon notre hypothèse, en dépit du fait qu'il s'agit, *pro parte* pour le groupe ukrainien, d'une mémoire transmise par leurs parents que la chute de l'URSS plonge dans la déréliction. En effet, face à des gouvernements autoritaires prêts à écraser les contestations sans référence aucune au droit, et devant des élites politico-économiques corrompues, les risques sont intrinsèques à la protestation qui peut entraîner l'affrontement direct. Ai Xiao Ming, ancienne membre du parti communiste, qui, depuis la répression de Tiananmen, s'est engagée dans une voie de dénonciation des injustices, en a fait l'épreuve à maintes reprises, se voyant interdite de sortie du territoire, assignée à domicile lors de certains évènements publics. Devenue une dissidente fichée, cette ancienne garde rouge qui, durant la révolution culturelle, est partie volontairement à la campagne auprès des paysans et a épousé un homme qui partageait ses convictions maoïstes « révolutionnaires », ne redoute ni la violence, ni la provocation, encore moins les mesures d'exclusion. Intellectuelle publique, héroïne toujours prête à défendre les plus faibles, les plus démunis, le peuple contre les possédants, elle a posté une photo d'elle-même en Femen, qui d'une certaine façon va beaucoup plus loin dans l'impudeur que les jeunes Ukrainiennes.

Ses seins nus, « mous et tombants » selon ses propres mots, de femme âgée fixant l'objectif, s'inspirent de Ai Wei Wei, l'artiste contestataire poursuivi par le gouvernement, qui a exhibé son corps d'homme de plus de 50 ans à la graisse avantageuse, en 2010, et qui, lui-même, avait pris pour modèles tous ceux qui, dans les années soixante en Europe et aux États-Unis, parmi lesquels Jean-Jacques Lebel, ont brandi leur nudité comme une œuvre d'art tranchante voire obscène. Un ciseau devant les seins qu'elle suggère pouvoir couper, Ai Xiao Ming a écrit sur son torse : « Prends une chambre avec moi et laisse Ye Hai Yan tranquille. » Ce slogan, qui est une invite à la prostitution, reprend lui-même celui de Ye Hai Yan qui s'est battue pour défendre les six écolières violées en 2013 par leur directeur d'école et un autre fonctionnaire. Ye Hai Yan avait poursuivi ce directeur d'école avec un panneau l'appelant à « prendre une chambre avec elle ». La photographie avait été postée sur le Web et largement diffusée par des internautes, ce qui avait valu à Ye Hai Yan des agressions physiques à son domicile, puis une détention en prison pour avoir tenté de se défendre avec un couteau.

Ai Xiao Ming et toutes les jeunes Chinoises qui l'ont soutenue pourfendent la morale en vigueur en Chine qui, selon des principes communs, condamne la prostitution et enjoint les femmes à se marier vierges et à devenir mères avant 30 ans. L'utilisation d'images amorales et la lutte contre la moralité instituée prennent ici un tour hautement politique qui met en danger leurs actrices, harcelées par le gouvernement. Ainsi en va-t-il de cette femme de plus de 70 ans aux cheveux gris et au ventre proéminent qui s'est dénudée en 2014 pour protester contre la détention de son fils en prison : torturé, ce dernier est désormais aveugle et paralysé. Son corps épuisé, bariolé de slogans, le pantalon sur ses souliers, la mère hurle contre l'injustice devant la barrière d'un bâtiment qui, d'après la photo postée sur le Web, semble public. En 2012, une campagne contre les violences domestiques et sexuelles a, de la même manière, conduit nombre de jeunes femmes et d'hommes à se dénuder et à exhiber leurs photos aux internautes. Les slogans ont été multiples : un jeune homme écrit sur son torse : « La résistance est éternelle », un autre avec un soutien-gorge en forme de bandeau bariolé : « Je peux être efféminé mais tu ne dois pas me battre. » Deux jeunes femmes côte à côte, le fil d'un Tampax rouge dans la bouche, d'énormes serviettes hygiéniques rougies sur le pubis et de plus petites sur le haut des bras, affichent sur leur ventre : « Le sang menstruel n'est pas honteux, la violence domestique est une honte, nous voulons une loi qui l'interdise. » D'autres jeunes femmes nues écrivent sur leur torse : « Contre la violence domestique, je suis fière de mes seins plats », « Éliminer la violence, émanciper le sexe », « La violence domestique est un crime, les poils sous les aisselles sont l'amour », etc.

L'ensemble de ces manifestations en Chine, en Ukraine, en France où se sont produites les arrestations des Femen dans la cathédrale Notre-Dame, met en scène, de façon équivalente, les liens entre morale et politique, l'État étant le garant de la morale et répondant aux gestes immoraux de provocation et de dérision par une posture de pouvoir défensive, légaliste, répressive. Au-delà de ce face à face, d'une manière générale, l'image d'une violence intolérable, violence symbolique, imaginaire quand elle n'est pas réelle dans des actions d'éclat, est accrochée aux Femen de tous pays. Cette violence fantasmatique déchire les évolutions idéologiques qui ont conféré, du temps de la bipartition politico-économique du monde, un sens positif, politique, collectif et nécessaire à la violence, pour, dans le contexte d'unification capitaliste du monde, faire muter la violence vers une négativité interpersonnelle. Ce double retournement constitue la base idéelle de la montée en puissance de la thématique globale de la violence contre les femmes. D'une façon inattendue, les Femen font irruption et dérangent cette métamorphose consensuelle de la violence, usant elles-mêmes de leurs corps nus comme d'armes de guerre là où la pacification participative est voulue.

Devoirs d'identification

Le pluralisme féministe actuel permet, bien au-delà des Femen mais à travers elles, de cerner d'autres lieux où se cristallisent les enjeux de moralisation du genre qui réinvestissent les rapports de domination globalisés. Ainsi l'accusation portée contre les Femen de vouloir imposer avec la nudité une forme ethnocentrée de contestation féministe, les a dépassées largement pour être étendue à l'ensemble du féminisme dit « occidental ». Dès lors est créée la notion d'un féminisme blanc, raciste, universaliste, impérial, colonisateur (Ewangé-Epée, Magliani-Belkacem, 2012). Cette émergence catégorielle qui pose légitimement la plurivocité consubstantielle des voies de l'émancipation, engage corollairement dans les paradigmes de la reconnaissance culturelle dont elle fait des primats. En tentant de se placer au double plan épistémologique et idéologique hors des prises de parti dichotomiques que recèle cette opération cognitive culturalisante, observons que les injonctions à s'identifier qu'elle comporte sont intrinsèquement porteuses de connotations morales. En effet, l'imposition identitaire inscrit l'individu dans une théorie morale supposée singulière et s'il devient impossible de ne pas relever de l'une ou de l'autre des communautés d'appartenance, en conséquence la figure du traître à son appareil pratico-moral colle littéralement à la peau du fautif. Et c'est bien de peaux, de dites « couleurs » de peaux dont il s'agit, la « blanchité » (Cervulle, 2013) s'étant surajoutée aux peu nuancées manières de les repérer.

« L'identification à la communauté repose toujours sur une culpabilité partagée, ou, plus précisément, sur le désaveu fétichiste de cette communauté », remarque Slavoj Zizeck qui ajoute que la solidarité dans la culpabilité s'applique aussi aux « communautés culturelles progressistes » (Zizeck, 2014), ouvrant là la porte du genre. Mais finalement cette déclinaison ethnico-morale de l'identité n'est qu'une loupe en regard des nouveaux devoirs moraux qui incomberaient aux femmes dans la conjoncture actuelle. La position de Sylviane Agacinski (2002, 2012) est dans cette optique très illustrative en ce qu'elle s'accroche quasi désespérément à la dualité sexuelle (Dorlin, Agacinski, 2014) : le droit, la loi, devraient, doivent, dit la philosophe, interdire la réduction des femmes et de leurs corps à des choses, des objets, des instruments de plaisir (prostitution), de reproduction (GPA), de privatisation domestique et religieuse (l'islam). Défendant une conception unilatérale du féminisme, Sylviane Agacinski se prête littéralement bien aux reproches d'hégémonisme qui ont cours dans la période présente tout en ne semblant pas en percevoir les gisements. C'est donc pour les femmes « pauvres » qu'elle entend élever la voix en faveur d'une moralisation qui préserve « l'humanité » contre les désastres du marché : protéger les femmes contre elles-mêmes, et par là même le genre humain, telle est la ligne de surplomb moral prônée par Sylviane Agacinski qui, doit-on ajouter, est bien en deçà du genre dont elle saisit mal les nouveaux filaments du XXIe siècle.

Cette arrière-garde moralisatrice est néanmoins représentative d'un courant féministe que l'on pourrait qualifier de modéré et dans lequel peuvent se reconnaître des pans entiers de populations croyant en Dieu, en la république, en la démocratie ou, plus agnostiques mais persuadés de l'existence de valeurs transcendantes, apodictiques, aisément partageables et reconnaissables, qui les font, par exemple, se lever avec une assurance immédiate contre la pornographie, la prostitution, en appelant à leur interdiction au nom d'évidences morales, reposant sur des conventions sans envisager une lecture rigoureuse des processus de globalisation et de financiarisation et de leurs conséquences sur l'emploi et le travail (Smith, Feona Aëttwood, 2014).

Au nom de la femme globale

Que la morale se mette en mythe sous des formes kaléidoscopiques parcellaires, s'inscrit en cohérence avec les processus de globalisation dont une des principales caractéristiques réside dans un mode de légitimation fondé sur une double dynamique d'unicité et de pluralité des normes (Hours, Selim, 2011). Au cœur de cette dynamique, l'item femme apparaît, néanmoins, un référent de plus en plus central, évoluant progressivement vers une position victimaire, infériorisante, objet d'injustices, de violences, de féminicides, dont la dénonciation tout à fait décisive, insistons sur ce point, connaît une aura croissante. Cette mutation des féminismes au genre étale les souffrances des femmes sous régime globalisé et les célèbre rituellement le 8 mars, par des lamentations répétées, fortes, rigoureuses et précises. Comment une révolte plutôt joyeuse et optimiste au départ a-t-elle pu déboucher quelques décennies plus tard sur cette spectacularisation de la domination avec ses énumérations négatives infinies auxquelles n'échappe aucun champ – économique, politique, psychologique etc. – ni aucun pays, sans pourtant, et là est le problème principal, que soient apportées des réponses efficaces à cet état de fait ? Le genre tourne-t-il à l'humanitaire (Hours, 1998), à la sollicitation compassionnelle dont on sait qu'elle est indispensable à une financiarisation capitaliste, impitoyable pour ceux, innombrables, qui en pâtissent ?

Le féminisme, dans ce scénario, aurait-t-il assumé le même rôle que le tiers-mondisme et son cortège de croyances aux progrès issus des indépendances nationales ? Dans ces deux cas, les idéologies se métamorphosent en ne s'appliquant plus seulement à une partie du monde, des populations. Leur message se généralise avec une misère rampante identique en Europe, aux États-Unis, en Afrique, en Asie, sur un mode esthétique et conservatoire comme dans le film *Au bord du monde* où des sans-abri deviennent « Les derniers philosophes nous parlant d'un retour aux fondamentaux, seul espoir que le soleil se lève à nouveau sur notre époque crépusculaire » (Drexel, 2014). Mais ils doivent, eux, rester dans le décor où on les montre, ne pas quitter la rue et leurs hardes. Il en va d'une certaine manière de même avec la monstration des effets de domination auxquels n'échappe aucune femme. L'horreur des viols, utilisés comme arme de guerre sur des fillettes comme sur des femmes âgées, pourrait advenir ici même, n'étant plus occultée, mais mise à découvert. Il n'y a plus de région, de peuple, de classe sociale protégée, car partout on tue des femmes et un devoir de vérité s'impose. Magnifique, ce devoir s'avère néanmoins d'une impuissance tragique devant la foule des crimes qui tous les jours sont révélés et augmentent (Ricci, 2014). Il y a dans ce paradoxe une distorsion profondément gênante et ce d'autant plus que, en « genrant » toutes les problématiques et tous les domaines, une retotalisation du réel s'actualise, éloignant toujours plus l'hégémonie idéelle de la morale des rapports économiques et politiques, locaux et globaux qui, *in fine*, restent intouchables et indemnes. Le constat de cet abîme entre les discours doxiques et savants d'un côté, de l'autre le réel, ne vise pas à délégitimer les premiers mais à interroger le monde global présent : de quoi les femmes sont-elles devenues le nom ? Vers quoi nous mène ce nominalisme purifié et purificateur ? La cause humanitaire du genre, en s'inscrivant comme une morale partagée se voulant éthiquement encadrée (Benveniste, Selim, 2014), n'est-elle pas désormais plus un mode d'intégration globale qu'un levier d'émancipation, quoique l'on constate — comme en Chine, cas sur lequel nous reviendrons en conclusion — que le genre est aussi un outil de lutte et que, de fait, il peut être approprié comme tel dans des combats microlocaux. L'avancée de listes dites féministes aux élections de différents échelons – déjà effectives dans certains pays européens, désormais demandées en

France en 2014 – corrobore pourtant une logique intégratrice dans tous les dispositifs institutionnels de la démocratie parlementaire, alors même que les élites politiques se révèlent de plus en plus coupées des réalités et des préoccupations quotidiennes des gens, n'agissant que pour leur maintien dans la théâtralité politicienne de leur pouvoir et se soumettant aux ordres de la finance globale. Vers quel côté se diriger pour retrouver des moyens d'agir et sortir de la « fausse conscience » (Gabel, 1962) dont on connaît les opérations principales de dissociation, autonomisation, idéalisation et scotomisation ? Comment échapper au spectacle auquel le genre s'est prêté, contre la cause des femmes ?

> « La conscience spectatrice, prisonnière d'un univers aplati, borné par l'écran du spectacle derrière lequel sa propre vie a été déportée, ne connaît plus que les interlocuteurs fictifs qui l'entretiennent unilatéralement de leur marchandise et de la politique de leur marchandise. Le spectacle, dans toute son étendue, est son « signe du miroir ». Ici se met en scène la fausse sortie d'un autisme généralisé. »

écrivait Debord en 1967 (Debord, proposition 218), sans même pouvoir deviner, ajoutons, que les femmes pourraient nourrir à ce point un marché imaginaire, doublure à la hauteur des marchandages dont elles font couramment l'objet ; que leur prise de conscience de la domination pourrait déboucher sur de spectaculaires blocages de l'analyse des rapports institutionnels où elle s'est nichée, donnant au genre la forme d'une catégorie morale, identitaire, normative, gestionnaire, panoptique, *in fine* emblématique des processus de globalisation. Ainsi cette catégorie se voit consacrée par son élévation au rang d'objet d'étude, ambigu à plus d'un titre, comme en témoigne, à l'agrégation de sciences sociales en 2014, l'intitulé du sujet : « Comment l'activité professionnelle féminine transforme-t-elle les rapports entre les genres ? » On aurait attendu plutôt les rapports de genre pour éviter la substantialisation sexuée du concept de genre et sans doute aurait-on préféré que l'activité professionnelle des femmes soit placée dans la même optique conventionnelle que celle des hommes, dont le travail n'est pas qualifié de masculin dès qu'il est dit professionnel ! Dans les deux expressions se signifient explicitement des confusions sémantiques oscillant sur des vagues de moralisation dont les contenus s'avèrent un soutien symbolique de l'économie financière globalisée.

Remises en cause des enfermements moraux

Néanmoins, au-delà et en deçà de cette édification idéologique de la catégorie de genre dont la cohérence globale moralisatrice dans le cadre des processus de globalisation a été explorée sous différentes facettes, revenons, en conclusion sur la situation chinoise (Selim, 2013) déjà évoquée à plusieurs reprises précédemment, et les combats contre les assignations morales de sexe qui montrent des ouvertures paradoxales. Ces combats aujourd'hui se nourrissent beaucoup du plateau Lesbiennes, gays, bisexuels et transgenres (LGBT) qui fait l'objet d'une importation importante, financée par des organisations internationales, dont certaines spécialisées auparavant sur le développement, des fondations, des ONG et diverses institutions principalement américaines et anglo-saxonnes. Des formations sont offertes tous frais payés dans des hôtels et leur présentation est disponible sur Internet pour monter des groupes, faire des manifestations, rédiger de courts livrets, obtenir du matériel pédagogique et technique ; ces offres généreuses sont proposées aux jeunes et leur enseignent que l'orientation sexuelle est un droit humain universel qui accompagne le droit à la démocratie et à l'État de droit, que l'appartenance de sexe ne doit pas barrer des droits et opérer de façon discriminatoire. LGBT apparaît là, dans l'optique des financeurs, comme une nouvelle arme politique de pénétration et de déstabilisation de l'État autoritaire chinois et s'inscrit dans une problématique de droits, à l'instar des droits de l'homme durant la guerre froide et dont les messages étaient émis par le monde dit « libre ». Les investigations menées en mai et juin 2014 à Canton [1] mettent en évidence le succès de cette opportunité de choix pour les jeunes gens et les jeunes filles sur qui pèsent d'énormes pressions familiales et sociales. Les groupes homosexuels masculins ont trouvé dans les dernières années, en Chine comme ailleurs, une relative reconnaissance par les liens qu'ils ont tissés avec le gouvernement dans la prévention contre le SIDA. Mais dans la période présente, au sein de la mouvance LGBT, une domination masculine reproduite par les hommes homosexuels est dénoncée par les femmes, invitées, moyennant d'excellentes aides extérieures, à créer leurs propres groupes lesbiens. Ainsi se sont multipliées les mobilisations lesbiennes qui séduisent les jeunes filles car elles leur semblent une voie d'échappement aux contraintes du mariage et à une vie conforme dans la soumission, le soin aux proches et l'effacement. Dans cette perspective, LGBT et la matrice plurielle du genre dessinent des lignes de possibilité émancipatrice, attirant d'autant plus que les contraintes normatives s'exercent avec beaucoup de violence symbolique et réelle. La consubstantialisation entre droits sexuels et droits politiques qui s'affiche dans l'ensemble de la littérature fournie aux acteurs et actrices les conduit rapidement vers des formes de déviance politique plus ou moins prononcée et des affrontements pouvant déboucher sur des répressions fermes. La période de juin 2014 appelant à des célébrations de l'anniversaire des évènements de 1989 a ainsi conduit à des arrestations nombreuses dans les milieux homosexuels.

---

1. Les enquêtes ont été réalisées dans le cadre de l'ANR *Globalgender* portée par Ioana Cirstocea.

L'exemple chinois d'intervention, de réception et d'appropriation libératrice des contenus de la catégorie de genre et de LGBT illustre ainsi l'obligation de lectures multiscalaires s'efforçant de penser les articulations entre des paradigmes idéologiques et des logiques de subjectivation personnelle et collective qui paraissent contradictoires à première vue. La catégorie de genre véhicule intrinsèquement, dans sa cohérence idéologique globalisée, une légitimation morale de l'économie de marché et du marché comme structure idéelle qu'elle déplace au plan symbolique sur le marché des appartenances de sexe. Cependant, dans le même moment, ce marché symbolique des appartenances de sexe produit aussi les conditions de possibilité de ruptures morales mutant vers des ruptures politiques dans des sociétés telles la Chine, où normes sexuelles, normes politiques, normes économiques sont coagulées. Ce marché symbolique ouvre des droits et enjoint à des carrières de défenseur des droits. Ces hiatus entre différents niveaux d'actualisation, poussant à des types d'analyse eux-mêmes différents, témoignent des processus permanents d'ajustement à un monde globalisé, fondé entièrement sur le marché comme norme apodictique, mais destiné néanmoins à ne jamais pouvoir être achevé faute de réussir à canaliser complètement les désirs d'affranchissement des sujets : ceux-ci ne sauraient être infiniment les dupes des multitudes de projets et de volontés de réhabilitation morale que l'on observe partout, localement et globalement, pour tenter tout à la fois d'occulter, de sublimer, de contrer ce qui se donne à voir comme les ravages de la finance. Politiques, à l'instar des institutionalisations du « bon vivre » en Amérique latine, économiques et technologiques si l'on suit Jeremy Rifkin dans son hypothèse de post-capitalisme collaboratif (Rifkin, 2014), ou imprégnées d'un romantisme psychologique avec Michael J. Sandel (2014), les incantations à la restauration morale restent des chimères fragiles et finalement bien pauvres. Elles ne sauraient constituer une réponse dans une conjoncture où la crise semble devenue un mode de gestion du capitalisme, et, pourrait-on ajouter, le genre un de ses hochets.

« En adoptant la gestion de crise comme technique de gouvernement, le capital n'a pas simplement substitué au culte du progrès le chantage à la catastrophe, il a voulu se réserver l'intelligence stratégique du présent », écrit avec pertinence le petit groupe qui se dénomme Comité invisible (2014 : 218) et appelle de ses vœux une transformation radicale du monde.

RÉFÉRENCES BIBLIOGRAPHIQUES

AGACINSKI Sylviane, 2012 : *Femmes entre sexe et genre*, Seuil.

AGACINSKI Sylviane, 2009 : *Corps en miettes*, Flammarion.

AGACINSKI Sylviane, 2002 : *Politique des sexes*, Seuil.

AGACINSKI Sylviane, DORLIN Elsa, 2014 : *Le Monde*, 8 mars 2014, débat.

BENVENISTE Annie, SELIM Monique, 2014 : « Désirs d'éthique, besoins de normes ? », *Le Journal des anthropologues*, n° 138-139.

CAULIER Mathieu, QUERRIEN Anne, SELIM Monique, 2014 : « Déplacements de la domination : substantialisation dans et par les normes de genre », *L'Homme et la Société*, n° 189-190, 2013/3-4, p. 246-267.

CERVULLE Maxime, 2003 : *Dans le blanc des yeux, diversité, racisme et médias*, éditions Amsterdam.

COMITÉ INVISIBLE, 2014 : *À nos amis*, La Fabrique.

DEBORD Guy, 1983 : *La société du spectacle* [1967], Paris, Champ libre.

DIDRY Claude, SELIM Monique, 2014 : « Sexe et politique du XXe au XXIe siècle : entre aliénation et émancipation », *L'Homme et la Société*, n° 189-190, 2013/3-4, p. 7-14.

DREXEL Claus, 2014 : présentation du film *Au Bord du monde.*

EWANGÉ-EPÉE Félix Boggio, MAGLIANI-BELKACEM Stella, 2012 : *Les féministes blanches et l'Empire*, La Fabrique.

Femen, 2013, Paris, Calmann-Lévy.

FRASER Nancy, 2012 : *Le féminisme en mouvement*, La Découverte.

GABEL Joseph, 1962 : *La fausse conscience*, Éditions de Minuit.

GADANT Monique, 1995 : *Parcours d'une intellectuelle en Algérie*, L'Harmattan.

HOURS Bernard, SELIM Monique, 2011 : « Unicité et pluralité des normes dans la globalisation, une approche anthropologique », in HEEMERYCK Antoine et PANTELIMON Cristi (ed.) : *La globalisation en perspectives, élites et normes*, Bucarest, éditions Niculescu, p. 19-43.

HOURS Bernard, 2012 : *Développement, gouvernance, globalisation*, L'Harmattan.

HOURS Bernard, 1998 : *L'idéologie humanitaire*, L'Harmattan.

MING Ai Xiao, 2010 : « Mon travail représente une forme d'action participative » (entretien), *Perspectives chinoises*, 79, 1.

LE MONDE, 2014 : « Égalité femmes/hommes, le livre de la loi ». éditorial du 8 mars 2014.

MULTITUDES, 2014 : n° 56 : « Accélérationisme ? »

QUERRIEN Anne, SELIM Monique, 2010 : « Vers des normes sexuelles globales, micro et macropolitiques de la dualité sexuelle dans le cadre de la globalisation », *Chimères,* n° 71, p. 49-69 et *La Revue*, n° 5 : « Les Rencontres de Bellepierre ».

RICCI Sandrine, 2014 : *Avant de tuer les femmes, vous devez les violer ! Rwanda : rapports de sexe et génocide des Tutsi*, Éditions Syllepse.

RIFKIN Jeremy, 2014 : *La troisième révolution industrielle*, Les liens qui libèrent.

SANDEL Michael, 2014 : *Ce que l'argent ne peut pas acheter*, Seuil.

SBOUI Amina, 2014 : *Mon corps m'appartient*, Plon.

SELIM Monique, 2013 : *Hommes et femmes dans la production de la société civile à Canton, Chine*, L'Harmattan.

SELIM Monique, 2011 : « Une globalisation sexuée », in CASTELLI B., HOURS B : *Enjeux idéologiques et épistémologiques de la globalisation en sciences sociales*, p. 293-296.

SMITH Clarissa, AËTTWOOD Feona, 2014: "Anti, pro, critical porn studies", *Porn studies*, Vol. 1, Issue 1-2.

SPURK Jan, 2012 : *Avenirs possibles, du bâtiment de la société, de sa façade et de ses habitants*, Lyon, éditions Parangon.

ZIZECK Slavoj, 2014 : *Métastases du jouir, des femmes et de la causalité*, Flammarion.

CAPITALISME, SOLIDARITÉ, PHILANTHROPIE

L'ÉCONOMIE SOLIDAIRE COMME ÉCONOMIE MORALE : UN APERÇU DES UNIVERS LATINO-AMÉRICAINS *

Isabelle HILLENKAMP

Des organisations collectives, permanentes, légalement enregistrées ou non, de travailleurs pratiquant l'autogestion dans des activités de production de biens, prestation de services, crédit ou de consommation solidaire : telle est la notion généralement admise d'organisation d'économie solidaire (*economía solidaria*) en Amérique latine [1]. Dans leur grande majorité, ces organisations font partie de l'économie dite « populaire » (*economia popular*), c'est-à-dire de l'ensemble d'activités économiques et de pratiques sociales mises en œuvre dans les milieux populaires pour assurer la « reproduction élargie de la vie » en mobilisant avant tout le travail et les ressources localement disponibles (Sarria Icaza et Tiriba, 2006 : 259).

Pour ses défenseurs, qu'ils soient issus des milieux syndicalistes, du catholicisme progressiste, des mouvements indigènes ou encore de certains mouvements de femmes, l'économie solidaire est une manière de produire des moyens d'existence radicalement différente du capitalisme car fondée sur d'autres valeurs. À l'appât du gain et à l'égoïsme, elle substitue, selon les courants, la coopération, la charité, la complémentarité ou encore la

---

* Ce texte a bénéficié d'échanges avec Fernanda Wanderley (CIDES-UMSA, Bolivie) sur les mouvements de femmes et le mouvement syndical et indigène en Bolivie et avec André Ricardo de Souza (UFSCar, Brésil) sur le rôle de l'Église catholique dans l'économie populaire solidaire au Brésil. Qu'ils en soient tous deux chaleureusement remerciés. Les positions exprimées ici restent de la seule responsabilité de l'auteur.

1. Voir notamment les critères retenus par le Secrétariat d'État brésilien à l'Économie solidaire pour son système d'information : (http://portal.mte.gov.br/data/files/8A7C816A416FABB6014173C4E66C7839/Acontece%20SENAES%202013%20-%20n34%20ed%20espercial.pdf). Toutes les sources électroniques citées dans ce chapitre ont été vérifiées pour la dernière fois le 11-02-2015.

réciprocité. Pour certains observateurs critiques au contraire, les valeurs que se donnent les acteurs de l'économie solidaire n'empêchent pas et même parfois favorisent leur instrumentalisation au sein du mode de production capitaliste. Selon ce point de vue, l'économie solidaire participe à la moralisation du capitalisme, indispensable à sa légitimation et sa reproduction.

Sortir de cette aporie et caractériser l'économie solidaire comme économie morale demande tout d'abord de tenir compte des rapports sociaux dans lesquels elle s'inscrit et face auxquels elle tente de développer ses propres valeurs et principes. Cette proposition mène à une position épistémologique assez singulière qui, sans perdre de vue la nécessité d'une analyse critique, cherche à envisager les champs de possibilités contenus dans la réalité, en d'autres termes à considérer que la réalité n'est pas bornée par l'existant, mais recèle un certain nombre de *possibles* qui demandent à être révélés (Hirschman, 1971 ; Sousa Santos, 2000). Pour avancer dans cette direction, un chemin consiste à expliciter les univers de sens dans lesquels ces pratiques se situent et par lesquels elles se justifient.

Cette démarche conduit à tenir compte de la multiplicité de ces univers : derrière la bannière commune de l'économie solidaire latino-américaine, se trouvent des courants aussi différents que l'autogestion, le coopérativisme et le socialisme utopique ; la théologie de la libération, la charité et la doctrine sociale de l'Église catholique ; le Vivre bien et l'économie communautaire ; et certains courants du féminisme, pour ne citer que les principaux. Notre tâche s'apparente à celle d'un « grammairien » de ces univers, visant à en reconstituer le noyau normatif, les acteurs et les rapports spécifiques, puis à identifier leurs points de convergence et de divergence.

Ainsi, l'analyse des univers de sens et des valeurs dans les organisations d'économie solidaire est indissociable de celle des rapports sociaux et des possibilités de transformation sociale. En ce sens, notre démarche se rapproche de la conception de l'économie morale selon Edward P. Thomson (1971) et James C. Scott (1976). Ici toutefois, on ne se focalise pas sur les révoltes qui marquent les moments de rupture des accords entre dominants et dominés. Il s'agit d'examiner, à travers l'économie solidaire, des pratiques qui mettent en cause, souvent de manière timide, ambivalente et non radicale, l'économie morale du capitalisme, du post-colonialisme ou du patriarcat. L'accent est mis sur les temps longs de changement non nécessairement linéaire, à travers l'autre, ou les autres économies morales qui sont proposées par les classes populaires.

En se fondant sur la littérature latino-américaine, sur des recherches antérieures en Bolivie et sur une recherche exploratoire au Brésil [2], ce texte

2. Dans le cadre d'une mission de longue durée de l'IRD, en 2014.

propose un aperçu des grandes tendances et racines idéologiques de l'économie solidaire latino-américaine. Il distingue, sans prétendre à l'exhaustivité, une économie morale de l'autogestion, de la charité catholique, du Vivre bien et pose enfin la question de la possibilité d'une économie solidaire féministe.

L'économie morale de l'autogestion

Démocratisation des relations de travail, parité de droits, propriété sociale des moyens de production et coopération, sont quelques-uns des maîtres mots qui orientent la vision de l'économie solidaire comme modèle d'autogestion. Ils dessinent une trajectoire historique qui, depuis le XIXe siècle, la positionnent comme une économie morale face au mode de production capitaliste et aux maux qui lui sont associés : exploitation du travail par le capital, aliénation, accroissement des inégalités, chômage et exclusion. Pointant la source de ces maux dans la séparation entre travail et capital, l'autogestion s'affirme comme modèle où « tous ceux qui travaillent dans l'entreprise participent à sa gestion et tous ceux qui participent à sa gestion travaillent dans l'entreprise. » (Singer, 2006 : 294)

Les racines de cette économie sont généralement situées dans l'associativisme ouvrier et paysan européen de la première moitié du XIXe siècle [3]. Adoptant cette interprétation, Paul Singer, Secrétaire brésilien à l'économie solidaire et professeur à l'Université de São Paulo, présente l'expansion du capitalisme industriel en Europe comme la formation sociale ayant suscité les premières expériences autogestionnaires, comme autant de réactions des travailleurs : coopératives de production, à l'instigation de Robert Owen et de sa Bourse du travail, où les biens s'échangent en fonction du nombre d'heures nécessaires à leur production ; coopératives de consommation des pionniers équitables de Rochdale, qui systématisent les principes coopérativistes ; coopératives de crédit initiées par Schulze-Delitsch et Raiffeisen en Allemagne, Luzzatti en Italie et Desjardins au Québec, visant à répondre aux besoins des artisans urbains et des paysans (Singer, 2006). S'y ajoutent des utopies radicales, qu'illustre par exemple le modèle anti-industrialiste du phalanstère du Français Charles Fourier.

Avec les migrations européennes de la fin du XIXe siècle, ce modèle s'exporte et s'adapte au continent latino-américain. L'oppression des travailleurs s'y présente comme le résultat de l'expansion du système-monde capitaliste sur une base néocoloniale, caractéristique de la périphérie de ce système [4]. Des capitaux en provenance de Grande-Bretagne, de France et des États-Unis affluent pour être investis dans la modernisation des grandes

3. Pour une revue de ce mouvement en France, voir Chanial (2003).
4. Voir l'analyse de J. L. Coraggio (2013) s'appuyant sur I. Wallerstein et A. Quijano.

exploitations agricoles, d'extraction de matières premières et des systèmes de transport. Au niveau local, l'oligarchie politique et économique contrôle le travail des populations noires réduites en esclavage ou des indigènes soumis à des systèmes d'exploitation de type féodal. Face à ces systèmes, des colons européennes créent, notamment dans le Cône Sud (Argentine, Uruguay et Sud du Brésil), des coopératives de crédit, de production et de consommation [5] ; certains expérimentent des phalanstères [6]. Nombre de ces expériences ne seront pas durables ou seront appropriées par la population d'origine européenne et non locale. Aux yeux de leurs promoteurs, elles représentent néanmoins une forme émancipatoire d'organisation du travail (Plotinsky, 2002) voire, pour certains, le fondement possible d'un autre mode de production.

Pendant la première moitié du XXe siècle, les régimes oligarchiques sont progressivement renversés dans l'ensemble de la région – du début de la révolution mexicaine en 1910, aux coups d'État de Getulio Vargas au Brésil en 1930 et de Juan Perón en Argentine en 1943, et à la révolution bolivienne de 1952. Ils sont remplacés par des régimes populaires de type nationaliste, qui eux-mêmes céderont ensuite la place aux dictatures militaires. La réorganisation économique et politique qui s'ensuit, sur la base du capitalisme d'État et du développementalisme, des politiques contre la dégradation des termes de l'échange et pour l'industrialisation, obligent les organisations autogestionnaires à se repositionner ou se renouveler. Les coopératives agricoles illustrent, en particulier, le nouvel équilibre recherché entre inclusion dans les politiques d'État et maintien d'espaces d'auto-organisation.

En Bolivie par exemple [7], la réforme agraire qui résulte de la révolution de 1952 libère les paysans indigènes du système de péonage et leur donne accès à la propriété, privée et collective, de la terre. Ils sont encouragés par le gouvernement national révolutionnaire à créer des coopératives, dans le cadre de la politique de « colonisation » de la région amazonienne du pays. Inclues dans le processus de modernisation, ces nouvelles coopératives ne s'en appuient pas moins sur une structure communautaire recréée par ces paysans dans les zones colonisées [8]. Elles se présentent comme de nouvelles formes de résistance au mode de production capitaliste et à sa base post-

---

5. Voir, pour l'Argentine, Plotinsky (2002).
6. Il s'agit du Falanstério do Saí, créé en 1841 (État de Santa Catarina, Brésil) et de la Colonia San José en Hughes créée en 1857 (province d'Entre Rios, Argentine). Ils ne résisteront pas aux dissensions internes.
7. Pour d'autres exemples, voir Faure *et al.* (2011) et, au sujet des coopératives de café dans l'État du Parana (Brésil), Serra (1995).
8. Pour une illustration, voir l'étude de coopératives de producteurs de cacao dans Hillenkamp (2006).

coloniale, articulées pour l'heure à une politique d'État. À partir des années 1990, ces coopératives formeront partie du mouvement des Organisations économiques paysannes (Organizaciones económicas campesinas, OECAs). Réunies au sein de la Coordination d'intégration des OECAs (Coordinadora de Integración de Organizaciones Económicas Campesinas, Indígenas y Originarias, CIOEC), créée en 1991, elles se positionnent aujourd'hui face au gouvernement d'Evo Morales en affirmant les principes d'économie solidaire, d'autogestion paysanne, d'agriculture soutenable et de souveraineté alimentaire.

Dans d'autres pays de la région, en particulier au Brésil, en Argentine et en Uruguay, le renouveau de l'autogestion trouve un autre vecteur : celui des usines récupérées, suscité dans le contexte de l'ajustement structurel à partir des années 1980 [9]. En 1987, l'usine en faillite de charbon minéral Companhia Brasileira Carbonífera de Araranguá, dans l'État de Santa Catarina au sud du Brésil, est reprise par ses travailleurs organisés au sein de la coopérative Cooperminas. À partir de cette expérience pionnière, les récupérations se multiplient dans les années 1990, en particulier dans les secteurs de la métallurgie, du textile, de la transformation alimentaire et de l'industrie chimique. En 1994, l'Association nationale brésilienne des travailleurs en entreprises d'autogestion (ANTEAG) est créée dans le but d'accompagner les travailleurs dans la récupération de leur entreprise en faillite. En Argentine, le Mouvement national des entreprises récupérées (MNER) voit le jour, auquel s'ajoute le Mouvement national des fabriques récupérées par les travailleurs (MNFR).

Dans le contexte de restructuration industrielle, l'autogestion est peu à peu rethéorisée comme un moyen de maintenir l'employabilité de travailleurs autrement condamnés au chômage par les évolutions technologiques déterminées par la recherche de profit dans le mode de production capitaliste (Singer, 2014). Grâce à la participation directe des travailleurs dans la gestion des entreprises, mais aussi à la participation politique dans les communautés locales et dans les réseaux d'économie solidaire, les usines récupérées s'affichent comme des vecteurs de radicalisation de la démocratie [10]. Aux côtés des mouvements pour l'accès au logement et à la terre, comme le Mouvement des sans terre au Brésil, elles sont fréquemment présentées comme le fer de lance des luttes anti-capital, suscitant à ce titre l'opposition de la classe possédante (Dagnino, Novaes, 2013 : 20).

---

9. Voir notamment, pour le Brésil, Chedid Henriques *et al.*, 2013 ; pour l'Argentine, Palomino *et al.* 2010 ; ainsi que Martí (2006).
10. Voir notamment la présentation d'ANTEAG : www.facesdobrasil.org.br/membrosfaces/32-acs-associacao-de-certificacao-socioparticipativa-da-amazonia.html.

Cette vision témoigne de la force du modèle d'autogestion comme économie morale face aux dégâts du capitalisme, aujourd'hui financiarisé, en même temps que d'un risque d'idéalisation résultant de la focalisation sur la contestation de ce mode de production. Cette vision maximaliste tend à laisser dans l'ombre des initiatives populaires comme les coopératives de *catadores* qui assurent la collecte des déchets solides, les innombrables groupes de femmes, à la campagne et dans les quartiers urbains pauvres, qui associent activités génératrices de revenus et organisation du travail reproductif, ou encore les coopératives rurales. Autant d'organisations autogestionnaires, mais dont la position vis-à-vis du mode de production capitaliste est bien plus ambiguë que celle des usines récupérées : si ces dernières contestent la propriété des moyens de production aux détenteurs de capitaux, les premières se situent en réalité dans les interstices du mode de production capitaliste et en assurent la reproduction, quand bien même sur la base de formations sociales distinctes et pouvant être qualifiées de solidaires [11]. La consolidation du modèle d'autogestion comme économie morale demande une prise en compte réaliste de son rapport complexe au mode de production capitaliste : mettre en cohérence affirmation des principes et valeurs internes, positionnement dans les rapports sociaux et le mode de production et projet politique ne peut que renforcer ce dernier.

L'économie morale de la charité catholique

Dans l'ensemble du sous-continent latino-américain, des « exclus », femmes, jeunes, indigènes, noirs en particulier, sont soutenus par des agents de Caritas, des congrégations catholiques ou des pastorales sociales pour former des groupes communautaires, de production collective et participer à l'économie populaire solidaire. Souvent, l'horizon des agents de l'Église rejoint celui des défenseurs de l'autogestion dans la volonté de se distancier des modes capitalistes d'être et de vivre et de favoriser la réalisation des droits. Mais son noyau éthique est distinct, centré sur la vision d'une charité libératrice et animé par l'utopie de la construction du Royaume de Dieu sur terre (Silva Forte, 2009).

Cet engagement est principalement le fait de l'Église catholique. Les Églises évangéliques, liées pour la plupart au courant pentecôtiste, qui ont pénétré les communautés rurales et les quartiers urbains pauvres d'Amérique latine depuis plusieurs décennies [12], forment également des réseaux de soutien. Ils visitent les malades et les personnes en difficulté de leur assemblée, prient pour eux et parfois organisent des collectes. Ces églises encouragent par ailleurs l'esprit d'entreprise et une certaine éthique

11. Voir à ce sujet le texte classique de Gaiger Germany (2003).
12. Pour le cas de la Bolivie, voir Rivière (2004).

économique qui condamne la boisson et les dépenses jugées inutiles, mais elles ne se sont pas spécifiquement engagées dans la promotion de l'économie solidaire.

Dès la fin du XIXe siècle, la place octroyée aux pauvres occupe une place importante dans les discussions des cercles ecclésiastiques au cours desquelles s'élabore la doctrine sociale de l'Église catholique. Présentée par la suite dans l'encyclique *Quadragesimo Anno* (1931) de Pie XI, cette doctrine affirme le principe d'un lien étroit entre évangélisation et engagement social (Mellon, s. d.). Au cours de la seconde moitié du XXe siècle, des prêtres progressistes latino-américains – comme le Péruvien Gustavo Gutiérrez Merino et les Brésiliens Helder Pessoa Câmara, Leonardo Boff et Rubem Alves – se saisissent de ces idées pour leur donner un sens nouveau. Partant de l'urgence d'améliorer les conditions de vie des pauvres, ces théologiens prétendent faire de ces derniers les acteurs de leur propre libération. Ils marquent une double évolution dans la pensée catholique, en affirmant un positionnement depuis la praxis, et non plus depuis la spéculation théologique (Barth, 2006), et en privilégiant la solidarité horizontale, visant la libération des pauvres par eux-mêmes, sur la solidarité verticale de l'assistance. Ces idées seront reconnues au niveau de l'épiscopat lors des conférences générales de l'Amérique latine et des Caraïbes à Medellín (1968) puis à Puebla (1979) où est énoncée « la nécessité de conversion de toute l'Église pour une option préférentielle en faveur des pauvres avec des visées sur sa libération intégrale [13] ». Le pape Jean-Paul II, bien que défendant une position plus conservatrice que son prédécesseur, Paul VI, intégrera finalement cette option à l'enseignement social de l'Église, comme principe exprimant de manière inséparable « la justice et la charité au sein des relations personnelles et sociétales [14] ».

La théologie de la libération et l'action sociale de l'Église se développent d'abord dans le contexte de la guerre froide puis des dictatures militaires, ce qui impose différentes contraintes. En Bolivie, Caritas et les pastorales sociales, fondées respectivement en 1958 et en 1964, ont leurs racines simultanément dans la doctrine sociale de l'Église et dans les programmes d'assistance soutenus de l'étranger. Durant les années 1960 et 1970, ces

13. Document « Option préférentielle pour le pauvre » de la conférence de Puebla (1979, n. 1134), cité par G. Gutiérrez : « Option pour les pauvres et suite de Jésus », mis en ligne par Diffusion de l'information sur l'Amérique latine (DIAL), 2007, http://www.alterinfos.org/spip.php?article738.

14. A. Durand : « Option préférentielle pour les pauvres », mis en ligne par le Centre de recherche et d'action sociales (CERAS), http://www.doctrine-sociale-catholique.fr/index.php?id=4981, consulté le 02-10-14. Ainsi, Jean-Paul II a affirmé l'importance d'une charité organisée institutionnellement, plutôt que laissée au libre arbitre des personnes, prônant une action à la fois « sur les cœurs » et sur les structures de la société.

institutions participent à des programmes aussi différents que la formation, la défense des droits humains et les campagnes pour la solidarité, d'une part, et la distribution de nourriture, de médicaments et de vêtements pour l'agence nord-américaine USAID, d'autre part. Dès leur origine, elles oscillent entre charité assistantielle d'une part, charité libératrice, éducation populaire et militance d'autre part. Au Brésil à la même époque, la résistance au régime militaire s'impose comme la « tâche majeure » pour l'Église catholique progressiste (Souza, 2007 : 165). Certes, des exemples emblématiques de coopérativisme populaire existent, comme la coopérative de fabrication de meubles Unilabor surgie d'un cercle ouvrier et coordonnée par le prêtre dominicain João Baptista Pereira dos Santos, qui réunit une centaine de travailleurs à São Paulo et Belo Horizonze dans les années 1950 et 1960. Mais dans l'ensemble, ces expériences restent isolées et la théologie de la libération s'affirme à cette époque d'abord sur le plan politique.

Durant les années 1980, la configuration politique, sociale et économique change radicalement avec la démocratisation et la libéralisation économique qui suit la crise de la dette publique extérieure. De nouveaux espaces de défense des droits et d'organisation dans la société civile s'ouvrent, en même temps que la situation socio-économique des populations pauvres se dégrade fortement. Dans plusieurs pays de la région, de nouveaux projets de l'Église voient le jour pour accompagner les pauvres dans des projets allant de la simple survie à l'organisation collective de nature sociopolitique.

Au Brésil, des agents de Caritas (Bertucci, da Silva, 2003 ; Souza, 2013) et certaines congrégations incitent les collectifs comme les clubs de mères (*clubs de mães*), les pastorales sociales, les agriculteurs familiaux, les petits propriétaires et les sans terres à se constituer en Projets alternatifs communautaires (PACs). S'affirme le projet d'une revitalisation des liens communautaires dans le but de créer localement les conditions d'une autosuffisance économique. En Équateur, le prêtre d'origine italienne Graziano Mason, inspiré par la théologie de la libération, s'engage aux côtés des femmes et des jeunes des quartiers défavorisés de Quito. Il crée, en 1985, la fondation MCCH (Maquita Cushunchic Comercializando como Hermanos : « Donnons-nous la main en commercialisant comme des frères ») en s'appuyant sur les mouvements juvéniles et les communautés ecclésiastiques de base (IRED, 1999). Face à l'entrée massive de produits d'importation concurrençant désormais la production locale, la MCCH promeut des modes de commercialisation dits « communautaires » pour améliorer l'accès des populations pauvres aux produits de base (Betancourt, 1999). Sont créées des organisations de producteurs autogérées, des magasins de quartier, des coopératives de consommation, des foires locales, des réseaux d'échange et des monnaies sociales. En 1991, la MCCH donne naissance au Réseau latino-américain de commercialisation communautaire

(RELACC), qui vise la construction d'un « marché solidaire » alternatif au « marché néolibéral » à l'échelle latino-américaine (RELACC, 2005). Ce réseau essaime notamment en Bolivie, où, durant les années 1990, le réseau RENACC Tarija, dans le Sud du pays, poursuit des activités de commercialisation communautaire, rejoignant les efforts de la Commission épiscopale de pastorales sociales Caritas bolivienne.

Dans l'ensemble, les valeurs de justice et de charité de l'Église s'incarnent durant cette période dans des projets en faveur des pauvres visant à mitiger les conditions adverses créées par la crise économique et sa solution néolibérale. Axé sur la création de liens communautaires, l'accompagnement de ces populations par l'Église se veut généralement libératoire, mais la tension avec un modèle d'assistance amenant protection en même temps que domination paraît inhérente à ce type d'action.

Cette tension devient probablement plus visible au fur et à mesure que le courant catholique rencontre d'autres mouvements sociaux défendant le projet d'une économie populaire solidaire. Cette rencontre intervient dans le contexte de montée du chômage et de recul de l'horizon de la société salariale. Au fur et à mesure que le travail « atypique » s'étend, l'unification des travailleurs dans la lutte des classes devient de plus en plus difficile. De nouveaux mouvements sociaux apparaissent, capables de traduire en leur sein les demandes matérielles en identités collectives et représentations symboliques, mais dont l'action politique d'ensemble, que ce soit sous la forme de participation institutionnelle ou de résistance active, requiert une organisation en réseaux (Scherer-Warren, 2008).

Au Brésil, cette période est symbolisée, au niveau de Caritas, par le passage du vocabulaire des projets alternatifs communautaires à celui de l'économie populaire solidaire : la perspective communautaire et du développement local se déplace vers celle de la solidarité en réseaux, de l'organisation du mouvement d'économie solidaire et du développement soutenable (Ricardo de Souza, 2007 : 163, tableau). À cette époque, le courant syndical de l'économie solidaire lié à l'autogestion se consolide avec la création, en 1999, de l'Agence de développement solidaire de la Centrale unique des travailleurs (CUT), alliée au réseau des Universités Unitrabalho et au Département intersyndical de statistiques et d'études socio-économiques (DIEESE). Le Mouvement des sans terre promeut la création de coopératives de production agraire, représentées, dès 1992, par la Confédération des coopératives de réforme agraire au Brésil (CONCRAB). En 2001, Caritas brésilienne fait partie, avec onze autres organisations et réseaux nationaux, du Groupe de travail brésilien d'économie solidaire qui donnera naissance, en 2003, au Forum brésilien d'économie solidaire, lequel jouera, la même année, un rôle déterminant dans la création du Secrétariat national d'économie solidaire au sein du ministère du Travail et de l'Emploi.

En Bolivie, on observe un processus similaire d'élargissement des programmes sociaux de Caritas d'une perspective familiale et communautaire vers celle d'une action en réseaux au sein de l'économie solidaire. Avec l'arrivée au pouvoir d'Evo Morales en 2006 et l'ouverture de l'Assemblée constituante, les acteurs se regroupent pour faire des propositions à l'Assemblée. Caritas y joue un rôle important d'animation. En 2009, l'institution participe au directoire du nouveau Mouvement d'économie solidaire et de commerce équitable (MESyCJ), qui prétend se constituer en instance de représentation nationale.

Dans l'ensemble, Caritas maintient son engagement en faveur des pauvres au travers du soutien à l'économie populaire solidaire. Mais, du moins au niveau des représentations régionales ou nationales, sa position apparaît plus complexe et plus délicate face à des acteurs défendant d'autres horizons idéologiques. Dans certains contextes, comme la Bolivie, l'engagement de Caritas en faveur d'une charité libératrice, et non assistentialiste, a été questionné par les organisations de producteurs.

Enfin, l'action de Caritas doit être située dans la position d'ensemble de l'Église catholique qui reste, dans la plupart des pays de la région, nettement conservatrice. De ce point de vue, l'engagement de Caritas et de certaines congrégations religieuses en faveur des pauvres doit se comprendre aussi comme une réponse à la concurrence religieuse exercée notamment par le néopentecôtisme. Pour partie, la réponse catholique à cette concurrence a emprunté la voie de la Rénovation charismatique, qui incorpore dans son culte des chants, danses rock, pop et gospel susceptibles d'attirer de nouveaux fidèles. L'engagement de Caritas en faveur de l'économie populaire solidaire peut être considéré comme une voie complémentaire, contribuant à la légitimité morale de l'Église catholique et ainsi à « l'équilibre en tension » catholique contemporain » (Ricardo de Souza, 2007 : 166).

L'économie morale du Vivre bien

Une troisième interprétation de la solidarité comme fondement d'une économie morale provient de l'affirmation du modèle de Vivre bien (*Vivir bien* ou *Buen vivir*) dans certains pays de la région, en particulier la Bolivie et l'Équateur. Revendiqué par les *campesindios* – les « paysans-indigènes », selon l'expression du Mexicain Armando Bartra – ce modèle contient une critique radicale de la domination capitaliste et post-coloniale propre à la région [15]. Il pointe une série de séparations artificielles caractéristiques de la modernité capitaliste et euro-centrique tenues pour responsables des maux sociaux et environnementaux en Amérique latine. En conséquence, ce

15. Voir la préface du président bolivien, Evo Morales, au livre de Farah et Vasapollo (2011).

courant prône de rassembler l'humain et la nature, la production et la reproduction, l'économique, le social et le politique et, sur le plan épistémologique, l'objet et le sujet. À la recherche du profit et à l'objectif d'accumulation, le Vivre bien oppose la valeur de la vie et les principes de solidarité, complémentarité, harmonie et réciprocité. Aux visions eurocentrées, il prétend substituer des cosmovisions enracinées dans les formes de spiritualité et d'organisation sociale propres de la région [16].

La Bolivie illustre la construction de ce modèle, sa justification éthique, ses mutations et ses enjeux actuels [17]. Le point de départ contemporain de ce processus – dont les racines les plus anciennes remontent à l'époque précoloniale – peut être identifié dans le mouvement indigène dit « katariste [18] » qui voit le jour durant les années 1970. Dans le contexte des dictatures militaires, ce mouvement s'affirme sur le plan culturel en reconstruisant une identité et une idéologie indianistes. Dans son acte fondateur, le manifeste de Tiwanaku (1973), il dénonce l'assimilation des indigènes à de simples paysans et la cooptation de leurs dirigeants syndicaux par les militaires au pouvoir. Il met en cause la vision étroite de classe, oublieuse des identités ethniques, qui a permis cette assimilation. En 1979, la création de la Centrale syndicale unique des travailleurs paysans de Bolivie (CSUTCB) comme « principale organisation syndicale des peuples originaires quechuas, aymaras, tupis-guaranis et autres travailleurs paysans » consacre la rupture vis-à-vis de la tutelle exercée par les militaires et, au-delà, par les classes possédantes métisses ou créoles sur la population indigène.

Avec la fin des dictatures en 1982, l'espace pour la récupération de savoirs et de cosmovisions indigènes s'agrandit. Des institutions comme le Centre de recherche et de promotion de la paysannerie (CIPCA, créé dans les années 1970 par des jésuites [19]) et l'Atelier d'histoire orale andine (THOA, créé en 1983 par des étudiants aymaras [20]) contribuent à l'approfondissement et à la diffusion de ces idées. Sur le plan socio-économique, on assiste à une reconstruction, théorique et pratique, de l'*ayllu* (communauté aymara ou quechua), dont le fonctionnement avait été profondément altéré par le modèle de syndicat rural coopté après la révolution de 1952 par les gouvernements civils puis militaires. Des institutions économiques obéissant

16. Pour une mise en perspective de ce paradigme, voir Farah et Vasapollo (2011).

17. Pour une analyse critique de la rhétorique de la Bonne vie en Équateur et de son implémentation à travers les politiques redistributives du président Rafael Correa, voir le chapitre de Bernard Castelli dans ce volume.

18. En référence au dirigeant aymara Tupac Katari qui dirigea le soulèvement contre les Espagnols à La Paz en 1781.

19. Le plus connu d'entre eux est Xavier Albó. Voir en particulier Albó (1988).

20. Voir le texte de référence de Silvia Rivera Cusicanqui (1984), co-fondatrice du THOA.

aux principes de solidarité communautaire sont répertoriées, comme la *mitta* – tour obligatoire dans les travaux agricoles ou autres –, la *minca* et l'*ayni* – prêt de travail au bénéfice général ou privé – et le *departir* – accord relatif à la culture de la terre, en général pour échanger l'usage de terres contre celle d'attelages (Moller, 1986). Des *ayllus* sont recréés (Choque Quispe et Mamani Condori, 2003). Sur le plan politique, les années 1990 débutent avec la marche historique pour le Territoire et la Dignité, menée par les organisations indigènes des Basses Terres. Elle conduit à la reconnaissance, dans les mesures législatives et politiques des gouvernements néolibéraux de cette décennie, des territoires et des droits des peuples indigènes et du caractère multiculturel et pluriethnique de la nation bolivienne. La montée en puissance des mouvements indigènes se poursuit au début des années 2000 à travers la contestation de l'extraction des ressources naturelles, vue comme l'expression contemporaine du mode de production capitaliste et de sa base postcoloniale. En 2002, la Marche pour la souveraineté, le territoire et les ressources naturelles rassemble organisations indigènes des Basses et Hautes Terres et débouche sur la promesse du gouvernement d'ouvrir une Assemblée constituante.

Cette promesse est finalement tenue en 2006 par Evo Morales, premier président « indigène » de Bolivie. Avec l'arrivée au pouvoir du Mouvement vers le socialisme (MAS) et l'émergence d'élites politiques et économiques d'ascendance populaire et indigène, principalement aymara et quechua, le cadre d'interprétation hégémonique de l'histoire bolivienne et les référents de la communauté politique et de la citoyenneté changent radicalement. Dans les discours politiques, l'horizon sociétal est désormais défini par le vocabulaire du Vivre bien, de la Terre mère, du pluralisme politique et économique, de la communauté et de la solidarité. La Constitution, approuvée en 2009, entérine cette vision en reconnaissant le Vivre bien (*suma qamaña*) comme « principe éthico-moral » de la société et de l'économie « plurielle » et du nouvel État « plurinational » bolivien. Elle est suivie de deux lois [21] qui reconnaissent les organisations économiques paysannes (OECAs) et les organisations économiques communautaires (OECOMs) comme sujets politiques, ces dernières étant une catégorie nouvelle, qui n'existait pas avant 2011.

La radicalité de l'affirmation du Vivre bien comme économie morale marque un tournant dans l'histoire de la Bolivie, mais qui conduit immédiatement à une série de blocages découlant d'une conception étroite de ce modèle par le gouvernement du MAS et ses alliés. Selon cette interprétation, le Vivre bien serait l'expression des modes de vie des peuples

21. Loi n° 144 de Révolution productive communautaire agricole de 2011 et loi n° 338 pour l'Intégration de l'agriculture familiale et la souveraineté alimentaire de 2013.

indigènes qui auraient résisté à la pénétration du marché et du système capitaliste en maintenant un mode d'organisation solidaire au sein de leurs communautés [22]. La catégorie d'OECOM résulte de cette interprétation. Elle tend à nier l'hétérogénéité de l'économie populaire d'ascendance indigène, qui va d'exploitations agricoles de base familiale, à des coopératives agricoles et populaires, aux communautés dites « traditionnelles » dans lesquelles se combinent propriété privée et collective, aux travailleurs urbains déployant diverses stratégies de survie. Elle occulte les articulations constantes et anciennes de l'économie populaire avec le marché (Barragán, 1990 ; Harris, 1983) et son rapport complexe au mode de production capitaliste. Finalement, cette position, et le flou entourant la catégorie d'OECOM, a déclenché une dispute entre organisations sociales pour la reconnaissance en tant que telles et l'accès aux politiques publiques. Loin de consister en une simple « récupération » de valeurs et modes de vie « traditionnels », la réalisation du Vivre bien demande en réalité une réinvention culturelle, politique et économique. Pour se constituer en alternative post-néolibérale et dé-coloniale, il doit *devenir* un axe articulateur de diverses propositions de démocratisation – humanistes, environnementalistes, féministes et même religieuses – au-delà des seules positions paysannes et ethniques (Farah, Vasapollo, 2011).

Une économie morale féministe ?

Alors que l'économie populaire solidaire se positionne explicitement face aux rapports capitalistes et post-coloniaux dans les courants autogestionnaires, catholiques ou communautaires, son caractère féminin et sa contribution potentielle à une économie morale féministe passent généralement inaperçus. Pourtant, la participation des femmes aux pratiques économiques solidaires est massive dans l'ensemble de la région, ce qui devrait attirer l'attention sur les rôles et les rapports sociaux de sexe qui les sous-tendent. Or, parce que les pratiques solidaires féminines partent le plus souvent de la sphère familiale ou communautaire, parce que beaucoup d'entre elles sont intermittentes et mêlent le travail domestique et communautaire non rémunéré au travail rémunéré, elles sont difficilement recensées et même perçues. Au Brésil, où a été mis en place un système d'information en économie solidaire unique en son genre qui a permis de recueillir des données sur plus de 30 000 initiatives, le taux de participation des femmes serait de seulement 43,6 % [23]. Ce chiffre a été contesté par des organisations féministes qui ont dénoncé le biais masculin des critères de

22. Cette interprétation a notamment été cautionnée par Temple *et al.* (2003) et Medina (2008).
23. Voir note n° 1.

recensement et ont proposé une caractérisation différente qu'elles ont illustrée sur un échantillon de 350 organisations féminines [24].

La participation des femmes populaires, à la frontière entre sphères reproductive et productive, et le soutien voire les alliances qu'elles ont nouées avec certaines organisations féministes, inscrit potentiellement l'économie populaire solidaire dans une économie morale féministe. Ses fondements possibles sont la reconnaissance du travail invisible des femmes ; la valorisation de différentes logiques socio-économiques, qui ne se réduisent pas à la maximisation du profit, mais considèrent la sécurisation des moyens d'existence et la solidarité ; et la reconnaissance de différentes formes de richesse dont le critère ultime pourrait être la dignité de la vie.

Sans ignorer le potentiel du marché, ni sous-estimer le besoin de politiques publiques, cette vision se distingue et du féminisme libéral et du féminisme d'État en posant la solidarité comme voie possible d'émancipation. Elle cherche à retenir le potentiel émancipatoire de l'accès au marché et de formes de protection résultant d'une combinaison entre la solidarité au niveau local et l'accès à la protection sociale (maladie, retraite) et aux services de base, y compris l'éducation et la santé (Fraser, 2013). En même temps qu'est signalée l'existence de cette économie morale, il convient de souligner, ici plus encore que pour les organisations mixtes ou masculines, que son potentiel de changement social est inséparable de la recherche de réponses à des problèmes concrets dans des contextes de précarité. Si changement il y a, il se fait souvent « en chemin » plus qu'il n'est un objectif de départ ; il est presque toujours lent ; et peut-être réversible (Guérin *et al.*, 2001 ; Saussey, 2014).

Pour saisir le sens spécifique de ces pratiques, il convient, avec les féministes latino-américaines, de réexaminer les récits classiques sur l'économie solidaire. Revenant sur les racines identifiées par Paul Singer dans l'associativisme ouvrier et paysan européen de la première moitié du XIXe siècle (voir ci-dessus), Miriam Nobre (2003) note le caractère androcentré de cette historiographie axée sur les expériences masculines dans le syndicalisme et le coopérativisme de production. Elle demande où étaient les femmes à cette époque et, s'appuyant sur les travaux des historiennes féministes, elle rappelle la construction de la division sexuelle du travail qui s'opère durant l'émergence du capitalisme : emploi rémunéré pour les hommes, femmes dans le travail invisible, familial, communautaire ou dans les coopératives de consommation. Si hommes et

24. Enquête menée par le Réseau d'économie solidaire et féministe du Brésil (Rede de Economia Solidária e Feminista) dans le cadre du projet Brasil Local de la SENAES (2010-2012) http://guayi3.hospedagemdesites.ws/wpcontent/uploads/2014/01/Apresenta%C3%A7%C3%A3o-BL-Economia-Feminista.pdf. Pour un aperçu des critiques féministes au sujet des critères du système d'information en économie solidaire, voir Nobre (2014).

femmes peuvent se retrouver dans l'économie solidaire, leur engagement doit donc être expliqué à partir de trajectoires de socialisation différentes.

Des années 1950 à 1980, les coopératives agricoles et, dans certains pays, les structures communautaires apparaissent comme la forme dominante d'organisation dans l'économie populaire solidaire. Il s'agit dans les deux cas d'organisations mixtes (hommes et femmes) qui utilisent le travail des femmes, mais dont les membres sont presque toujours les chefs de famille masculins, ce qui ne permet guère de prendre en compte les demandes spécifiques des femmes. Ce n'est que par des organisations autonomes, comme par exemple en Bolivie la Fédération nationale des femmes paysannes Bartolina Sisa, et au Brésil, le Mouvement des femmes travailleuses rurales, tous deux créés dans les années 1980 au sein du mouvement syndical, que des demandes comme l'éducation, la santé et la lutte contre la violence envers les femmes parviennent à émerger.

Avec la démocratisation et la libéralisation des années 1980, les groupes de femmes se multiplient, en particulier dans les quartiers urbains pauvres, avec le soutien de l'Église et d'ONG laïques. Des clubs de mères se voient confier la gestion de dons alimentaires, dont certains proviennent des programmes d'urgence gouvernementaux. À Lima, les cantines populaires (*comedores populares*) expérimentent un modèle de collectivisation du travail féminin. Elles sont encouragées simultanément, et non sans ambiguïté, par l'Église catholique et par les partis politiques de gauche, qui y voient une opportunité de mobiliser les femmes en faveur du socialisme, sans pour autant mettre en cause le modèle familial et la division sexuelle du travail. De 300 en 1986, le nombre de cantines autogérées à Lima aurait atteint environ 1 800 dans les années 1990 (Anderson, 2014 [25]). De manière générale, dans l'ensemble de la région, des groupes de femmes misant sur la commercialisation collective de produits jusque-là destinés à l'autoconsommation – de l'alimentation à la couture et au tissage en passant par l'artisanat – sont créés dans d'innombrables quartiers afin de générer des revenus présumés « complémentaires » à ceux de leurs familles, dans un contexte de migration rurale et de sous-emploi masculin [26].

Ces groupes marquent une double nouveauté : dans le fait de constituer des espaces féminins, et non plus mixtes, où les besoins et la parole des femmes peuvent émerger plus facilement ; et d'être soutenus par des ONG féministes. Durant ces années, domine à l'échelle régionale un courant féministe impulsé par des femmes de classe moyenne, dont certaines ont une trajectoire dans les partis de gauche et dans la lutte contre les dictatures

25. Comme le souligne l'auteure, le nombre de cantines est fluctuant et difficile à estimer, mais ces chiffres donnent un aperçu de leur multiplication rapide à cette époque.
26. Pour la Bolivie, voir Hillenkamp (2012) et Wanderley (2014).

militaires. À partir du retour à la démocratie, elles se lient avec des ONG, des bailleurs internationaux ou des programmes nationaux (Farah et Salazar, 2007). Ce courant attire l'attention sur les inégalités de droit, la violence contre les femmes et les discriminations dans la sphère politique, économique et sociale. Il centre son combat sur « l'intégration dans l'institutionnalité publique en supposant que les transformations de l'État sont celles qui vont modifier les relations machistes » (Aguinaga Barragán, 2014 : 132). Cependant, il est dans l'ensemble peu attentif à « la marque de la classe et de l'ethnicité sur les identités des femmes indigènes » (Hernández Castillo, 2010 : 317).

Du point de vue de ces ONG, l'appui aux organisations de femmes populaires s'offre essentiellement comme un moyen complémentaire pour encourager des modes d'organisation associatifs et autogestionnaires dans les interstices du modèle néolibéral. Il permet de plus de développer l'*empoderamiento* individuel et collectif (Charlier, 2011) dans une perspective de renforcement de la société civile. Dans l'ensemble, on peut faire l'hypothèse que le soutien des ONG aux organisations de femmes se concentre, durant cette période, sur la génération de revenus – désignée par les intéressées elles-mêmes comme prioritaire – mais peine à les accompagner dans leur dimension sociale, qui s'exprime dans des initiatives comme les cantines et les garderies collectives ou les caisses de secours mutuel. Les ONG tendent à voir dans les groupes un moyen d'améliorer l'accès des femmes pauvres au marché, mais ne saisissent ou n'encouragent pas toujours l'économie morale de la solidarité en germe dans les milieux populaires.

La situation évolue dans les années 2000 avec le virage politique à gauche qui s'opère dans la plupart des pays de la région. Un premier effet de ce virage est l'apparition d'une nouvelle génération de politiques sociales, qui conditionnent le transfert de revenus au respect de règles comme l'assistance scolaire, les visites médicales et la participation à des activités dites « d'insertion productive ». Les femmes pauvres en sont les principales bénéficiaires et responsables au niveau du foyer. Ainsi, en Argentine, le plan Chefs et cheffes de foyer au chômage (*Jefes y Jefas de Hogares Desocupados*), qui fait suite à la crise de 2001, exige de ses bénéficiaires une activité dite « d'auto-insertion productive » pouvant prendre une forme autogérée ou celle d'un travail communautaire. De même au Brésil, la Bourse Famille (*Bolsa Familia*) et le plan Brésil sans Misère (*Brasil Sem Miseria*) du Parti des travailleurs reconnaît explicitement, depuis 2011, l'économie solidaire parmi les options d'insertion productive. Au Nicaragua, l'économie solidaire est associée à des programmes comme Zéro faim (*Hambre Cero*) et Usure zéro (*Usura Cero*) du gouvernement de Daniel Ortega. L'ensemble de ces politiques « de gauche » place ces femmes dans un système de gouvernementalité axé sur une nouvelle moralisation des pauvres et dont l'économie solidaire – ou du moins ses formes d'organisation – constitue un instrument [27].

Simultanément, le scénario politique post-néolibéral et décolonial actuel favorise l'émergence de nouveaux mouvements de femmes populaires et une recomposition des alliances au sein du féminisme et de l'économie populaire solidaire. Dans l'ensemble, ce féminisme populaire porte une critique potentiellement radicale du système capitaliste, convergente avec l'économie populaire solidaire. Sans abandonner les revendications antérieures concernant l'accès à la santé, l'éducation et l'éradication de la violence envers les femmes, il questionne plus clairement les contours – y compris non monétaires – et les formes – soutenables ou non – du travail et de la production.

Au Brésil, cette évolution s'illustre notamment dans l'émergence d'un mouvement d'agro-écologie féministe, grâce à une alliance réussie entre agricultrices et personnel administratif et technique d'ONG féministes. Il met en cause le paradigme antérieur de l'agriculture familiale et des politiques dites « de genre », dont il condamne l'acception dépolitisée et aveugle aux inégalités intrafamiliales. À la place, il affirme un agenda politique axé sur la souveraineté alimentaire et sur la reproduction humaine et biologique de la vie (Nobre, 2014). En Bolivie, les débats lors de l'Assemblée constituante ont fourni une opportunité historique aux mouvements de femmes indigènes de se positionner dans l'arène politique nationale, où elles ont affirmé leur vision critique de l'économie de marché (Rousseau, 2011). Se distanciant des féministes des classes moyennes revendiquant l'égalité entre hommes et femmes, elles ont affirmé leur adhésion à la vision du Vivre bien d'Evo Morales en défendant une version de l'équité de genre qui serait fondée sur la complémentarité hommes/femmes. En Équateur, des féministes issues des classes moyennes, critiques du néolibéralisme et inspirées notamment par le courant de la Colonialité du pouvoir, se sont rapprochées d'organisations féminines populaires, actives dans la production, l'autoconsommation solidaire ou la défense de la biodiversité. Se distanciant du féminisme libéral, elles lient oppression sexuelle et modèle de développement capitaliste et donnent la priorité à la formation de groupes de femmes pour favoriser une « économie pour la vie » et non pour le capital (Aguinaga Barragán, 2014). L'économie solidaire féminine se positionne alors dans une économie morale se donnant

27. Voir les résultats du projet ANR (2010-13) Latinassist : « Offre institutionnelle et logiques d'acteurs : femmes assistées dans six métropoles d'Amérique latine » (http://www.latinassist.org/).

pour valeur ultime celle de la vie et affirmant la validité des pratiques solidaires que les rôles sociaux attribuent en priorité aux femmes.

Conclusion

La perspective de l'économie morale offre un éclairage novateur pour examiner le sens – à la fois signification et direction, ou cheminement – de l'économie solidaire dans une démarche visant à embrasser la relation dialectique entre vision éthique et contraintes structurelles. Ce point de vue fait ressortir la multiplicité des univers de sens qui sous-tendent l'économie populaire solidaire latino-américaine, dont chacun repose sur une histoire, des acteurs et une vision spécifiques.

Les obstacles à la consolidation de chacun de ces univers apparaissent clairement : dans le positionnement du courant autogestionnaire vis-à-vis du mode de production capitaliste ; la mise en œuvre d'une charité libératrice, et non assistantialiste, par l'Église catholique progressiste ; la prise en compte, dans le modèle du Vivre bien, des articulations existantes entre logiques communautaires et logiques marchandes et capitalistes ; et l'affirmation d'un féminisme de la solidarité, ancré dans les milieux populaires. De même, la consubstantialité des rapports de classe, race et genre ressort de l'analyse des luttes menées par chacun de ces courants – lutte axée sur le rapport travail/capital dans le courant autogestionnaire, sur la base raciale du capitalisme dans le Vivre bien, sur les rapports sociaux de sexe dans les organisations de femmes – sans qu'aucun d'entre eux n'embrasse généralement l'ensemble de ces rapports.

De ces constats surgit de manière immédiate l'identification de décalages, voire de divergences, auxquels certains acteurs sont confrontés : par exemple, des groupes de femmes de l'économie populaire en contact à la fois avec des mouvements de femmes indigènes et avec des ONG féministes de la classe moyenne, prônant des modèles différents et parfois contradictoires de relations hommes-femmes ; des coopératives de paysans-indigènes (*campesindios*) où ceux-ci se voient interpellés simultanément par le mouvement d'autogestion dans la perspective de la lutte de classes et par les défenseurs du Vivre bien mettant en avant leur identité ethnique ; ou encore des collectifs de populations vulnérables comme les collecteurs de déchets, confrontés à une vision radicale de l'autogestion véhiculée par certains mouvements d'usines récupérées. De ces décalages surgissent dans certains cas des blocages dans la mise en œuvre des pratiques et des visions d'économie solidaire, tant au niveau des organisations de base qu'à celui des réseaux où les tensions sont dans certains cas évidentes.

Au-delà de l'identification de ces tensions, cette analyse renforce l'idée qu'une stratégie de construction d'un mouvement contre-hégémonique de la société civile, au sens d'Antonio Gramsci, est essentielle pour l'économie solidaire (Utting, 2015). La construction d'un tel mouvement, au niveau local, national et supra régional, passe par des alliances et des compromis entre acteurs, pour lesquels l'explicitation des contenus normatifs de chaque courant constitue une base indispensable. Indubitablement, les intellectuels ont un rôle à jouer dans cette bataille discursive, dont l'enjeu est l'émergence d'un nouveau « sens commun » partagé sur la solidarité comme principe organisateur de pratiques économiques.

Cette construction s'opère alors que des gouvernements « populaires » sont arrivés au pouvoir durant la dernière décennie dans la plupart des pays de la région. De nouveaux scénarios ont vu le jour : au niveau national, où certains espaces politiques se sont ouverts et où des institutions héritées de la période néolibérale, comme les structures décentralisées, de participation populaire et les politiques sociales ont été resignifiées ; et au niveau régional, où les échanges au sein de la société civile se sont intensifiés depuis les Forums sociaux mondiaux initiés à Porto Alegre en 2001. En même temps, les processus de construction de l'économie solidaire diffèrent entre les pays selon de multiples dimensions.

Certains pays, comme le Vénézuéla, l'Équateur et la Bolivie, ont expérimenté une refonte radicale de leurs institutions économiques, politiques et sociales lors d'Assemblées constituantes. Une nouvelle sémantique et une nouvelle vision politique ont surgi : économie sociale et communale comme instrument de démocratisation du marché et du capital au Vénézuéla, économie populaire et solidaire en Equateur, économie plurielle et organisations économiques communautaires en Bolivie. Mais la mise en œuvre de ce changement connaît d'importantes limites, en particulier dans le domaine économique. À l'inverse, au Brésil, l'espace gagné par l'économie solidaire dans la politique fédérale depuis l'arrivée au pouvoir du Parti des travailleurs en 2003 peut paraître marginal face aux mesures de soutien à la croissance industrielle et agro-industrielle et d'attraction des investissements étrangers qui ont été poursuivies. Pourtant, l'économie solidaire a pénétré de manière transversale dans de nombreux ministères, ainsi qu'au niveau de certains États fédérés et municipalités généralement contrôlés par le Parti des travailleurs. Ici, une lente consolidation politique de l'économie solidaire semble en cours, pour laquelle l'alternance électorale au niveau fédéral, qui pourrait avoir lieu en 2018, constituera une épreuve critique.

Dans ce pays, mais aussi en Argentine ou encore au Nicaragua, l'économie solidaire est aujourd'hui intégrée dans des politiques sociales. Ces dernières représentent à la fois une opportunité de diffusion à grande échelle et un risque de dénaturation par un usage de l'économie solidaire comme instrument de l'assistance sociale loin de ses idéaux d'émancipation. De manière générale, les dynamiques d'institutionnalisation de l'économie solidaire varient grandement à travers l'Amérique latine, selon qu'elles se focalisent sur les organisations productives, sur les territoires et communautés, sur certains secteurs d'activité (agriculture, artisanat, recyclage, finances solidaires, logement, etc.) ou encore sur les politiques sociales (Coraggio, 2013).

Enfin, les relations entre État et société civile présentent des facettes contrastées et apparaissent aujourd'hui comme un critère déterminant de consolidation de l'économie solidaire. Dans un certain nombre de pays, dont le Vénézuéla représente l'archétype, les politiques d'économie solidaire ont été impulsées de manière volontariste par l'État. Elles n'ont pas nécessairement trouvé de réponse dans la société civile, menant alors à des résultats décevants. Au contraire dans d'autres pays, comme la Bolivie ou l'Equateur, des mouvements de commercialisation communautaire, puis d'économie solidaire et de commerce équitable, ayant une base paysanne et indigène, existent depuis longtemps, mais ne trouvent pas nécessairement d'interlocuteurs auprès des nouveaux gouvernements. La Bolivie illustre un cas de radicalisation du discours gouvernemental sur le Vivre bien et l'économie communautaire et un risque de fermeture de l'espace et des politiques publiques aux acteurs refusant d'y faire allégeance. Dans un petit nombre de cas enfin, principalement au Brésil, les différents courants de l'économie solidaire sont parvenus, non sans tensions internes, à se rassembler au sein d'un mouvement en contact avec les pouvoirs publics. Ce rapprochement a favorisé la consolidation de l'économie solidaire, en même temps que s'aiguisent de nouvelles questions portant, d'une part, sur l'autonomie des organisations de la société civile face aux pouvoirs publics et, d'autre part, sur le passage d'une politique de gouvernement, dépendant de la conjoncture électorale, à une politique d'État pérenne.

RÉFÉRENCES BIBLIOGRAPHIQUES

AGUINAGA BARRAGÁN Margarita, 2014 : « La Economía Solidaria en Ecuador : entre la Colonialidad del Poder y el Buen Vivir. Desde una mirada feminista crítica », *Revista de Economia Solidária*, vol. 7, p. 116-149.

ALBÓ Xavier (ed.), 1988 : *Raíces de América. El mundo aymara*, Madrid, Alianza Editorial.

ANDERSON Jeanine, 2014 : « Missed opportunities, mixed messages and lessons learned : collective kitchens in marginal urban communities of Peru », texte présenté à la conférence internationale *Homo economicus, Mulier solidaria. Une économie solidaire peut-elle être féministe*, Genève, IHEID, IRD, 16-17 octobre 2014.

BARRAGÁN Romano, 1990 : *Espacio urbano y dinámica étnica. La Paz en el siglo XIX*, La Paz, Hisbol.

BARTH Maurice, 2006 : « La théologie de la libération aujourd'hui », mis en ligne par Diffusion de l'information sur l'Amérique latine (DIAL), http://www.alterinfos.org/spip.php?article423

ANDRADE BERTUCCI (DE) Ademar, MARINHO ALVES DA SILVA Roberto, 2003 : *20 anos de Economia Popular Solidária. Trajetória da Cáritas Brasileira dos PACs à EPS*, Brasília, Cáritas Brasileira.

BETANCOURT Ana Cristina, 1999 : *Sistematización de la experiencia de RENACC. La comercialización comunitaria en el nuevo contexto,* Santa Cruz de la Sierra, PADER/ COSUDE.

CHANIAL Philippe, 2003 : « Les trésors perdus du socialisme associationniste français », in DACHEUX Eric, LAVILLE Jean-Louis (ed.) : *Économie solidaire et démocratie*, Paris, CNRS, p. 45-54.

CHARLIER Sophie, 2011 : « *Empoderamiento* des femmes par l'économie populaire solidaire : participation et visibilité des femmes en Bolivie » in GUÉRIN Isabelle, HERSENT Madeleine, FRAISSE Laurent (ed.), 2011 : *Femmes, économie et développement. De la résistance à la justice sociale*, Paris, Érès, IRD, p. 155-184.

CHEDID HENRIQUES Flavio *et al.*, 2013 : *Empresas recuperadas por trabalhadores no Brasil*, Rio de Janeiro, Editora Multifoco.

CHOQUE QUISPE Maria Eugenia, MAMANI CONDORI Carlos, 2003 : « Reconstitución del Ayllu y Derechos de los Pueblos Indígenas : El Movimiento Indio en los Andes de Bolivia », in TICONA ALEJO Esteban (ed.) : *Los Andes desde los Andes. Aymaranakana, Qhichwanakana Yatxatawipa, Lup'iwipa*, La Paz, Yachaywasi, p. 147-170.

CORAGGIO José Luis, 2013 : « De Polanyi à l'économie sociale et solidaire en Amérique latine », in HILLENKAMP Isabelle, LAVILLE Jean-Louis (ed.), *Socioéconomie et démocratie. L'actualité de Karl Polanyi*, Toulouse, Erès, 2013, p. 169-183.

DAGNINO Renato, NOVAES Henrique T., 2013 : « Préface », in CHEDID HENRIQUES *et al.*, *op. cit.*

FARAH Ivonne, VASAPOLLO Luciano (ed.), 2011 : *Vivir bien : ¿Paradigma no capitalista?*, La Paz, Plural.

FARAH Ivonne, SALAZAR Cecilia, 2007 : *La desigualdad entre mujeres*, La Paz, Universidad Mayor de San Andrés, Postgrado en Ciencias del Desarrollo.

FAURE Guy *et al.*, 2011 : « Émergence et diversité des trajectoires des organisations de producteurs au Costa Rica », *Économie rurale*, n° 323, p. 55-70.

FRASER Nancy, 2013 : « Marchandisation, protection sociale, émancipation : vers une conception néo-polanyienne de la crise capitaliste », in HILLENKAMP Isabelle, LAVILLE Jean-Louis (ed.) : *Socioéconomie et démocratie. L'actualité de Karl Polanyi*, Toulouse, Érès, p. 39-63.

GAIGER GERMANY Luiz Inácio, 2003 : « A economia solidária diante do modo de produção capitalista », *Caderno CRH*, Salvador, n° 39, p. 181-211.

GUÉRIN Isabelle, HERSENT Madeleine, FRAISSE Laurent (ed.), 2011 : *Femmes, économie et développement. De la résistance à la justice sociale*, Paris, Érès, IRD.

HARRIS Olivia, 1983 : « La economía étnica y el mercado : el ayllu laymi del norte de Potosí », papier présenté au Symposium « Penetración y expansión del mercado del siglo XVI a XX », Archivo Nacional de Bolivia, Sucre, 28-30 juillet.

HERNÁNDEZ CASTILLO Rosalva Aída, 2010 : « Différentes façons d'être femme : la construction d'un nouveau féminisme indigène ? », in VERSCHUUR Christine : *Genre, postcolonialisme et diversité des mouvements de femmes*, Paris, L'Harmattan p. 313-321.

HILLENKAMP Isabelle, 2012 : *La economía solidaria, ¿un camino de emancipación para las mujeres de la ciudad de El Alto?*, El Alto, Bolivie, Centro de Promoción de la Mujer Gregoria Apaza.

HILLENKAMP Isabelle, 2006 : « Central de cooperativas El Ceibo-Bolivia », mis en ligne par la Red de Investigadores latinoamericanos de economía social y solidaria (RILESS). http://riless.org/en/component/virtualtecas/investigador/205

HIRSCHMAN Albert, 1971 : « Political economics and possibilism », in HIRSCHMAN Albert : *A bias for hope. Essays on Development and Latin America*, New York, Yale University Press.

IRED, 1999 : *Peuples et pouvoirs. Organisations populaires en marche. Afrique – Amériques – Asie*, Paris.

MARTÍ Juan Pablo, 2006 : « Desafíos en la relación entre empresas recuperadas y movimiento sindical en Argentina y Uruguay », *Pasos*, n° 126, p. 219-236.

MEDINA Javier, 2008 : *Ch'ulla y Yanantin : las dos matrices de civilización que constituyen a Bolivia*, La Paz, Garza Azul Impresores y Editores.

MELLON Christian : *Evangelii Gaudium*, mis en ligne par le *Centre de recherche et d'action sociales* (CERAS), http://www.doctrine-sociale-catholique.fr/index.php?id=7213

MOLLER Edwin A., 1986 : *El Cooperativismo como proceso de cambio. De la comunidad tradicional a la cooperativa moderna*, La Paz, Editorial Los Amigos del Libro.

MORALES Evo, 2011 : préface au livre de FARAH Ivonne et VASAPOLLO Luciano (ed.) : *Vivir bien : ¿Paradigma no capitalista?*, La Paz, Plural.

NOBRE Miriam, 2014 : « Economía solidaria y feminista : prácticas para la autonomía en la organización del trabajo y de la vida », texte présenté à la conférence internationale *Homo economicus, Mulier solidaria. Une économie solidaire peut-elle être féministe*, Genève, IHEID, IRD, 16-17 octobre 2014.

NOBRE Miriam, 2003 : « Diálogos entre economia solidária e economia feminista », in FARIA Nalu, NOBRE Miriam (ed.) : *A Produção do Viver*, São Paulo, Cuadernos Sempreviva, SOF, p. 91-99.

PALOMINO Héctor *et al.*, 2010 : « The Universe of Worker-Recovered Companies in Argentina (2002-2008) : Continuity and Changes Inside the Movement », *Affinities : A Journal of Radical Theory, Culture, and Action*, n° 1, vol. 4, p. 252-287.

PLOTINSKY Daniel, 2002 : *El cooperativismo de crédito en la Argentina. Breve historia*, Buenos Aires, Archivo Histórico del Cooperativismo de Crédito.

RELACC, 2005 : *Memoria Institucional. Construyendo el Mercado Solidario en América Latina*, Quito, RELACC, 2005.

RIVERA CUSICANQUI Silvia, 1984 : *Oprimidos pero no vencidos. Luchas del campesinado aymará y qhechwa, 1900-1980*, La Paz, Yachaywasi.

RIVIÈRE Glles, 2004 : « Bolivia : el pentecostalismo en la sociedad aimara del Altiplano », in SPEDDING Alison (ed.) : *Gracias a Dios y a los Achachilas. Ensayos sobre la sociología de la religión en los Andes*, La Paz, ISEAT-PLURAL, p. 81-102.

ROUSSEAU Stéphanie, 2011 : « Indigenous and Feminist Movements at the Constituent Assembly in Bolivia », *Latin American Research Review*, n° 2, vol. 46, p. 5-28.

SARRIA ICAZA Ana Mercedes, TIRIBA Lia, 2006 : « Économie populaire », in LAVILLE Jean-Louis, CATTANI Antonio David (ed.) : *Dictionnaire de l'autre économie*, Paris, Gallimard, p. 258-268.

SAUSSEY Magalie, 2014 : « Women's collective action, solidarity and gender in Burkina Faso », *Revista de Economia Solidária*, n° 7.

SCHERER-WARREN Ilse, 2008 : « Redes de movimentos sociais na América latina - caminhos para uma política emancipatória? », *Caderno CRH*, Salvador, vol. 21, n° 54.

SCOTT James C., 1976 : *The Moral Economy of the Peasant. Rebellion and Subsistence in Southeast Asia*, Londres, Yale University Press.

SERRA Elpídio, 1995 : « Um pouco da história do cooperativismo agrícola no Paraná », *Boletim de Geografia, UEM*, n° 13, octobre 1995, p. 59-61.

SILVA FORTE Joannes Paulus, 2009 : « Economia solidária e Igreja Católica. O trabalho dos agentes de Cáritas para o desenvolvimento da EPS no Ceará - Brasil », papier présenté au XXVIIe Congrès de l'Association latino-américaine de sociologie, Buenos Aires, 2009.

SINGER Paul, 2006 : « Économie solidaire (1) », in LAVILLE Jean-Louis, CATTANI Antonio David (ed.) : *Dictionnaire de l'autre économie*, Paris, Gallimard, p. 290-302.

SINGER Paul, 2014 : *Globalização e desemprego. Diagnóstico e alternativas* [1998], São Paulo, Editora contexto.

SOUZA (DE) André Ricardo, 2013 : *Os laços entre igreja, governo e economia solidária*, São Carlos, SP, EdUFSCar.

SOUZA (DE) André Ricardo, 2007 : « Igreja Católica e mercados : a ambivalência entre a solidariedade e a competição », *Religião & Sociedade*, vol. 27, p. 156-174.

SOUSA SANTOS Boaventura, 2000 : *A critica da razão indolente. Contra o desperdício da experiencia*, Porto, Edicoes Afrontamento.

TEMPLE Dominique *et al.*, 2003 : *Las estructuras elementales de la reciprocidad*, La Paz, Plural.

THOMPSON Edward Palmer, 1971 : « The moral economy of the English crowd in the eighteenth century », *Past and present*, n° 50, p. 76-136.

UTTING Peter, 2015 : « Introduction : the Challenge of Scaling Up Social and Solidarity Economy », in *Social and Solidarity Economy. Beyond the Fringe*, London, Zed Books, p. 1-37.

WANDERLEY Fernanda, 2014 : « El autoempleo y la asociatividad en Bolivia. Vías asociativas para la inserción laboral de mujeres en el área urbana », *Revista de Economia Solidária*, vol. 7, 2014, p. 64-99.

HIÉROGLYPHES SOLIDAIRES : LES ACTIONS ENGAGÉES PAR L'AGROBUSINESS AUPRÈS DES POPULATIONS PÉRIPHÉRIQUES D'ARGENTINE

María Soledad CÓRDOBA
Valeria HERNÁNDEZ

Dans ce travail, nous nous proposons d'analyser un dispositif d'action solidaire, la Red agro-solidaria (Réseau agro-solidaire ou RAS), mis sur pied par des acteurs du modèle agrobusiness en association avec d'autres secteurs de la vie sociale. À partir des résultats d'un travail de terrain effectué en divers lieux entre 2010 et 2013, nous montrerons comment des facteurs distincts (économiques, politiques, scientifiques), périodes et milieux (urbain/rural, local/global, etc.) sont mobilisés dans le développement d'actions solidaires dans la ville de Charata, province de Chaco, dans le Nord-Est argentin. Combinant contenus matériels, socioculturels et moraux, ce dispositif, construit pour « l'action solidaire », a réussi à modeler un champ social où les positions des acteurs restent subordonnées aux « projets » pilotés par le RAS. C'est ainsi que des groupes sociaux, matériellement et symboliquement éloignés (voire et y compris antagonistes), sont unifiés sous un même horizon de sens, renforçant une base sociale, et donc la légitimité du modèle agrobusiness, sur des territoires stratégiques pour son développement.

Comme nous l'avons analysé ailleurs en détail (Hernández, 2007 ; Gras, Hernández, 2009 et 2013), le processus de transformation connu par le secteur agropastoral à partir des années quatre-vingt-dix a eu des conséquences radicales au niveau des systèmes de production, du tissu institutionnel et de la logique entrepreneuriale des acteurs. Au cours des dernières années, à travers des études de cas ou des bilans globaux, les chercheurs ont rendu compte des effets que lesdits changements ont provoqués sur la structure sociale agraire du pays, la matrice économique, le rôle des facteurs traditionnels de production (terre, capital et travail), entre autres. Le modèle agroproductif, qui explique environ 50 % des exportations agricoles nationales actuelles, est régulièrement débattu dans les milieux scientifiques et les forums citoyens, éveillant des controverses technocratiques sans fin. En effet, ces visions du monde se disputent le pouvoir d'instaurer des régimes d'exclusion/organisation des objets et des hommes dans le monde rural : c'est dans ce champ de pouvoir que s'inscrit le dispositif solidaire que nous analyserons ici.

Le RAS [1] est une association dirigée par des acteurs du secteur agroalimentaire dont l'objectif est d'entreprendre des programmes d'action solidaire [2] au niveau du pays. À partir d'une étude anthropologique, nous avons, pendant deux ans, analysé la dynamique quotidienne de ce réseau, observant son fonctionnement global comme ses actions sur le territoire. Un objectif fondamental de cette étude était justement de comprendre comment la forme réticulaire, adoptée par l'action solidaire des acteurs du champ, réussit à se matérialiser sur des territoires concrets et ce qui se passe alors dans cette rencontre. Bien que la recherche ait porté sur deux cas d'action territoriale du RAS (dans les provinces de Chaco et Santa Fe), ce travail se focalisera sur l'analyse d'un seul d'entre eux : l'action solidaire dans la ville de Charata, Chaco. Pour cela, en premier lieu, nous caractériserons le modèle agrobusiness tel qu'il s'est organisé en Argentine et nous signalerons les transformations qu'il a impulsées sur le territoire du Chaco. En second lieu, nous décrirons le RAS et son centre régional créé à Charata. Nous détaillerons les actions réalisées, les populations auxquelles sont destinées lesdites actions et les sentiments que ces populations attribuent à la « solidarité rurale » incarnée par les membres du centre régional. Puis nous observerons l'émergence d'un espace d'interaction dans lequel les uns et les autres se positionnent en tant qu'interlocuteurs de la rencontre solidaire, mettant en jeu ressources, traditions, pouvoirs et valeurs pour une société désirable. En conclusion, nous réfléchirons sur la base sociale que le modèle d'agrobusiness réussit finalement à construire sur des territoires stratégiques pour son développement. Paradoxes de l'histoire, les exclus de l'activité agropastorale par l'avance de la production du soja sur un territoire

---

1. L'association, ses membres et tous nos interlocuteurs ont été rebaptisés.
2. Nous prenons ici la notion de solidarité telle qu'elle est mise en jeu par les acteurs du RAS, en nous démarquant délibérément d'un débat normatif sur le sujet.

traditionnellement producteur de coton ou de petite production familiale sont les destinataires reconnaissants de l'action solidaire d'un réseau qui reçoit, comme donation principale, des tonnes de soja. Une délicate et complexe machinerie matérielle et symbolique, édifiée au quotidien par des acteurs d'appartenances sociales et de trajectoires professionnelles diverses, dont l'intervention articule l'échelle globale et l'échelle locale, parvient à déconnecter la causalité entre l'une et l'autre situation, inscrivant cette rencontre dans le registre de la solidarité entendue comme un acte moral (faire le bien) avec une incidence dans les conditions matérielles comme dans les conditions subjectives de l'existence. En ce sens, le *quid pro quo*, par lequel l'exclusion, dérivée de la concentration économique, engendre la relation sociale de solidarité, montre la nature fétichiste de cette dernière. Nous essaierons dans ce qui suit de déchiffrer le hiéroglyphe social (Marx, 2002) que décrit la machinerie du dispositif solidaire ; c'est ce même dispositif qui conduit les métamorphoses successives du grain de soja en construisant un espace moral de référence pour la vie quotidienne des personnes destinataires de l'action solidaire. C'est ainsi qu'entre alors en jeu la matrice de gouvernementalité (Foucault, 2006) qui permet la présence « solidaire » du modèle d'agrobusiness dans la périphérie que lui-même contribue à produire.

L'agrobusiness comme modèle socioproductif

Le modèle d'agrobusiness (MA) est présenté par ses promoteurs comme résultant d'une « révolution paradigmatique » qui implique de nouvelles formes d'organisation du travail et d'appropriation des ressources naturelles, amenant une inflexion dans les processus productifs (introduction du semis direct, technologies de précision, usage de semences transgéniques, etc.) comme dans les processus de gestion (nouvelles technologies de communication et d'information, professionnalisation de l'administration, organisation de l'entreprise en réseau, intégration avec l'industrie, etc.). Sur le plan sociologique, la radicalité du changement a été soulignée par les chercheurs en sciences sociales et les organisations de paysans. En ce sens, les représentants des producteurs familiaux, de la paysannerie et de la population rurale non agro-productive ont alerté dès le début des années 2000 sur la concentration de la richesse, les difficultés d'accès à la terre, la dynamique de précarisation de l'emploi et la régression des conditions de vie (par l'usage intensif du glyphosate, les canalisations non autorisées, l'abandon des écoles et des dispensaires ruraux, entre autres).

Les agents du MA inscrivent leur logique économique sur une scène globale : sans les entreprises transnationales d'intrants agricoles, le capital financier spéculatif, l'organisation des chaînes/réseaux de valeur et l'action des organismes multilatéraux (FAO, OMC, etc.), l'agriculture en tant que commerce n'aurait pu se structurer en modèle hégémonique de production de matières premières (*commodities*) dans la région (Gras, Hernández, 2014).

En Argentine, le MA tire sa force de l'articulation des quatre piliers qui « ont fait le système » (Gras, Hernández, 2013) : le pilier technologique (biotechnologies, nouvelles technologies de l'information et de la communication, agrochimie, etc.) ; le pilier financier, dont la logique a collaboré aussi bien « de haut en bas », grâce à l'intervention des spéculateurs institutionnels qui ont fait pression pour augmenter la demande et faire monter les prix des *commodities* agricoles, que « de bas en haut », à travers les outils financiers que producteurs et entrepreneurs ont utilisés pour gérer la production, le stockage et la commercialisation de leur production ; le pilier productif, supposé réordonner la hiérarchie des facteurs terre et travail interpellés par les facteurs connaissance et organisation, dont l'incidence sur la logique entrepreneuriale et l'identité des acteurs a réussi à transformer les pratiques productives, politiques, sociales et institutionnelles du secteur. L'interrogation sur la manière dont le MA gère son rapport avec les territoires se révèle essentielle pour comprendre la continuité dudit modèle à moyen et à long terme. En effet, si, en termes de rationalité économique et productive, le modèle tend à déterritorialiser une grande partie de ses affaires, dans le même temps des chaînons clés du processus doivent assurer l'accès aux territoires et aux ressources qui s'y trouvent : donc, il en résulte que le mode par lequel le MA gère sa relation avec les divers facteurs du territoire est un aspect déterminant pour la réussite de ses affaires. Les paragraphes qui suivent mettent en scène, dans une large mesure, le mode sur lequel les acteurs du MA construisent des dialogues avec ces facteurs dans une ville du Nord-Est argentin, et réussissent à mettre en place un horizon commun de sens et une base sociale consistante.

La reconfiguration socioproductive dans le Sud-Ouest du Chaco

Les piliers du MA s'inscrivent sur le territoire avec des modalités spécifiques en fonction de ses caractéristiques agronomiques, sociales et politiques. En accord avec les objectifs de ce travail, nous nous focaliserons sur le département de Chacabuco (au sud-ouest de la province du Chaco) dont la superficie totale est de 138 800 hectares, soit la majeure partie du territoire destiné à un usage agricole (84 800 ha sont des sols à vocation agricole). Actuellement la culture du soja y est prédominante et dans une moindre mesure on y sème tournesol, maïs et coton. Selon les données du dernier recensement national, ce département rassemble une population totale de 30 564 habitants, dont 26 497 vivent dans la ville du chef-lieu, Charata, tandis que le reste se distribue dans des petites localités et des régions rurales (INDEC, 2010). Dans ces 20 dernières années, la population de Charata s'est accrue de 67,3 % (15 836 habitants).

Cette croissance démographique significative, liée à une activation de l'économie locale comme à l'apparition d'implantations précaires dans les marges de l'urbanisation, est abondamment commentée par les habitants quand on les interpelle au sujet des transformations du territoire au cours des deux ou trois dernières décennies. En effet, au fur et à mesure que la cité devenait plus attractive pour ceux qui investissaient dans les terres et s'y installaient avec leurs familles, que les investissements croissaient dans les activités commerciales, les services et les professionnels compétents de domaines distincts, dans le même temps, des secteurs marginaux se concentraient à la périphérie en quête de nouvelles opportunités de travail et de logement.

Au cours d'une conversation avec le maire de Charata, le secrétaire des travaux publics et un conseiller du maire, ces politiques locaux ont évoqué les principales transformations qu'avait vécues le territoire depuis sa fondation comme ville, en 1914. Spontanément, ils abordèrent la profondeur des changements survenus au cours des trente dernières années, depuis le passage d'une production agraire basée sur la culture traditionnelle du coton et de la luzerne (principalement) à une autre dominée par la culture du soja modifié génétiquement.

Le maire remarquait la transformation de la cité en un « pôle d'attraction commercial et de services », apprécié en particulier par des investisseurs de Cordoba et Santa Fe. Pour lui, ce qui a constitué le moment décisif, c'est le saut des prix internationaux des *commodities* provoqué par la « sojarisation » du territoire. Cette évolution a été signalée par les analystes ruraux et la presse locale :

> « Avec le remplacement du coton par le soja, les récoltes de coton à partir de 1999 ont été les pires de l'histoire du pays. L'impact de la crise a laissé des milliers de producteurs et de travailleurs ruraux dans une situation critique, les petits et les moyens producteurs étant les plus accablés par leur endettement généralisé, dérivé des avances consenties sur la récolte future. Dans ce contexte, les coûts moindres et le semis direct ont été les facteurs dominants pour l'expansion de diverses variétés de soja dans la province, donnant lieu à ce que la presse locale a qualifié comme « un schéma périlleux de monoculture » que beaucoup ont appelé la *sojarisation* des campagnes du Chaco. » (*Suplemento Norte Rural*, 8 octobre 2003, p. 3, cité par Valenzuela, 2005 : 12)

Les données du ministère de l'Agriculture, de l'Élevage et de la Pêche montrent une augmentation soutenue de l'aire consacrée au soja depuis 1999, au détriment de cultures traditionnelles comme le coton ou le tournesol.

Selon les calculs du maire de Charata, pour le département de Chacabuco, les prélèvements des gouvernements national et provincial s'élèvent à 130 millions de pesos par an. Le secrétaire des Travaux publics s'est chargé de détailler la distribution de cet excédent : « La province garde 70 % et 30 % vont vers les 68 municipalités du Chaco ; de ces 30 %, la capitale de la province prend la moitié et l'autre moitié va au reste des 67 municipalités, et ici, d'où sort l'argent, arrivent 2,6 % de cela. » Dans sa vision, ce flux d'argent vers la capitale aurait pour conséquence « l'assèchement de la zone productive » et le déplacement des populations rurales vers les pourtours urbains en condition d'extrême précarité, creusant « une brèche chaque fois plus grande entre riches et pauvres, entre les grands investisseurs et un ample secteur marginal ». C'est dans cette conjoncture socio-économique et de transformation socioproductive du territoire, « qu'apparaît le cas de la Red Agro-Solidaria (RAS), jouant la partie solidaire d'attention aux personnes » des secteurs marginaux (entretien 13/07/2011).

De son côté, le conseiller du maire insiste sur les conséquences du changement productif vécu par le département dans ces dernières trente années :

> « Désormais le chouchou, c'est le soja [...] Avant, avec 100 hectares vous aviez une unité économique, c'est-à-dire que tu pouvais entretenir ta famille. Maintenant, une unité économique implique 500 hectares et plus. Alors tu vois des écoles fermées, tu vois des maisons en ruines dans toute la campagne. Les grands, les pools les mangent et, dans 25 ans, 100 types seront les patrons pour tout le département. [...] Si tu vas dans les champs maintenant, que tu commences à les parcourir, tu vas voir les maisons vides. Après il y a les autres qui commencent à s'agglomérer, à se concentrer tous dans les quartiers périphériques et là ils commencent à demander l'aide de la municipalité : maison, terrain, tout ce que tu dois leur donner puisqu'ils arrivent sans rien et que le prix de la terre est très élevé. [...] Avant, les gens de la campagne y restaient parce qu'ils avaient leurs poules, leur petit jardin, ils faisaient leur pain, maintenant ils ne font pas de pain, pas de jardinage, pas de poulets et qu'est-ce qu'ils font ? Ils vont grossir les villes misérables ou les quartiers périphériques, et là ils viennent te demander un matelas, un drap, ou un couvre-lit, des chaussures, des marchandises, des plans sociaux. [...] La technologie a commencé à déplacer les gens. [...] Moi, j'ai vécu à la campagne jusqu'à mes 18-20 ans ; à une époque, nous avions 400 personnes dans la maison ! Et maintenant, dans la maison, il n'y a plus qu'un seul péon. Je me rappelle des championnats de football, tous avaient deux ou trois équipes de foot : par agriculteur ! [...] Maintenant tu ne trouveras même pas sur toute la colonie de quoi former une équipe, parce qu'il n'y a plus personne, la main-d'œuvre, c'est terminé ; et où sont-ils passés ? Ils vivent de l'assistance, ou de la drogue, de vols, de ce qu'ils peuvent. » (Entretien, 13/07/2011)

Dans cette vision, la participation au travail rural des strates sociales inférieures apparaît liée à un ordre social plus solide (une communauté nombreuse de plus de 300 personnes, unie autour d'un patron, qui ne semble pas avoir donné lieu à des conflits), avec des éléments récréatifs fonctionnels favorisant la création d'une identité (les championnats de football entre estancias) et la possibilité de recevoir une instruction (l'existence d'écoles rurales ou d'annexes). Néanmoins, comme nous le verrons quand nous présenterons les bénéficiaires de l'action solidaire du RAS régional de Chara, cette vision du travail rural n'est pas confirmée par les péons eux-mêmes, ces ex-cueilleurs de coton et ces ex-travailleurs saisonniers qui peuplent actuellement les quartiers périphériques.

L'expansion de l'agriculture n'a pas seulement eu des effets sur les conditions de vie de la population rurale mais elle a aussi produit une recomposition des alliances à l'intérieur des sociétés locales. Comme l'expliquait Hector, un ingénieur agronome de Charata, le processus de sojarisation n'a pas laissé indemne la structure locale des relations :

> Hector : « Cette zone a été le lieu d'expansion de la frontière agricole. Son avance s'est faite horizontalement (un plus grand nombre d'hectares consacrés à l'agriculture) et verticalement (plus grande application de technologie et de connaissances). Ils ont tout abattu, et sont arrivés jusqu'aux portes de Santiago del Estero. Un vrai foutoir. »
>
> Anthropologue : « Mais il y a eu un débat social sur ce qui se passait ? Il y a eu des manifestations pour le défrichage ? »
>
> H. : « Non, il n'y en a pas eu. Qui donc allait protester si tous avaient plus de travail ? Ici tout le monde était directement ou indirectement impliqué dans le secteur agricole. » (Entretien, 26/08/2010)

Au-delà des acteurs du secteur de l'agro (entrepreneurs agricoles, ingénieurs agronomes, vendeurs de machines, etc.), directement bénéficiaires de l'augmentation de la rentabilité de l'activité agricole, les classes moyennes ont trouvé la possibilité d'amplifier leurs affaires et leur offre de consommation : hôtels, restaurants, boutiques de vêtements, commerces de technologies, services divers, investissements immobiliers. Dans les dix dernières années, les transactions ont triplé dans la ville ; c'est ce que soulignent les acteurs quand ils parlent d'une « cité prospère et en croissance ». Cependant, il existe une dimension moins réjouissante de cette croissance : l'expansion des quartiers périphériques de Charata, où, comme nous l'avons signalé, sont allés se loger les habitants des campagnes, déplacés par l'avancée du soja, la mécanisation de la culture du coton et les changements climatiques (Valenzuela, 2005 ; Torrella *et al.*, 2005 ; Rosati, 2013 ; Adamoli *et al.*, 2011). Cependant, comme on le verra dans la prochaine section, le rapport entre ces deux processus (expulsion de paysans par l'agrobusiness et progression des populations pauvres à la périphérie de la ville) n'est pas un objet de débat dans la vie sociale de Charata.

Les protagonistes de la « rencontre solidaire »

La Red Agro-Solidaria (RAS) : structure et dynamiques de l'action solidaire

Selon le récit fondateur que nous ont transmis les membres du siège national, c'est dans le contexte de la crise sociale, économique et politique de la fin de 2001 que le RAS s'est constitué. Le pourcentage élevé de chômeurs (autour de 25 % de la population active) et la désarticulation de l'État commencée avec la démission du président De la Rúa, se sont accompagnés d'une mobilisation sociale importante au moment où d'amples franges de la population tombaient en dessous du seuil de pauvreté. En contrepartie, le secteur agraire en sortait favorisé : le poids des dettes, contractées en dollars, et l'abandon de la convertibilité peso-dollar ont bénéficié notoirement à ceux qui avaient réalisé de grands investissements (par exemple des achats de terres, de machines, etc.), tandis que les prix internationaux des *commodities* entraient dans une phase de hausse qui s'est maintenue jusqu'au second semestre de 2008.

Dans le cadre de la mobilisation populaire qui a gagné une grande partie de la société argentine vers la fin de 2001, certaines personnalités politiques et sociales ont commencé à diriger des initiatives de participation et de discussion citoyennes. Parmi celles-ci ont surgi les Mesas del Dialogo Argentino [Tables du dialogue argentin], impulsées à l'origine par l'Organisation des Nations unies à Buenos Aires et l'Église catholique, avec la participation de l'État national et du Banco Interamericano de Desarollo [Banque interaméricaine de développement : BID]. Divers secteurs politiques et sociaux, rattachés à diverses confessions religieuses, se sont intégrés à ces tables rondes de secteur qui ont débouché sur la recherche de consensus et de solutions aux problématiques conjoncturelles. Entre autres, une table ronde s'est constituée autour du problème de la faim, comme le rappelait dans un entretien l'ex directrice exécutive du RAS :

> « [Le RAS] a surgi après la crise de 2001 [...] des représentants d'organisations du monde rural (SRA, AACREA, CRA, etc.) très intéressés au thème de la faim se sont présentés et de là est surgie l'idée d'agir en interaction et de faire quelque chose conjointement. Si l'on veut, c'est depuis le secteur social que s'est ouverte la possibilité institutionnelle de faire quelque chose de concret. » (Entretien, 26/03/2010)

Cette interaction a pris la forme d'une articulation entre, d'un côté, des organisations du secteur agricole – qui canalisaient les dons en grains et en denrées alimentaires venus des producteurs et des industries agricoles – et de l'autre, des organisations avec une trajectoire de travail social, insérées sur les territoires locaux avec des programmes d'intervention plus ou moins structurés (pastorales religieuses, fondations, centres de quartier, etc.). En particulier, les diverses institutions concrétisaient leur solidarité par la donation de grains de soja aptes à la consommation humaine. En ce sens, durant le dernier mois de 2001 et les premiers mois de 2002 ont surgi des initiatives variées, comme le programme Soja Solidaria [Soja solidaire], de l'Asociación Argentina de Productores en Siembra Directa [Association argentine de producteurs en semis direct], et l'association civile Sojares.

Dans le cadre de ces programmes, la contribution à l'alimentation de secteurs affectés par la crise s'est réalisée parallèlement à la promotion des bénéfices nutritionnels du soja. À travers divers moyens de communication et des campagnes de formation de volontaires, on enseignait à préparer le haricot de soja pour la consommation humaine. Avec les enseignements tirés de l'expérience de Sojares ou de Soja Solidaria, la conjoncture de la crise a constitué le cadre dans lequel s'est constituée l'alliance entre des organisations de l'agro et de la société civile dans le RAS, intégrée actuellement par quelque 150 collaborateurs volontaires [3]. Ces derniers interviennent dans les communautés rurales et urbano-rurales de huit provinces argentines (Chaco, Corrientes, Córdoba, Santa Fe, Entre Ríos, Buenos Aires, San Juan et Mendoza), touchant des populations qualifiées « à ressources faibles ». En dix ans d'activité et de travail « en réseau », le RAS touche quelque 13 452 personnes, dont 70 % ont moins de 12 ans [4].

La structure administrative du RAS, dont le siège se trouve au centre de Buenos Aires (4 employés salariés, service de comptabilité et location d'une officine dans le microcentre de la capitale), comporte divers centres régionaux (CR) dans les territoires et compte parmi ses sponsors des entreprises, des corporations, des chambres industrielles et des associations techniques du secteur rural. Actuellement, le secteur agroproductif ne contribue que partiellement au maintien du RAS, de sorte que le réseau doit organiser des événements et des activités pour se financer. Les organisations qui fournissent le travail de leurs volontaires sur le terrain sont des organisations et des fondations religieuses relevant de diverses croyances (évangélique, catholique et juive), des clubs sociaux et des associations civiles appartenant à des milieux divers (nutritionnel, civico-politique, éducatif, etc.) ; il y a aussi des personnes qui collaborent à titre individuel.

Le processus de décision stratégique est concentré au siège « national », depuis lequel on oriente le travail sur le terrain, délégué aux centres régionaux. Le siège dirige aussi ce qu'on appelle des « actions en réseau » qui sont des alliances ponctuelles avec des acteurs locaux – dont la trajectoire est, dans une large majorité, antérieure à l'articulation avec la – appuyant des projets en cours. Les CR sont relativement autonomes dans leur financement. La commission directive régionale mène des initiatives

3. *Información institucional*, agosto de 2012.
4. *Información institucional*, agosto de 2012.

pour obtenir des ressources qui ne sont pas seulement monétaires. En ce sens, des alliances avec des acteurs locaux pour assurer le succès des actions solidaires choisies au cas par cas [5] sont aussi recherchées.

À partir de 2003, le caractère « urgent » de la faim en Argentine s'est transformé en réflexion sur la nutrition. Peu à peu, le RAS a amorcé une transition vers de nouveaux programmes d'intervention et une réorganisation de l'activité institutionnelle sur quatre fronts : nutrition, éducation, travail et autogestion.

Structures quotidiennes à Charata : le Centre régional de Charata, les logiques sociales locales et l'espace de quartier

La proposition de créer un RAS régional à Charata est venue de la relation entre d'ex-condisciples à l'université. Silvina et Roberto ont suivi une formation d'ingénieurs agronomes à la Faculté d'Agronomie de l'Université de Buenos Aires. Dans les années quatre-vingt-dix, Silvina, pour des raisons professionnelles, vient s'installer à Charata où, avec le temps, elle crée une entreprise de commercialisation d'intrants agricoles. Roberto intègre le secteur agro-industriel et c'est en tant que représentant d'une chambre de ce secteur qu'il assume la charge de trésorier du RAS au niveau national. De là, il impulse l'idée d'amener le RAS à cette ville du Chaco et contacte Silvina. En décembre 2003, Silvina a donc convoqué des personnalités et des représentants des diverses institutions de la communauté à une réunion au siège de son entreprise pour présenter son projet de création d'un centre régional. Outre Silvina, une autre entrepreneuse de l'agroalimentaire, une du secteur commerce et services, une religieuse catholique et un pasteur de l'Église évangéliste baptiste forment le premier groupe de travail du Centro Regional Charata (CR-CH) du RAS.

Trois mois plus tard, le groupe avait réussi à recruter des représentants de l'Église baptiste, de l'Église évangélique du Rio de la Plata, de l'Église catholique, de l'Église luthérienne, du Rotary Club de la localité de Gral, Pinedo, de l'INTA, ainsi que des personnes de la société charataise intéressées par cette initiative, parmi lesquelles on remarque des enseignants, des intermédiaires et des producteurs agricoles. Pour une meilleure organisation des actions, les participants se répartirent en trois commissions de travail : l'une chargée de recueillir les dons, une autre de les gérer et de les transformer en dons alimentaires, et la dernière, appelée « développement humain » (*Libro de Actas de RAS-CH*, 2003, feuillets 1 et 2), chargée d'accompagner les dons avec des instances éducatives informelles et non structurées. Enfin, le RAS régional formalisait sa constitution à travers la

5. Nous avons abordé les dynamiques de construction des réseaux extrasectoriels avec le cas du système agricole argentin à Cordoba (2013).

création d'une commission directive régionale dont les postes furent répartis entre les personnes présentes par élection à la majorité simple.

Le CR-CH s'est constitué sur la base de personnes occupant une position institutionnelle forte et appartenant à trois secteurs d'activité bien différents : religion, entreprise et éducation. Cette composition interne transsectorielle présente un avantage par rapport à d'autres associations locales car elle renforce sa capacité à obtenir des dons complémentaires : ressources matérielles et logistiques (entreprises), travailleurs volontaires instruits (secteur éducatif) et garants moraux de la communauté (religieux de confessions diverses). La diversité de sa composition n'évoque pas simplement une efficacité sociale et symbolique, mais aussi une flexibilité structurale et identitaire, dans le sens où elle peut assimiler dans sa structure une véritable diversité d'acteurs et de secteurs sociaux. Pour reprendre les termes des membres de l'association, cette caractéristique est présentée comme une garantie de transparence dans la gestion des dons, et sa base sociale « légitimise » les objectifs de l'association. Dans cette ligne, Antonio, pasteur évangéliste et producteur agricole, premier président du CR-CH, réfléchissait, dans une entrevue, sur la manière dont les deux aspects collaborent pour garantir des retombées sur la société locale qui soient réussies et soutenues dans le temps.

> « À bien des égards, ça marche parce que les gens voient et savent qu'il y a différents secteurs unis. C'est voir un pasteur et une religieuse de temps à autre sur une chaîne de télévision ou sur une radio, toujours ensemble, année après année. Voir des enseignants, des entrepreneurs, des gens normaux et courants, des professionnels... Voir des secteurs différents, voir River et Boca [6] ensemble, voir des péronistes et des radicaux. Ce n'est pas qu'on veuille se donner en exemple pour tout, mais là, nos politiques devraient bien prendre exemple... [...] Je crois que cela aide à la transparence et c'est le point d'inflexion par lequel nous apportons beaucoup à la société. » (Entretien 13/07/2011)

La configuration du CR à partir de personnalités représentant des secteurs distincts a, de la même manière, constitué un avantage à l'heure de distribuer tâches et responsabilités : les entrepreneurs s'occuperont de la collecte des fonds et de la relation avec les donateurs ; les enseignantes, du travail de terrain, des besoins et recensements dans les quartiers, et des présentations aux médias ; les religieux (pasteurs et religieuses) de la distribution des aliments. C'est ainsi que « transectorialité », transparence et efficacité dans la gestion ont cimenté la constitution du RAS de Charata.

Autre trait qui a joué à l'heure de présenter l'association, c'est son essence d'espace œcuménique de construction collective dans le but du bien

---

6. Noms des deux clubs de football les plus importants d'Argentine, en concurrence pour la première place.

commun, où d'amples secteurs de la population peuvent trouver une représentativité. Ana Maria, vice directrice d'école publique, actuelle présidente du CR régional, nous a expliqué comment la distribution des rôles au sein du CR-CH répondait, d'une certaine manière, aux nécessités qu'ils devaient couvrir depuis le réseau.

> « Il y a des personnes dans la commission qui appartiennent à divers secteurs de la société : nous avons des professionnels, des entrepreneurs, des enseignants, des religieux… Et chacun, à partir de son secteur, de son travail et de ce qu'il sait, apporte quelque chose. Je crois que nous fonctionnons bien ainsi parce qu'il y en a un qui pense, l'autre qui demande, un qui agit et que nous avançons tous. » (Entretien 23/06/2011)

Ce positionnement dans le « social » se construit en opposition au « politique », ce dernier étant entendu comme un champ régi par la logique instrumentale, qui s'exprime dans l'obsession pour la « chasse aux votes » et le « clientélisme » ; Ana Maria poursuit :

> « On a donc commencé à travailler sur le quartier. [Nous nous sommes dits] : comment faire pour le pénétrer et qu'on ne pense pas que nous allons demander des votes ? Les gens te voient et ils pensent que tu es un politique. Donc nous disons : « Nous venons pour vous apporter du lait, nous allons vous demander combien vous êtes. » C'est Mariana et Choli [deux enseignantes connues par les gens] qui sont allées dans le quartier distribuer du lait aux mères et leur demander la composition de la famille. »

En résumé, les acteurs du RAS de Charata le présentent à travers quatre traits caractéristiques – transectorialité, transparence, efficacité et apolitisme – frontières symboliques qui donnent consistance à cet espace où l'agro exprime sa solidarité pour cette partie de la société « nécessiteuse ».

Les actions développées par le CR-CH ont traversé diverses étapes. Depuis ses débuts en 2004 et jusqu'en 2010, le comité régional a fourni une assistance alimentaire à deux écoles publiques, quatre églises évangéliques, deux foyers pour enfants, trois restaurants de quartier, un atelier pour personnes handicapées, deux communautés indigènes établies en zone rurale, la Red Solidaria et une institution de charité de l'Église catholique. Pour recevoir ces denrées alimentaires, les institutions devaient envoyer une note écrite à la commission directrice du CR-CH, laquelle discutait son acceptation ou son refus au cours de sa réunion mensuelle.

À partir de 2010, le RAS-CH entre dans une phase où il ne distribue plus de denrées alimentaires mais développe des « projets ». L'entrepreneuse fondatrice explique ce changement : « Nous voulions réduire la question alimentaire et faire des projets. Nous ne voulions plus continuer à distribuer de la nourriture. […] Nous avions besoin d'argent pour d'autres choses. »

C'est ainsi qu'ils commencent à entreprendre des actions dans un quartier périphérique de Charata que nous appellerons Siglo XX [XXe siècle].

L'acteur territorial :
le quartier Siglo XX à la périphérie nord-ouest de Charata

Le quartier Siglo XX, situé près de trois autres dans la périphérie nord-ouest de Charata, avait au début (2008) un périmètre de six pâtés de maisons ; il s'est ensuite agrandi vers l'ouest (2010) avec 4 pâtés de maisons de plus, et compte actuellement 400 personnes. Avec ses petites maisons basses, à un étage, faites de brique et non blanchies à la chaux, toits de tôle, sans eau courante ni égouts, le quartier présente des rues poussiéreuses, avec peu d'arbres pour se protéger de l'imposant soleil du Nord-Est. Les habitants se déplacent majoritairement en moto ou en bicyclette, en évitant de s'enliser dans le sable quand il fait sec, ou de s'enfoncer dans la boue quand la pluie inonde les quasis trois kilomètres de chemin qui mènent au centre de la ville. Dans ce paysage, on rencontre des chiens, des chevaux, des arbres, des ordures, des tas de gravats, des terrains vagues ; il y a aussi une place avec des jeux pour les enfants et une construction qui ressort par ses dimensions, sa blancheur, la peinture de ses parois et une grande inscription sur les murs extérieurs avec le logo du RAS : c'est la salle polyvalente (SUM) sur laquelle nous reviendrons plus loin.

Selon le recensement partiel réalisé dans le quartier par les enseignantes du CR-CH en 2010-2011, dans les 6 pâtés de maison lors de la fondation, la population du quartier comptait 281 personnes (71 habitations recensées), le nombre de femmes étant légèrement supérieur à celui des hommes (51 % et 48 %). La population âgée (>70 ans), pratiquement inexistante, comptait un seul cas, alors que les pourcentages les plus élevés se rencontraient dans les groupes de jeunes adultes entre 20 et 39 ans (36 %), d'enfants de 0 à 12 ans (39,5 % du total). Sur un total de 71 logements recensés, se détache une proportion élevée de familles nombreuses (FN), 63 % comptent 4 personnes ou plus vivant sous le même toit (45 FN). Un nombre élevé (22 sur 71) de ces FN se trouve dans des situations particulières : maladies chroniques (épilepsie, cancer, perte progressive de la vue), handicaps (malformations des os, paralysie cérébrale, retard mental), etc. En ce qui concerne l'activité des habitants adultes des deux sexes de plus de 19 ans, on note chez les femmes 11 % d'employées domestiques et de soins aux personnes (enfants et vieillards) et 18,5 % de femmes au foyer. Dans les histoires de vie relatées par les habitants de Siglo XX, la relation entre ces personnes, le travail et la vie rurale est évidente : 67 % de nos interlocuteurs sont issus de zones rurales. Ainsi 72 % ont déclaré venir d'une famille de travailleurs agricoles (avec ou sans propriété de la terre) et 56 % ont à un moment ou l'autre de leur vie travaillé dans le secteur rural. Parmi les tâches qu'eux-mêmes ou leurs pères ont acquittées, on relève parmi les plus courantes : la cueillette du coton, les soins aux animaux et l'abattage, le désherbage des cultures, la clôture des champs, l'exploitation de la montagne pour la fabrication de poteaux de clôture, de traverses et le charbon.

D'après leurs récits, ce qui caractérise le travail agricole, c'est la dureté des conditions de vie et de travail dans les champs (logements plus que précaires, ou nuits passées exposées aux intempéries, longues journées de travail, efforts physiques avec des conséquences sur la santé, la colonne vertébrale en particulier, etc.), sans compter la précarité des conditions de travail (aux pièces, bas salaires et contrats temporaires) et les rares possibilités pour ces travailleurs et leurs familles d'accéder aux services publics de base (instruction primaire ou services de santé). Nous allons rapporter quelques scènes de cette réalité à travers les paroles de deux habitantes du quartier de Charata : Andrea, actuellement ouvrière dans l'atelier de production textile monté et géré par le CR-CH, et Josefa, élève de l'atelier de couture organisé aussi par le réseau.

> Andrea : « Nous avons grandi dans les récoltes, [...] Nous étions quatre sœurs, mon père et ma mère. [...] Ça te fatigue, c'est beaucoup de sacrifices, beaucoup de souffrances [...] et quand la récolte est finie, il n'y a plus rien, on devait partir pour chercher quelque chose à faire [...] Papa et maman faisaient la récolte et nous aussi ; on se faisait un petit sac avec ce qu'on pouvait et on cueillait le coton à la main. Puis on se prenait les sacs et on se les attachait à la ceinture. [...] Au début c'était un jeu, quand j'ai quitté l'école à 11 ans j'ai commencé à travailler pour de vrai et je me faisais un petit peu d'argent. [...] Une fois on était allés désherber du soja avec mon grand-père et ma sœur, qui était enceinte, du côté de Gancedo [...]. Le patron nous avait laissés avec de la marchandise mais il nous a oubliés, et 15 à 20 jours comme ça. Il ne nous restait rien et mon grand-père allait à la chasse à l'iguane, au tatou. Je n'oublierai jamais ce calvaire [...] je devais avoir 10-11 ans. » (Entretien, 15/03/2013)

> Josefa : « Je suis de Mesón de Fierro, c'est là-bas que j'ai grandi. Je vivais avec papa et maman, je récoltais le coton à la main, on avait des animaux... [...] On était 12 frères. Quand maman mettait du monde, on avait 10-20 personnes à la récolte et nous les 12 on travaillait, la récolte durait deux mois. On n'est jamais allés à l'école parce qu'on nous envoyait à la récolte et que l'école était loin. [...] Quand l'eau a commencé à monter [mes parents] ont abandonné le champ, les animaux, tout. La région était sous l'eau, et l'eau est restée longtemps, il n'y avait pas moyen que l'eau s'en aille. Ils ne sont plus revenus [...] La maison s'est écroulée. Là ils avaient une petite ferme, après, la municipalité les a aidés avec une petite pièce ». (Entretien, 22/03/2013)

D'après les témoignages recueillis, les conditions de vie et de travail à la campagne constituent l'un des motifs les plus importants de l'exode rural vers la périphérie du conglomérat urbain voisin et de l'abandon du travail agricole pour d'autres métiers, les plus fréquents étant ceux de maçon pour les hommes, ou de femme de ménage dans le cas des femmes. D'autres motifs de l'abandon de l'activité rurale dans les années quatre-vingt et quatre-vingt-dix ont été signalés par nos interlocuteurs : il s'agit de la grande inondation des années quatre-vingt et de la modernisation de la production agricole pendant les années quatre-vingt-dix. Mario, actuellement employé par la municipalité, et Oscar, maçon, qui habitent avec leurs familles respectives dans le quartier Siglo XX, où le RAS a intensifié sa présence à travers des actions que nous détaillerons plus loin, ont vécu cette transition quand ils étaient enfants.

> Mario : « Je suis de Mesón de Fierro, un petit village à 40 km d'ici. On était des petits agriculteurs. On avait des animaux : cheval, vache, cochon. On semait du coton, du maïs, du sorgho. On avait 100 hectares, 30 cultivables, et le reste en montagne [...] Nous avons vendu parce qu'on ne pouvait pas produire davantage. Avant, on travaillait avec des animaux, après les tracteurs sont arrivés et le manque de pluie a fait que nous avons émigré au village. C'était en 97 ou 98. On a vendu et, comme beaucoup le disent, on a donné l'occasion à des gens meilleurs. [...] Des gens qui ont de l'argent et qui peuvent acheter des machines, des tracteurs, ces choses-là. [...] Et aussi, Mesón est à plus de 30 km de Charata et en cas de maladie, si les chemins sont mauvais, tu peux pas sortir de la propriété. » (Entretien, 19/03/2013)

> Oscar : « Papa avait une propriété de 100 hectares à Colonia Juan Lavalle, 40 cultivables et 60 de montagne. On semait coton, maïs, citrouille, pastèque, toutes ces choses. [...] Avec la récolte du coton ça allait, mais après il y avait à peine pour manger... [...] Il y a 20 ans nous sommes partis à Charata parce que ça allait mal pour nous, le coton ne valait rien et il ne restait plus rien dans la montagne, on avait coupé tout le bois. On avait cheval, vache, chèvre, poules, mais on ne pouvait pas non plus vivre avec ça. [...] On s'est installés à Charata parce que c'était la ville la plus grande et la plus proche, on pensait donc qu'il y aurait plus de travail là. En 82-83, la colonie a été inondée, tout le Chaco était une mer, c'est pour ça que les gens se précipitaient au village. [...] La terre ne valait pas grand-chose à l'hectare, mon vieux l'a vendue pour rien, à peine de quoi s'acheter une maison. » (Entretien, 06/03/2013)

Comme on le voit d'après ces récits, les habitants des zones rurales se sont déplacés vers les marges de la ville la plus proche, la périphérie de Charata, à la suite des transformations du paysage et de l'économie de la région. Les conditions de vie associées à la petite agriculture familiale, développée sur des superficies autour de 100 hectares, où l'on pratiquait des cultures diversifiées et l'élevage des animaux, ont laissé place, premièrement à l'exploitation des forêts, qui a montré rapidement ses limites, et ensuite, à la mécanisation qui est arrivée avec l'agriculture intensive et la monoproduction du soja transgénique. Nous reconnaissons dans cette restitution historique le processus de « sojarisation » auquel les autorités politiques locales ont fait référence plus haut.

Dans l'ensemble des habitants de ces quartiers périphériques du Nord-Ouest, ce sont les femmes qui se retrouvent le plus souvent en relation avec les membres du CR-CH. Cela est dû au fait que la majeure partie des activités engagées par le réseau sont destinées à une population féminine (atelier de couture, gymnase, foire aux vêtements, cours de cuisine, etc.) ou infantile (jardin d'enfants pour adaptation au niveau préscolaire, atelier de dessin, organisation d'événements et distribution de cadeaux pour le jour des enfants, Noël, etc.), activités qui, dans leur grande majorité sont prises en charge par les femmes (mères, sœurs, voisines, etc.). Cette situation est en concordance avec ce qui a été observé dans d'autres études sur les actions solidaires, humanitaires ou philanthropiques destinées aux populations « marginales » (Guérin *et al.*, 2011 ; Hours, Selim, 2014).

La route du soja solidaire

Le soja comme nourriture

La dynamique du CR-CH s'inscrit dans une temporalité qu'il est nécessaire de restituer pour comprendre le scénario territorial que nous avons rencontré en arrivant à Charata. Comme nous l'avons déjà mentionné, l'une des principales activités de la section régionale du RAS à ses débuts a été de mettre sur pied un système efficient pour la gestion des dons en soja. La principale intervention de l'action solidaire a donc consisté à convertir les tonnes de haricots de soja données – impropres à la consommation humaine – en produits comestibles. Grâce à un accord établi à partir du siège national du RAS avec un autre acteur de la chaîne du soja (une importante entreprise agroalimentaire), les tonnes de soja furent transportées jusqu'à Rosario pour être échangées contre des denrées alimentaires (pâtes, riz, huile, etc.). Une fois à Charata, la marchandise fut déposée temporairement dans le foyer de jour pour enfants, géré par la religieuse catholique, et dans les dépôts de l'entreprise de Silvina. Finalement, le soja transformé en nourriture fut réparti entre les organismes qui avaient sollicité la contribution du RAS, en fonction de leurs besoins. Parmi les bénéficiaires, on trouve cinq écoles publiques de villages voisins de Charata, un resto du cœur de quartier, la cantine d'un foyer pour enfants, une garderie et deux cantines d'églises évangéliques (*Libro de Actas*, 2003, Feuillets 2 et 3).

Le soja comme marchandise

Bien qu'il ait permis la construction d'un lien de solidarité, ce circuit soja/nourriture a quand même montré des insuffisances que Silvina nous a signalées dans une conversation à son agence :

> « Au début, on envoyait les céréales à XX [nom de l'entreprise agroalimentaire de Rosario] et eux nous envoyaient la marchandise. Une fois nous l'avons déposée dans un magasin que j'avais, mais ça s'est compliqué, c'était très mal commode, pourquoi ? Qui donc allait manipuler le stock ? C'était quasiment un camion de marchandise. Nous avons donc fait affaire avec le supermarché. » (Entretien, 01/07/2011)

Une fois dans le système commercial, l'action solidaire devait trouver des idées pour contourner les difficultés logistiques. Ainsi, le chemin que ces acteurs ont rencontré les a impliqués dans un nouveau maillon économique, les supermarchés locaux.

> « Nous avons parlé avec tous les supermarchés. Il y en a un qui nous a fait l'échange sans coût aucun. Par exemple, j'ai besoin d'huile, donc, on le demande au RAS national qui demande à XX [l'entreprise agroalimentaire] un camion d'huile. Nous avons un crédit là. Le camion d'huile, nous le payons avec du soja que nous envoyons, ou avec de l'argent, mais en général avec du soja. Il le reçoit au prix de gondole et nous donne les produits à prix de gondole, il n'y gagne pas et nous, on s'en sort au prix de gros. » (*Ibidem*)

Cet arrangement a supposé une nouvelle transformation du soja : de haricot en marchandise. En effet, l'huile, la farine et les autres articles donnés sont proposés par le supermarché dans ses gondoles, ce qui de cette manière unifie les produits sous une même référence commune : le « prix ». Le soja assume donc la forme marchandise. Avec le soja marchandise, la chaîne de solidarité ajoute un nouvel acteur local (le supermarché). Le dispositif solidaire peut désormais concrétiser un double mouvement, territorial/global, sans entrer en contradiction : en impliquant de nouveaux acteurs locaux, il accroît sa légitimité locale, tandis qu'en introduisant le prix comme référent, il établit un pont vers l'efficacité économique. De cette manière, le dispositif montre sa capacité à articuler deux maillons de manière complémentaire et soumise à la logique entrepreneuriale, propre aux acteurs qui sont à l'origine de ces dons solidaires.

Le soja comme crédit

Une dernière transformation va intervenir à la fin 2004, quand le soja donné assumera la forme crédit :

> « Si tu es producteur agricole, tu me donnes tes céréales avec une carte de transport, et moi, qui te l'achète, je te fais une reconnaissance de dette. [Donc] je te dois cet argent. Toi, comme producteur, tu me dis : ne me le paye pas à moi mais au RAS, et tu signes un autre justificatif pour ce voyage, une chose très contrôlée par les impôts. [...] On a commencé à manier de l'argent, parce que nous ne voulions plus faire de distributions alimentaires et nous avions besoin d'argent pour faire d'autres choses. » (Silvina, *ibidem*)

Avec la logique financière, le soja devient crédit ; donc « on manie de l'argent », qui peut être transféré d'un maillon à l'autre de la chaîne solidaire, selon la décision du CR. Cela permettra d'élargir l'horizon du centre régional. D'un côté, le soja-aliment sera réparti entre les institutions qui disposent d'une cantine et qui sollicitent l'aide du RAS ; d'un autre, avec le soja-crédit on pourra utiliser « l'argent pour d'autres choses », c'est-à-dire, rétribuer les collaborateurs qui animent les ateliers et autres activités et contribuent à la transformation des « conditions socioculturelles » des destinataires de la solidarité agricole. Par ailleurs un « bon de marchandise » pour le supermarché est mis en circulation pour rémunérer les personnes qui animent les activités : la professeure de couture pour les femmes et les petites filles, la professeure de dessin pour enfants et adolescents, l'institutrice de l'école maternelle du quartier Siglo XX, les professeurs d'informatique et de jardinage, le maître en artisanat du bois pour enfants, entre autres [7]. De cette manière, sous sa forme d'équivalent universel, la capacité du soja à se transformer en crédit permet au RAS de se positionner comme employeur sur le marché du travail solidaire et, par l'intermédiaire des comportements et des contenus enseignés dans les activités, de former les habitants selon les critères choisis par le CR.

Le territoire de la solidarité : cette altérité qui espère

Les premières actions solidaires que le CR-CH a pu mener à bien grâce au soja-crédit ont été destinées aux habitants du quartier Siglo XX. Elles ont débuté avant la grave épidémie de dengue dans la région, comme le rappelle Ana Maria en nous expliquant les critères qui ont conduit au choix de cette population :

> « Nous nous sommes dits : nous allons faire un travail social dans un quartier et nous avons choisi celui-ci parce que c'était un quartier jeune, nouveau, avec des gens jeunes, des enfants en bas âge et nous considérons que quand il y a des enfants et des personnes qui sont jeunes on peut changer certaines attitudes, comportements… Ou leur donner une orientation pour améliorer leur forme de vie. » (Entretien, 23/06/2011)

Le rôle de coordination que le RAS a assumé pendant l'épidémie de dengue lui a ouvert la possibilité de développer ses actions dans le quartier :

> « L'époque de la dengue est arrivée et nous avons travaillé avec la dengue […]. Nous nous sommes rendu compte que ces gens n'avaient pas de quoi stocker l'eau parce que, pour se protéger de la dengue, nous leur avons dit qu'ils ne devaient pas

7. Les professionnels de santé (médecin, odontologiste et orthophoniste) qui soignent les personnes provenant des quartiers et des écoles où intervient l'association, sont les seuls collaborateurs qui ne perçoivent aucun type de rétribution du RAS.

utiliser certains récipients, mais ils n'avaient que des seaux pour garder l'eau. Il s'est agi d'obtenir, avec la municipalité, que chaque famille ait sa citerne d'eau avec un couvercle… Et c'est comme ça qu'ils nous ont connus. Ensuite l'été est arrivé et on se disait, ces pauvres gens, avec leurs petites maisons, comment vont-ils se cacher de la chaleur et comme nous avions de la toile solaire […] quelqu'un a eu l'idée d'en faire une galerie. […] Puis nous avons donné un arbre à chaque famille pour le planter sur le trottoir. » (*Ibidem*)

Pour organiser la livraison de la toile solaire et des arbres, les membres enseignants du CR-CH ont commencé par inviter les habitants dans la maison de Doña Nora. Cette habitante, native de Santiago, mère de 11 enfants et grand-mère de 21 petits enfants, avait, vingt ans auparavant, quitté son mari avec qui elle vivait à la campagne, à cause des mauvais traitements qu'il lui infligeait. Avant l'arrivée du RAS, l'un de ses fils, maçon, avait noyauté et organisé la négociation pour une baisse du prix de l'électricité avec le candidat opposé au maire. Jusqu'à la construction du SUM, les réunions se faisaient chez Doña Nora qui est devenue l'interlocutrice privilégiée des institutrices dans le quartier.

La proposition du CR-CH était de déposer le matériel et que les habitants s'engagent à participer aux réunions pour prendre conseil sur la manière correcte de poser la toile, de réceptionner les matériaux que distribuait le CR-CH et de faire le travail. Pour l'arborisation du quartier on procéda de la même manière.

Comme Doña Nora avait affermi sa position d'interlocutrice de l'association, quand le CR eut intercédé auprès de la municipalité pour l'installation d'une citerne d'eau potable de 5 000 litres dans le quartier, la cour devant sa maison fut l'endroit choisi pour installer ce grand symbole de richesse. Doña Nora devait se charger de faire respecter les horaires de tirage de l'eau et la quantité de litres par famille, en accord avec ce qui avait été décidé par la municipalité.

Dans cette nouvelle initiative menée par le CR-CH nous voyons apparaître un nouvel acteur : la municipalité. Les diverses actions que nous avons observées ou que nous ont racontées les habitants du quartier et les membres du CR-CH mettent en scène ce couple.

En 2011, une nouvelle initiative du CR-CH, la construction d'un bâtiment plurifonctionnel à usages multiples (SUM) face au bâtiment 4 (centre du quartier) a impliqué de nouveau les trois acteurs : la municipalité de Charata a cédé l'usage d'un terrain de 300 m^2 pour 20 ans et a délégué un groupe de six à huit employés municipaux (des maçons) pour sa construction ; le CR-CH a financé les matériaux ; les habitants du quartier et des volontaires d'une église évangélique ont collaboré à la construction. Finalement, en 2012, cette grande bâtisse de deux étages et quelque 120 m^2 de surface couverte était terminée et elle s'impose face à l'ensemble des petites maisons qui l'entourent, affichant par sa matérialité une distinction symbolique pour les habitants. Le bâtiment est pourvu d'une alarme contre le vol avec détecteur de mouvement, connectée au commissariat de la ville et, lors de notre dernier séjour, ils demandaient un budget pour la pose de grilles aux fenêtres. Le rez-de-chaussée est constitué d'un grand salon, d'une cuisine, d'une petite pièce utilisée comme bibliothèque, de toilettes et d'une remise. Le salon accueille des fêtes (des activités à l'occasion de la Journée de la femme par exemple), l'atelier de dessin pour enfants et adolescents et le projet de préparation préscolaire. Il est meublé de tables et de chaises en bois pour les adultes et les enfants, pourvu d'un centre musical avec tout le matériel et les jeux nécessaires. Sur ses parois blanches, on voit des images avec des motifs infantiles, un tableau avec la liste des projets du RAS en cours dans le quartier, un organigramme avec les fonctions et les noms respectifs des membres du comité directeur, quelques photos d'événements, et de grands panneaux de 1,70 mètre de haut à la gloire du RAS et de ses activités. La cuisine est pourvue d'un réfrigérateur, de bacs de lavage, et d'une cuisine à gaz mais n'a pas d'installation d'eau. Ici on enseigne à préparer des plats à base de soja et on donne les bases de la nutrition (comment faire un régime équilibré, etc.) aux femmes du quartier, entre autres choses. En effet, sur un angle de la table on trouve le livre de recettes *Sojita y Sojito*, élaboré par le RAS et SOJARES, qui enseigne les bienfaits nutritionnels de la légumineuse, les particularités de sa préparation et quelques recettes de plats à base de soja. Dans la remise, on garde des caisses et des sacs de vêtements donnés pour l'organisation de vide-greniers et des produits d'entretien, quoique cette pièce soit destinée à devenir, plus tard, une salle d'eaux. Enfin, une petite pièce, qui communique avec les W.-C., la remise, et le salon, fonctionne comme « bibliothèque ». Là, sur une étagère de métal de petites dimensions et une planche de bois appuyée contre la paroi, on trouve de la littérature enfantine, quelques dictionnaires et des encyclopédies, des revues scolaires et divers exemplaires du livre de cuisine *Soja y Sojito* que nous avons mentionné.

À l'étage, se trouve un atelier de couture tout monté et qui fonctionne. Pourvu d'air conditionné, il est équipé de onze machines à coudre avec des fonctions distinctes, du matériel et de l'outillage nécessaires à la couture. Sur le mur du fond, au centre et en continuité spatiale avec la table où s'assoient élèves et couturières, on observe un panneau décoré avec des boutons au nom de l'atelier textile qui fonctionne là : « En cousant le futur », lequel rappelle le nom du programme « Semillero del Futuro » [graine du futur] de l'entreprise Monsanto qui a financé une partie de l'équipement. Sur une autre paroi de cet étage, on trouve quelques photos des femmes inscrites à l'atelier et un poster, fait par le RAS, qui restitue, à travers un graphique stylisé, les maillons qui composent la chaîne solidaire : le premier maillon est représenté par une photo du grain de soja donné, qu'une flèche rapproche d'un camion qui le transporte, et ainsi, à travers les flèches se connectent les étapes successives, jusqu'au maillon ultime, une photo qui montre les femmes de l'atelier face à leurs machines à coudre. C'est ainsi que le poster cristallise une image qui se présente comme une totalité, comme le fait social de la rencontre entre l'agro-donateur et les personnes donataires.

Outre l'usage du terrain et les dons en matériel et en main-d'œuvre, le CR-CH a obtenu de la municipalité qu'elle embauche deux femmes (Doña Nora et Marita) pour la maintenance du SUM et qu'elle construise en face du bâtiment une place avec des jeux pour les enfants de toute la zone (quatre quartiers).

Le projet de construire une « salle pour le quartier », un espace « de tous » et « pour tous », où les habitants pourraient organiser des événements et des célébrations sociales, parmi lesquelles on peut citer les fêtes d'anniversaires, les mariages, des réceptions, etc., a constitué une motivation importante. Cependant, une fois le travail terminé, la manière d'utiliser ce salon est devenue un objet de controverse :

> « Avant, les réunions se faisaient chez Doña Nora, c'est là qu'on nous a donné les petites citernes pour l'eau. Ils nous demandaient ce qu'ils pouvaient faire pour le quartier. Je me souviens que j'ai demandé à la dame qui est la directrice de l'école : est-ce que par votre intermédiaire on peut demander du gravier ? Parce que les gens vont travailler et la boue... Et c'est là qu'on a demandé du gravier. C'était agréable parce qu'on parlait et on disait les choses. Après je ne sais pas ce qui s'est passé. Ça a changé avec la salle. J'ai su qu'il y avait de la couture quand il n'y avait déjà plus de place. Après, ma fille voulait aller au dessin et là non plus [...] Quand ils allaient faire le SUM, ils nous ont dit qu'on pourrait l'occuper pour des anniversaires, un dîner, et même si un parent décède et qu'on n'a pas de lieu, on peut l'utiliser. Quand l'anniversaire de [mon fils] est arrivé, j'ai demandé à Marita, tout était encore ouvert, il n'y avait pas de fenêtres, rien. Elle m'a dit que les gens du RAS ne voulaient pas. Une année plus tard, je suis revenue demander et on m'a redit qu'ils « ne voulaient pas pour un anniversaire ». Ils disent qu'ils ont des choses et ça. Et j'en suis restée là. » (Entretien, 23/03/2013)

Comme cette habitante, les commentaires sur les décisions à propos de comment et qui utilise le SUM montrent que cet espace est devenu un symbole pour les habitants : qui fait quoi avec le SUM semble conférer un statut et marquer une appartenance.

En plus de générer une série d'activités à l'intérieur du SUM par le moyen desquelles des liens sociaux se construisent entre les habitantes, le RAS intervient auprès de la municipalité afin d'obtenir diverses « améliorations » pour le quartier. Ce qui fait de lui un acteur clef dans le paysage social de ces quartiers périphériques.

> Une habitante du quartier Siglo XX : « Nous ne pouvons pas nous plaindre du maire. Ni du maire, ni des gens du RAS, parce que là il y a beaucoup de connaissances du maire et qui allaient le voir et lui disaient et aussitôt ils arrangeaient tout le quartier. Pour moi j'ai l'impression que c'est par les gens du RAS que nous avons tout ça. Parce que si c'était de nous seulement, peut-être ils nous auraient pas donné comme ils nous ont donné. Mais ceux du RAS y allaient et présentaient la note à la muni et tout était vite réglé. Et il y a autre chose c'est que nous, à Siglo XX, on est travailleurs, tu vois, nous sommes tous pauvres mais pas agressifs, vocabulaire poli, nous sommes tous des familles tranquilles. Parce que je connais le quartier derrière, le Gral. Lavalle, je ne sais pas quel âge a ce quartier mais il ne s'améliore en rien. Pourquoi ? Parce que toutes les femmes, les familles, la seule chose qu'ils sachent faire c'est te dénoncer, sortir des couteaux pour te menacer… C'est pas possible ! […] Ce quartier a beaucoup augmenté. Ils nous ont mis un canal à nous en premier et eux n'ont pas de canal, tu sais comment ils se sont mis en colère ? Ils sont allés à la télé, ils ont dit un tas de choses : que Siglo XX ceci, que Siglo XX cela ! » (Entretien, 10/03/2013)

Cette position différente de Siglo XX est confirmée par les habitants des trois quartiers voisins qui l'appellent « l'élu » parce qu'il jouit d'avantages refusés aux autres :

> Une habitante du quartier Gral. Lavalle : « Toutes les fois qu'ils aident c'est toujours Siglo XX. […] Mais il doit y avoir toujours quelqu'un qui tire un peu pour ici. Pas tout par là. À un moment, il y a un an on a su qu'ils donnaient des vêtements pour les enfants, qu'ils aidaient, qu'ils donnaient des aliments. Mais ils donnaient [au quartier Siglo XX] comme s'ils étaient des élus. » (Entretien, 13/03/2013)

Conversation avec une habitante et un habitant du quartier Consuelo :

> Habitant : « Le quartier Siglo XX est le dernier construit et pourtant il a le câble, du gravier, il a tout. Et ici ils ont mis du gravier seulement aux élections. »
>
> Voisin : « Nous ici, on est les laissés pour compte ! Les abandonnés ! » (13/03/2013)

Ainsi, qu'il s'agisse des habitants du quartier Siglo XX ou des regards que portent sur lui les quartiers avoisinants, également périphériques, les frontières symboliques et matérielles entre ce quartier et les autres dessinent une territorialité dont la dynamique répond à la volonté de l'action solidaire.

En même temps que des initiatives liées aux conditions « matérielles » d'existence, le CR-CH a mené des actions orientées vers l'amélioration des « conditions socioculturelles » (*Libro de Actas*, Acte n° 1, Feuillets 4 et 5) des personnes assistées. Par exemple, au cours de l'enquête, nous avons relevé des conversations, des rencontres et des ateliers traitant de thématiques nutritionnelles, de santé, d'hygiène, où se notait le changement dans la manière de s'habiller, de communiquer, de se nourrir, d'éduquer les enfants ou de s'intéresser au développement de ses dons personnels et de ses connaissances. Dans ce contexte, le CR-CH promeut un programme d'activités éducatives coordonnées par une institutrice maternelle, destiné à des enfants de moins de 4 ans, ainsi qu'un suivi odontologique gratuit pour les enfants d'âge scolaire, assuré par les tournées d'une ondotologue de Charata ; le CR-CH organise aussi l'atelier de production textile « En cousant le futur [8] » et un atelier d'apprentissage de la couture ; et des foires aux vêtements avec des prix symboliques.

Nous avons signalé que, grâce à la financiarisation du produit solidaire, le RAS a pu intervenir sur les conditions socioculturelles des destinataires de ses actions. Les liquidités obtenues par le soja sous forme de crédit lui permettent d'intervenir pour « améliorer le développement social et culturel » des « secteurs marginaux ». Dans ses initiatives solidaires, le CR-CH gère la transformation qui va du soja à l'aliment et ensuite au crédit, mais en outre il redirige le soja-capital vers les destinataires en fonction de valeurs morales sur la base desquelles il classifie ceux qui méritent (ou non) de recevoir la solidarité de l'agro.

Le geste solidaire qui commence avec un don est réinscrit dans un dispositif qui cherche à intervenir dans les quartiers marginaux, en finançant des activités selon des plans de « développement » sanitaire, urbain, éducatif, etc., décidés par un groupe de notables locaux réunis dans la commission directrice du RAS-CH. Un exemple de cette moralisation du soja est constitué par le « Projet de santé buccale » dans lequel s'articulent divers espaces institutionnels et acteurs sociaux.

Les bouches fermées grâce à la solidarité de l'agro

Dans l'école de la ville la plus proche du quartier où postérieurement ils focaliseraient leurs actions, les enseignants rencontraient des enfants qui se plaignaient de douleurs, le plus souvent de dents malades. Les enfants qui demandaient un soulagement contre la douleur, montraient aux enseignants des « bouches qui donnaient envie de pleurer » (Ana Maria, vice-présidente de l'école, entretien 23/06/2011). Devant cette situation, et en accord avec le directeur de l'hôpital provincial, on aménagea un espace pour qu'une odontologiste « mette la bouche des enfants en condition » (*ibidem*). L'usage du local médical, offert par l'hôpital, et le travail de la professionnelle sont gratuits, les matériaux pour les traitements sont fournis par les fonds du CR. Une bouche soignée est une « bouche fermée », selon l'expression utilisée

8. Une partie du financement pour l'installation de l'atelier de production textile a été octroyée en 2012 par le programme « *Semillero del Futuro* » [Semis du futur] de l'entreprise Monsanto SA. Cinq femmes du quartier Siglo XX travaillent dans cet atelier sous la direction d'une couturière professionnelle (qui dirige aussi l'atelier d'apprentissage), du lundi au jeudi, 8 heures par semaine. Les gains de la vente de la production à la pièce (par quantité de pièces produites) sont répartis en fonction de ce qu'a décidé la commission du CR-CH.

par les enseignants du RAS-CH pour se référer aux cas où les traitements des dents affectées avaient été réalisés (Cahier de terrain, 26/08/2010).

Les enseignants organisent aussi des discussions de prévention dirigées par les odontologistes où l'on distribue des brosses à dents et autres produits comme du dentifrice ou du fil dentaire donnés par le RAS, des pharmacies locales ou des chaînes de pharmacies nationales. Au cours de l'observation d'une discussion de prévention dans une école rurale réalisée en 2011, les brosses à dents avaient été offertes par une chaîne de pharmacies et de parfumeries d'envergure nationale. À la démonstration du brossage des dents et de l'usage du fil dentaire, derrière la table qui servait d'estrade et où était présenté le matériel odontologique, sur le mur principal du salon de l'école, il y avait une affiche avec des lettres en couleurs qui disait « Grâce à XX [nom de la pharmacie] ». Des deux côtés de la table, deux bannières du RAS de la hauteur d'un homme (1,70 mètre) promouvaient les activités de l'association.

En analysant milieux, acteurs et objets connectés par cette « action solidaire en réseau », nous notons la présence d'institutions publiques et privées, de marchandises et de consommateurs, de maladies et de traitements ; en somme, de bouches infantiles assistées par des professionnels dans des hôpitaux publics, qui utilisent du matériel payé par le soja-capital grâce à la décision prise par les membres du CR-CH. Entre 2004 et 2011, ils ont réalisé 40 « bouches fermées ». Cette métaphore est utilisée pour évoquer l'état de santé, de bien-être. Les enfants qui aujourd'hui ont des « bouches fermées » ne souffrent plus, ils sont guéris. La santé de celui qui ferme. La solidarité qui ferme des bouches. La bouche fermée comme résultat du geste solidaire ? Que renferment ces bouches par lesquelles a transité « l'action en réseau » ? La bouche fermée est-elle le contre-don destiné à l'agro-donateur ? L'action du RAS-CH connecte le don de l'agro et les règles sanitaires quotidiennes que la population marginale doit incorporer, montrant ainsi sa conformité avec les valeurs de santé promues par le RAS-CH. Les populations destinataires de l'action sanitaire expriment leur reconnaissance pour les dons reçus par le respect des normes de conduite. C'est ce que souligne l'institutrice maternelle du projet d'adaptation au préscolaire qui fonctionne au SUM du RAS-CH, comme le montre le paragraphe suivant, extrait du cahier ethnographique :

> « Le premier jour de classe du « petit jardin » pour enfants de 3 et 4 ans, le SUM était bondé. Les 15 enfants étaient accompagnés par leur père ou leur frère aîné. L'institutrice maternelle retraitée chargée du projet d'adaptation au préscolaire a commencé en expliquant que son travail consistait à « enseigner des habitudes, un langage et la socialisation » aux enfants et à les impliquer dans la reconnaissance au RAS. « Vous savez que j'ai commencé à travailler dans les cours du quartier, exposée aux intempéries, maintenant que nous avons cette salle magnifique, la meilleure

manière de remercier le RAS pour tout ce qu'il nous donne est de ne pas manquer, d'être ponctuels et de prendre soin des choses et de ce merveilleux SUM qu'ils nous ont fait. » (Cahier de terrain, 6/03/2013)

La non-adhésion à ces valeurs s'exprime dans des comportements qui sont vus comme anomiques, antisociaux, destructeurs. Le non-respect de ces normes de comportement autorise donc des sanctions, qui peuvent aller de l'avertissement au retrait de l'aide offerte, selon le degré de gravité de la transgression. La réciprocité (bien que certainement pas symétrique) entre le donateur et le donataire se place donc sur le plan moral. C'est ainsi que le manque de réciprocité de Maria, une résidente du quartier Siglo XX, a mérité un traitement spécial lors de la réunion mensuelle de la commission directive régionale. Maria est mère d'une petite fille atteinte d'un cancer ; les conditions de logement de la famille – composée uniquement de la mère et de sa fille – ont, au cours de leur recensement du quartier, attiré l'attention des institutrices du centre régional qui ont insufflé une série d'actions en mobilisant le réseau de relations de l'association. Elles ont mis la petite fille en rapport avec une jeune médecin qui collaborait avec le centre régional pour assurer un suivi de la petite ; le CR-CH a financé l'installation d'un système de puisage d'eau et d'un W.-C. dans le logement qui, jusqu'alors ne disposait que d'une latrine séparée dans la pièce ; elles ont aussi obtenu de la municipalité l'octroi de subsides à cette famille. Le fait choquant est survenu quand, à l'occasion du versement de ces subsides, la mère a dérobé le portable d'une employée de la municipalité. C'est dans un climat d'indignation que le fait fut exposé à la réunion mensuelle de la commission. Après une discussion sur la faute de Maria, on a demandé au pasteur de dire ce qu'il fallait faire : « Il n'y a qu'à parler avec elle pour qu'elle comprenne que, si elle continue avec ce comportement, toutes les portes se fermeront, elle perdra la confiance des gens qui l'aident. » (Cahier de terrain, 11/07/2011). Le verdict du religieux nous amène de nouveau la métaphore de la fermeture ; ce sont des portes au lieu de bouches, mais le registre moral qui encadre l'interaction solidaire réapparaît. Renouvelant le message émis par l'institutrice maternelle, les donataires doivent montrer par leurs actes leur participation à ce registre.

Un autre type de réciprocité attendu par le CR-CH est que les donataires doivent être à disposition, garder toujours la porte ouverte pour les membres du RAS. Au cours de l'une de mes premières visites dans le quartier, en compagnie de l'une des institutrices, on nous a montré l'intérieur d'un logement et les travaux effectués et pris en charge par le RAS alors que la propriétaire habitante (la mère de la petite-fille atteinte d'un cancer) n'était pas présente.

Ces nouvelles dimensions de la chaîne solidaire qu'articule le soja montrent une transformation nouvelle et très sophistiquée : le haricot protéiforme aide à calmer la faim des corps et aussi des âmes, car il contribue au développement de comportements moralement corrects. Les mutations successives du soja permettent non seulement de soigner les corps (caries, cancers, etc.), mais travaillent aussi à « l'amélioration des conditions socioculturelles », c'est-à-dire la réincorporation des hommes, des femmes et des enfants « défavorisés » dans le corps social « sain ».

L'acte fondateur du geste solidaire pour lequel le soja-grain est retiré par les entrepreneurs du commerce agricole des *commodities* pour être donné aux secteurs nécessiteux, jouit d'un statut moral qui habilite le gestionnaire du don (ici, le CR-CH) à exiger du destinataire, en contrepartie, un comportement moral correspondant. C'est aussi à partir de cette position morale que le réseau solidaire s'adresse à l'administration municipale pour solliciter sa collaboration dans les initiatives destinées aux quartiers périphériques. Construit en dehors du champ politique, le geste solidaire suspend les asymétries de classe et de pouvoir qui caractérisent les acteurs de cette rencontre, pour les restituer dans leur individualité en tant qu'*être moral*.

En guise de réflexion finale

Nous avons observé comment l'interaction solidaire inaugurée par le réseau de l'agro fait jouer au soja un rôle de médiateur entre le donateur et le donataire, en construisant un dispositif de gouvernementalité des territoires stratégiques pour le commerce agricole. L'expérience du RAS-CH s'inscrit dans une temporalité dans laquelle le projet original a connu des changements centraux dans sa dynamique. Dans un premier moment, le geste fondateur constitue le soja comme aliment fourni en dehors du marché. Dans cette opération, le RAS-CH reproduit (et connecte) l'une des principales entités du discours qui soutient le modèle du commerce agricole, à savoir que l'Argentine est l'un des principaux fournisseurs de denrées alimentaires du monde, d'un côté, et que la production de soja, comme on le sait, n'est pas destinée à la consommation humaine, d'un autre côté. Grâce au soja dosé et transformé en aliment pour les habitants de Charata, le RAS-CH remplit le devoir moral auquel Jorge Cazenave (un entrepreneur agricole de référence au niveau national et international) fait publiquement référence :

> « Le monde espère de l'Argentine qu'elle occupe sa place dans la production alimentaire [...]. Nous adapter au monde qui vient est de notre responsabilité, indépendamment des idéologies. » (*La Nación*, *Suplemento Campo*, 20/06/2009, p. 7)

En dehors du marché et des idéologies, le don de soja se construit comme un acte solidaire producteur de nourriture pour une population qui a faim. Avec cette première figure du hiéroglyphe fétichiste, l'origine du soja et son destin commencent à construire une autre géographie sociale : les effets des conditions de sa production dans le cadre d'un modèle concentrateur qui expulse la population rurale, sont corrigés par les effets des actions solidaires de ceux qui pilotent le modèle.

Dans un deuxième moment, le soja revient à la logique du marché à travers sa transformation en produit de supermarché, dont la référence est le prix. À partir de cette nouvelle forme, le soja permet d'ouvrir l'accès à plus de biens et de services, améliorant la qualité de vie des populations destinataires. Il habilite ainsi les gestionnaires du don à imposer des contenus et des pratiques conformes à leurs critères, et à les étendre aux habitants des quartiers périphériques. Cependant, la limite de cette forme du soja est son installation sur les gondoles du supermarché, en tant que marchandise.

Ce n'est qu'avec la troisième transformation du soja donné, converti en crédit à recouvrer sous différentes formes, que le dispositif arrive à se désincarner complètement. En tant qu'argent, le soja-crédit sert à payer un collaborateur en contrepartie de ses services, ou à construire un SUM au milieu du quartier Siglo XX. L'usage des services, des espaces ou des produits payés avec le soja-crédit se convertit en dette pour celui qui en a bénéficié. Une dette dont le règlement s'inscrit dans le registre comportemental : le créancier attend un bon comportement en contrepartie de son avance. De cette manière, la dette du destinataire pauvre est acquittée sur le plan moral.

Cette moralisation du soja est la seconde figure du hiéroglyphe du dispositif solidaire : le donataire est en dette avec le RAS-CH, qui a pu mener ces actions solidaires grâce au soja-crédit. La base sociale qui reconnaît l'action de « bien » réalisée par le RAS, et qui est composée par la population « périphérique » de Charata, se voit réintégrée au centre de cette société en tant qu'elle est reconnue comme donataire.

D'une manière générale, les sentiments mis en jeu par les habitants au cours de nos échanges nous permettent d'observer comment le CR-CH a fini par se constituer en acteur symbolique central sur le terrain de l'habitat des quartiers périphériques de Charata. Le pouvoir de faire d'un quartier un quartier « élu » fait de ce dernier un objet d'envie pour les autres. C'est ainsi que s'installe une logique sociale propre à la dynamique solidaire : le destinataire du don est aliéné dans une position d'attente, dont l'action la plus importante se résume dans la demande. À partir de cette position de récepteur, il ne lui reste plus qu'à attendre le prochain don et à évaluer s'il couvrira ses attentes. Ainsi, les changements dans les dynamiques de la relation donateur-donataires sont interprétés dans la logique de la bienfaisance :

> « Ce sont des gens qui sont bons qui sont venus. Aucun n'est venu par intérêt, au contraire, ils apportent des choses, ils les sortent de leur sac. […] Ils sortaient de leur travail et allaient, maison par maison, pour nous laisser un sac de marchandises, huile, toutes ces choses. » (Habitante du quartier Siglo XX, Entretien, 23/03/2013)

Ainsi, à travers une chaîne complexe construite par le RAS, qui va du grain de soja jusqu'à l'édification d'un système de valeurs, la commission directive a mis sur pied un dispositif dans lequel se sont articulés acteurs, besoins, capacités et marchandises. Les diverses initiatives évoquées jusqu'ici s'intègrent dans ce dispositif de gouvernementalité (Foucault, 2006), assurant l'articulation des aspects matériels et symboliques en alignement avec le commerce agricole. En partant de la matérialité du haricot de soja, on a parcouru le chemin de sa métamorphose pour arriver à l'ordre symbolique soutenu par le RAS, en montrant comment la structure solidaire arrive à articuler la dimension morale et la dimension économique dans la chaîne d'actions dans/du réseau de l'agro solidaire.

Cette intégration apporte avec elle l'apprentissage d'un comportement correct, transmis dans le cadre des activités de « développement social et culturel » conduites par le RAS dans le quartier Siglo XX. De cette manière, la société désirable à laquelle aspire la base sociale ainsi conformée est en continuité avec le modèle du commerce de produits agricoles. Les paroles d'une habitante du quartier, qui a appris à coudre et travaille dans l'atelier de production textile qui fonctionne au SUM sur initiative du RAS-CH, résument cette double fonction du dispositif qui note le comportement physique et moral de l'individu :

> « Tous ces gens du RAS sont bons avec nous, au moins ceux du quartier ici, ils sont bons, ils nous aiment. Quand nous avons besoin de quelque chose, nous le leur demandons et ils sont là pour nous apporter un mot ou nous enseigner quelque chose. […] On se raconte, entre nous toutes, et on dit si c'est mal ou si c'est bien, on se donne des conseils entre nous cinq. La prof Carmen, elle est très gentille, elle nous dit ce qui est bien, ce qui est mal, elle nous enseigne elle aussi. » (Entretien, 03/03/2013)

Outre le travail de construction d'une subjectivité avec des valeurs « correctes », la rencontre solidaire ouvre un espace solidaire d'interaction qui, malgré un objectif de transformation de la réalité, se situe en dehors du « politique ». Durant notre premier séjour à Charata, en 2010, le maire, et Carlos, ingénieur agronome et alors trésorier du CR-CH, nous ont expliqué l'importance et les raisons de cette articulation :

> Le maire : « Nous devons appuyer les gens du RAS parce que les actions qu'ils développent sont remarquables. Le RAS travaille dans un quartier très nécessiteux

[...] et ces gens-là arrivent quand l'État ne peut plus le faire. Nous devons les appuyer.

Carlos : Et sans l'appui de la municipalité, c'est de plus en plus dur, parce que premièrement les gens ne nous laissaient pas faire parce qu'ils pensaient que nous étions des politiques. Mais quand ils se sont rendu compte que nous n'avions pas de drapeau, ils se sont ouverts. L'appui du maire est important parce que soit il parle du RAS, soit il nous donne des sacs de ciment.

M. : Ce qui se passe c'est que si c'est le maire qui leur apporte quelque chose, ils pensent que tu fais de la politique. [...] Pour cela nous allons continuer à travailler avec le RAS, parce que nous nous rendons compte qu'il fonctionne. » (Fragments du cahier de terrain : municipalité de Charata, 31/08/2010)

Depuis ce territoire « du bien », les acteurs de la solidarité se constituent soit en médiateurs entre la « société » (dans ce cas, incarnée dans les habitants du quartier) et le monde politique (partis politiques, fonctionnaires de gouvernement, etc.), soit, à partir du modèle de l'efficacité entrepreneuriale, en coordinateurs des deux pôles. La position de médiateur comme celle de coordinateur se construisent d'après ce qui caractérise l'acteur solidaire en tant que « neutre » qui n'a pas d'intérêts mesquins, en contraste avec la figure du « politique » qui ne cherche que des « votes » pour garantir ses privilèges.

À travers le RAS, le pouvoir politique assure (subrepticement) sa présence dans la périphérie de sa société. Devant la nécessité de se travestir en « apolitique », l'État dans sa version locale et imaginairement plus « proche des gens », c'est-à-dire, la municipalité, mène des actions de développement en les sous-traitant aux acteurs « de la société civile » (dans ce cas, le RAS). Comme nous l'avons vu, la logique du dispositif solidaire englobe ainsi les politiques publiques dans les « projets » que le Réseau détermine. Ainsi les clivages politiques (appartenance à un parti...) deviennent anachroniques et justifient de nouveaux critères d'alignement, dans le cadre d'une « société civile » post-politique. Avec cette « privatisation de l'action de l'État » (Hours, Selim, 2014), les habitants d'un quartier comme Siglo XX se voient interpellés par des organisations comme celle que nous observons, dont la légitimité pour amener des changements et intervenir dans le tissu local dérive à la fois de l'ordre global – l'économie politique du soja – et de l'ordre local – la délégation d'autorité de l'État municipal. Ce dispositif d'action solidaire est donc, non seulement un mode de production de la base sociale du modèle *agronegocios* (ceux qui reçoivent des bénéfices) mais, par sa logique postpolitique, assure l'hégémonie du modèle en neutralisant idéologiquement les acteurs sociaux qui pourraient agir comme des agents de changement (dans la mesure où ce sont eux qui ont souffert des conséquences négatives de la progression d'un tel modèle agricole). En d'autres termes, le développement matériel et subjectif dans les territoires périphériques du système est mû par la logique de l'efficacité entrepreneuriale incarnée dans la Red Agro-Solidaria, conjointement avec la dynamique de l'agro comme commerce. Comme le signale Monique Selim (2014 : 183) « [Pour tous deux] le partage est devenu un ressort du marché, l'échange, une modalité du capitalisme, la finance un instrument de la solidarité. Ces nouvelles cartes bifides de la société civile globale entraînent tout un chacun à participer au jeu, à en inventer des règles, à s'y investir. » Cette (re)totalisation cherche à dépasser illusoirement l'antagonisme de classe ; il s'agit de la troisième figure du hiéroglyphe fétichiste introduit par la « rencontre solidaire ». Nous avons vu clairement ce mouvement de réification avec le geste cristallisateur du poster dont l'objectif est de représenter la chaîne solidaire : cette image illustre bien le projet de domination en présentant deux acteurs avec des intérêts antagonistes comme les parties d'une totalité sociale.

Néanmoins, l'agora postpolitique, dont la constitution en alter ego de l'entreprise espère assurer la bonne gouvernance des périphéries du capitalisme globalisé, se voit interrogée par ceux-là qui en restent exclus, ceux qui réintroduisent la politique, même si ce n'est pas avec les outils de la compétence ; en effet, la « bonne politique » apparaît dans ce dialogue comme une forme d'expliquer pourquoi on est dans la périphérie de la périphérie, revendiquant ainsi ledit critère comme valide :

> Habitante : Cela fait trois ans que j'ai commencé [...] avec la cantine populaire. [...] Maintenant je ne sais pas jusqu'à quand nous allons durer parce qu'ils ne donnent rien. [...] Il n'y a pas un groupe de quartier. Moi je le faisais, j'avais un groupe de filles, mais elles ne veulent plus marcher, la seule qui marche c'est moi. Et parfois ça te fatigue de devoir marcher pour tous. Moi je dis : je ne marche plus pour vous, je préfère marcher pour les pauvres petits [...]. Avec mon amie nous avons commencé avec le goûter, pas plus [...] tellement la demande de manger des enfants était grande.
>
> Anthropologue : Les gens du RAS ne t'aident pas ?
>
> H. : Ils nous ont aidées une fois, mais après... [...] Nous, on n'est pas du genre à insister. Si vous voulez donner, quand vous avez une entreprise aussi grande, vous allez prendre sur vos propres moyens, et dire « je te donne ça ». [...] Nous l'avons demandé au [maire], [il] est en train de faire des travaux en face, le SUM, et nous, il ne veut pas nous aider parce que nous faisons de la bonne politique. Eux, ils pensent que nous faisons de la bonne politique. Parce que la politique en soi, c'est quand tu donnes sans intérêt. Ma politique c'est de donner sans intérêt, sans recevoir rien en échange. [...] Eux, ils ne veulent pas m'aider parce que je ne veux rien recevoir et que je ne veux pas les aider non plus, parce que je ne veux pas que ce soit municipal, ni kirchnériste, ni rien. (Entretien, 12/03/2013)

Dans ce fragment de conversation avec cette habitante de Siglo XX qui, avec une autre du même quartier, a pris en charge un resto du cœur pour 88 enfants [9], la tension entre les trois logiques d'interaction évoquées tout au long de ce chapitre par les habitants du quartier Siglo XX est bien mise en scène : la logique du donateur-donataire, celle de la postpolitique, et celle des habitantes qui « marchent », cette dernière nous montrant la pression subie par celui qui construit un lieu de résistance en édifiant un espace d'autonomie extrêmement fragile quoique persistant. De cette manière, les destinataires des actions solidaires, en faisant jouer les éléments que le dispositif expulse (comme la dimension politique des pratiques sociales ou les comportements « mauvais » et/ou « immoraux »), parviennent à construire des espaces d'interaction non subordonnés, en cherchant un type d'autonomie par rapport au pouvoir qui se fait présent dans ces territoires à travers des dispositifs comme ceux que nous avons analysés ici.

RÉFÉRENCES BIBLIOGRAPHIQUES

ADAMOLI J., GINZBURG R., TORRELLA S., 2011: "Escenarios productivos y ambientales del Chaco Argentino : 1977-2010", Grupo de Estudios de Sistemas Ecológicos en Ambientes Agrícolas, FCEy N, UBA, Fundación Producir Conservando.

CÓRDOBA M. S., 2013: "La ruralidad hiperconectada : dinámicas de la construcción de redes en el sector del agro argentino", en GRAS C., HERNÁNDEZ V. (ed.), 2013 : *El agro como negocio : Producción, Sociedad y Territorios en la Globalización,* Biblos, p. 263-288.

FOUCAULT M., 2006: *Seguridad, territorio, población* [2004 : cours prononcé au Collège de France en 1978]. Fondo de Cultura Económica.

GRAS C., HERNÁNDEZ V. A. (ed.), 2009: *La Argentina Rural. De la agricultura familiar a los agronegocios,* Biblos, Bs. As., 289 p., ISBN 978-950-786-750-7.

GRAS C., HERNÁNDEZ V. (ed.), 2013: *El agro como negocio: Producción, Sociedad y Territorios en la Globalización,* Biblos.

GRAS C., HERNÁNDEZ V., 2014: "Agribusiness and Large-Scale Farming: Capitalist, Globalization in Argentine Agriculture", *Canadian Journal of Development Studies /Revue canadienne d'études du développement,* URL : http://mc.manuscriptcentral.com/cjds.

9. Le jour où nous avons pu observer le goûter, nous avons compté 24 enfants entre 3 et 12 ans. On leur a servi du maté chaud sans lait et un morceau de pain avec de la confiture.

GUÉRIN I., HERSENT M., FRAISSE L., 2011 : *Femmes, économie et développement, de la résistance à la justice sociale*, Paris, Eres.

HERNÁNDEZ V., 2013: "Genealogía de una elite rural: elucidación antropológica de una práctica de poder", *Mundo Agrario*, vol. 13, nº 26, junio 2013.

HOURS B., SELIM M., 2014 : *L'enchantement de la société civile globale*, Paris, L'Harmattan.

MARX K., 2002: *El Capital* [1867], Tomo I/vol.1, Libro primero, *El proceso de producción del capital*, Siglo XXI.

ROSATI G., 2014: "Funcionalidad y diferenciación en un mercado de fuerza de trabajo en metamorfosis. El caso de la cosecha de algodón en Chaco (1960-2010)", tesis doctoral en Ciencias Sociales, UNGS.

SELIM M, 2014 : « Une bénévolence généralisée », in HOURS B., SELIM M., 2014 : *L'enchantement de la société civile globale*, Paris, L'Harmattan.

TORRELLA, S., J. ADÁMOLI, P. HERRERA, R. GINZBURG, 2005: "La expansión agrícola en el Chaco argentino: contrastes entre el litoral fluvial y el interior", in "Temas de biodiversidad del litoral argentino" II. F.G. Aceñolaza. INSUGEO. Misceláneas 14: 123-134. Tucumán. ISSN 1514-4836. On Line 1668-3242.
En http://www.insugeo.org.ar/libros/misc_14/16.htm (consulté le 24/11/2014.

VALENZUELA C., 2005: "Transformaciones y conflictos en el agro chaqueño durante los ´90. Articulaciones territoriales de una nueva racionalidad productiva", *Mundo Agrario,* vol. 5, nº 10, primer semestre de 2005. ISSN 1515-5994 http://www.mundoagrario.unlp.edu.ar/

LA PHILANTHROPIE ENTRE MORALISATION DE L'ÉCONOMIE ET EXTENSION DU POUVOIR OLIGARCHIQUE :

L'EXEMPLE DE LA ROUMANIE POSTCOMMUNISTE

Antoine HEEMERYCK

> « Le bonheur individuel se doit de produire des retombées collectives, faute de quoi, la société n'est qu'un rêve de prédateur. »
>
> Daniel PENNAC

La morale occupe une place de plus en importante dans le monde contemporain : les discours politiques en usent à satiété, le secteur de l'économie financière, mis à l'index depuis la crise de 2007, tout comme celui de l'entreprise en font de même. Ainsi sont (ré-) apparus les fonds éthiques, l'éthique des affaires, la responsabilité sociale de l'entreprise, des concepts comme l'aléa moral, la moralisation de la finance, le commerce équitable, suivis de leur symétrique opposé : l'immoralité des peuples prétendument volages du Sud de l'Europe, puis, selon l'expression aux accents racistes, les PIGS (Portugal, Italie, Grèce, Espagne) ; enfin dans un registre usité : les assistés, les chômeurs, etc. Ceci montre que la morale n'est pas séparable des rapports de force à l'œuvre dans la société ou dans un cadre plus large. C'est pourquoi elle se présente comme un voile d'opacité qui se déploie en réponse à la corruption et au cynisme omniprésents dans l'économie ou dans la vie politique. En témoignent l'accélération des appels à l'éthique dans les affaires depuis le début de la crise de 2007 et l'exposition médiatique de figures comme Bernard Madoff aux États-Unis ou Jérôme Kerviel, « dérivatifs [1] » censés masquer le caractère collectif de la corruption morale et de l'incompétence dans le champ de l'économie financière. Aussi est-il remarquable que des organisations aussi différentes que l'ONG OXFAM (2014) et le Forum économique mondial formulent un diagnostic analogue quant au niveau critique atteint par les inégalités socio-économiques à un niveau global.

Le surgissement de la morale est étroitement lié au déploiement du néolibéralisme et aux évolutions sociales, économiques et politiques contemporaines qui en découlent. Car, en effet, la globalisation a engendré des inégalités sociales, économiques et politiques abyssales. Si la multiplication des bidonvilles (Davis, 2007) et des espaces de confinement des populations liminaires (Agier, 2008) sont des indicateurs de la généralisation de la pauvreté et de ses nouvelles formes, à l'autre extrémité du spectre, de nouvelles figures du capitalisme ont fait leur apparition à l'instar d'un Bill Gates ou d'un Carlos Slim. Nantis de fortunes dépassant les 75 milliards de dollars, ces hommes ont un pouvoir économique et politique inédit dans l'histoire de l'humanité, qui rivalise avec les États-nations et dépasse les investissements humanitaires d'institutions multilatérales. Par exemple, le budget de la fondation Gates dépasse désormais celui de l'Organisation mondiale de la santé.

Certes, l'articulation problématique du capitalisme et de la morale n'est sûrement pas une nouveauté. Max Weber a montré que l'expansion du capitalisme, de l'Europe aux États-Unis, s'est appuyée sur le protestantisme et a trouvé sa justification morale idéale dans le calvinisme (Weber, 1991). Depuis les années 1980 et la sortie d'un capitalisme industriel encadré par un État redistributif, nous sommes entrés dans une nouvelle phase du capitalisme reposant sur un régime de crises répétitives. Réconcilier le capitalisme et la morale devient, dans cette configuration, unc priorité pour légitimer l'ordre social et s'éviter les révoltes des populations. En conséquence, ce mode de fonctionnement du système capitaliste actuel entraîne effectivement un sentiment ancré d'injustice et la multiplication de mouvements sociaux contestataires dont les Indignés et les mouvements du type Occupy sont les symboles les plus reconnus. Apparaît donc une contradiction entre, d'un côté, ces formes prodigieuses d'enrichissement, le développement de la pauvreté à grande échelle et, de l'autre, les normes sociales, morales, de justice produites par les sociétés. Derrière la moralisation de l'économie, l'enjeu n'est rien moins que de construire une adéquation entre des comportements économiques nuisibles socialement et des principes éthiques dont le rôle est de souder fictivement les groupes

1. Je reprends le mot de Frédéric Lordon (2003).

sociaux autour de repères collectifs et d'assurer la reproduction sociale selon un schéma durkheimien bien connu en sciences sociales.

Dans les pays de l'Est, l'adoption d'une « transition » à la société de marché, suite à la chute du mur de Berlin, puis au démembrement de l'URSS, s'est soldée par l'exclusion et la paupérisation de larges catégories sociales de la population : les retraités, les ouvriers, les minorités ethniques, les femmes, etc. Parallèlement, des personnages aux fortunes immenses sont apparus. Parmi eux, nombreux sont ceux qui ont fondé une organisation philanthropique. Dans les pays postcommunistes, les fondations philanthropiques se trouvent au centre des transformations sociétales les plus récentes et les plus profondes qui touchent ces sociétés. Plus précisément, et c'est l'une de nos hypothèses de travail, elles permettent d'étudier les tentatives de légitimation de formes de domination fondées sur la richesse et permettent d'analyser la moralisation que tentent d'imposer des élites économiques. Si le schéma diachronique – somme toute classique – d'accumulation, de reproduction et de légitimation morale du capital prend des formes singulières dans chaque société, il est plus visible dans les pays postsocialistes du fait du caractère naissant ou contemporain de la philanthropie comme phénomène de classe et de la rapidité avec laquelle elle s'impose.

Dans les lignes qui suivent, on se penchera sur cette dynamique de la nouvelle philanthropie d'affaires à partir de la Roumanie. Intégrée tardivement à l'OTAN [2] (2004) et à l'Union européenne [3] (2007), cette société, deuxième pays d'Europe de l'Est après la Pologne en termes de superficie et de population, est considérée comme une périphérie de l'Europe, corrompue et pauvre. Pourtant, en 1990, la Roumanie est un pays qui n'a plus de dettes et qui possède des richesses naturelles et une industrie surdéveloppée (forestière, pétrolifère, gazière, etc.). Ces ressources vont être privatisées sous le contrôle d'acteurs locaux puisque la Roumanie adopte en 1990, après une période d'à peu près dix ans d'enfermement, une transition graduelle vers l'économie de marché. À partir de 1996, dans un contexte de crise, la privatisation va s'accélérer sous la houlette d'un gouvernement libéral allié à la Banque mondiale [4]. C'est à partir de cette période que les premières fortunes colossales vont être accumulées grâce à la privatisation des services publics et la marchandisation de plusieurs secteurs de l'économie (la propriété notamment).

---

2. La Hongrie, la Pologne et la République tchèque ont adhéré aux structures militaires transatlantiques dès 1999.

3. Chypre, l'Estonie, la Hongrie, la Lettonie, la Lituanie, Malte, la Pologne, la République tchèque, la Slovaquie ont adhéré à l'UE en 2004.

4. Pour un panorama plus large sur ces évolutions voir Heemeryck (2010, chap. I).

De la philanthropie en Roumanie : quelques éléments introductifs

Dans les années 2000, s'observe une multiplication des fondations philanthropiques d'homme d'affaires [5]. Cette chronologie se comprend dans un schéma de transformation des modes d'accumulation des richesses et des dépenses ostentatoires. Il s'agit à la fois d'une importation collective des rivalités politiques et économiques dans le domaine philanthropique, d'une extension du domaine de la lutte entre ces acteurs et d'une tentative de légitimation morale de la position occupée par cette élite. Pour étayer cette analyse, on se penchera sur le statut de trois philanthropes aux profils très contrastés, ce qui nous permettra d'obtenir un tableau plus complet du champ de la philanthropie en Roumanie.

Âgé de 68 ans, Dan Voiculescu fait partie de l'ancienne nomenklatura et plus précisément de l'ancienne Securitate (organe de surveillance de l'État-parti). Il défend principalement des valeurs conservatrices et nationalistes. Né en 1950, Dinu Patriciu se présentait comme un libéral, occidentaliste. Âgé de 66 ans, George Becali, au profil plus excentrique, est issu de couches sociales plus éloignées des centres du pouvoir. Parmi ces trois acteurs, deux sont aujourd'hui emprisonnés (Voiculescu, Becali) et le troisième, décédé en 2014 (Dinu Patriciu), aurait dû être condamné, comme l'ont été ses complices, à une peine de prison et à de fortes amendes.

Globalement, ces acteurs investissent dans quatre domaines spécifiques : outre le secteur d'accumulation de richesses de référence (l'import-export, le pétrole, l'immobilier), on peut énumérer les médias de masse, les partis politiques et en dernier lieu la philanthropie. La philanthropie est en effet une activité secondaire qui présuppose l'accumulation de richesses dans le domaine économique (Guilhot, 2004a). Plus encore, la philanthropie institutionnalisée n'est qu'un aspect du statut de ces « nouveaux riches » et un segment de leur empire économique, social et politique. Il importe par conséquent de la replacer dans l'ensemble des activités qui constituent son cadre d'évolution de façon à ne pas isoler et fétichiser l'action philanthropique, ce qui reviendrait *in fine* à reproduire l'action de moralisation opérée par ces fondations. Ensuite, les activités philanthropiques à proprement parler seront analysées plus précisément. À première vue, celles-ci produisent une légitimation morale nécessaire au maintien de l'ordre social. Cependant, si l'on pousse l'analyse plus loin, on s'aperçoit que ces entreprises de moralité permettent, d'une part, de façonner le monde social et symbolique de manière à donner une image positive de ces acteurs, en les plaçant en haut d'une hiérarchie de valeurs *ad hoc*, et, d'autre part, d'imposer une logique de privatisation dans le champ public et

5. Les femmes sont quasiment absentes de ce domaine d'activité qui reproduit la domination masculine dans les élites économiques.

par-là une extension de leur pouvoir à des champs jusque-là épargnés par ces pratiques (politiques sociales, éducation, culture, science). Dans ce qui suit, la philanthropie des capitalistes, car c'est bien de cela qu'il s'agit, sera considérée comme un dispositif (Agamben, 2007) à caractère moral d'extension du pouvoir oligarchique. Cette contribution entend donc participer à éclaircir les nouvelles formes de justification morale du capitalisme et leurs effets politiques implicites et explicites à partir du cas de la Roumanie.

En Roumanie, comme dans les pays postcommunistes ou postsoviétiques, l'apparition de ces entreprises de moralisation est récente. En effet le communisme était un projet qui visait à soumettre l'ensemble des sphères et des acteurs de la société à la seule domination politique. L'État-parti représentait la société dans son intégralité. Logiquement, la dictature n'a jamais toléré la présence de fondations [6]. En moins de trois décennies, les pays postcommunistes et postsoviétiques ont vu émerger et se stabiliser une oligarchie économique. Celle-ci commence même à concurrencer les vieilles et puissantes oligarchies de l'Ouest. Dans cet ensemble, l'oligarchie russe semble tenir la corde. Cependant, la catégorie des « hyperriches » ne doit pas masquer l'exhaustivité du phénomène : de la Roumanie à l'Ukraine, de la Hongrie à l'Ouzbékistan avec des variations en intensité selon les cas [7]. Qu'elles soient présentées comme des institutions proches d'une firme ou proches du propriétaire de l'entreprise, les fondations demeurent des entreprises appartenant à cette élite économique. Elles sont le produit de leur volonté et sont encadrées par ce rapport de propriété.

Tandis qu'elles passaient largement inaperçues aux yeux du public dans les années 1990, au début des années 2010, il était devenu difficile de passer une journée sans apercevoir une publicité pour une école d'été, une bourse

6. Une singularité est à relever en ce qui concerne la Roumanie. La fondation Dragan, établie en Espagne en 1967 et dont les activités se déployaient sur le sol italien, a entretenu un lien idéologique et concret assez évident avec le communisme nationaliste de l'époque de N. Ceausescu (Pavelescu, 2009), quand le régime a opéré un repli identitaire et remis au goût du jour les symboles des mouvements fascistes de l'entre-deux-guerres. Iosif Dragan était d'ailleurs un grand admirateur du leader de ce mouvement – Ion V. Antonescu. Dragan est le plus accompli des philanthropes roumains avec ses universités sises en Italie et en Roumanie, son centre cybernétique, son association de recherches en bio-économie… – quasiment tous situés en Europe de l'Ouest – et son ancienneté dans ce type de pratiques. Mais I. Dragan n'a jamais été vraiment considéré comme un acteur du jeu politique et économique local. D'où son absence comme modèle ou anti-modèle du champ de la philanthropie en dépit d'une fortune estimée à 1,6 milliard de dollars et une activité philanthropique qui dépasse largement ce qu'on peut observer en Roumanie postcommuniste.

7. La revue *Capital*, version roumaine de *Forbes*, édite un classement annuel des plus riches citoyens de Roumanie, du monde et de l'Europe de l'Est. Ce classement, sans être d'une rigueur scientifique exceptionnelle, peut former une bonne entrée en matière pour apprécier l'étendue du phénomène.

d'études, un programme proposé par une fondation philanthropique... Dernièrement, suite à la condamnation et à l'emprisonnement des grands philanthropes, cette publicité a été tempérée puisqu'elle risquait d'attirer la suspicion sur les fondations et le capital économique qui leur permet de fonctionner. Ces organisations sont donc bien implantées dans le tissu sociétal de la Roumanie. Par conséquent, il convient de les considérer comme des acteurs pérennes dans le paysage politique, économique et social de cette société en dépit des déboires judiciaires qui touchent leurs fondateurs.

Les médias de masse et la mise en forme d'une domination

Les philanthropes abordés sont devenus populaires grâce à un rapport très particulier aux médias. Les grands empires médiatiques dominant la Roumanie ont appartenu et appartiennent encore à l'élite politico-économique. Dan Voiculescu possède le groupe Intact qui comprend entre autres *Saptamina Financiar*, *Jurnalul national*, *Gazeta sporturilor*, *Felicia*, *Financiarul*, *Romantic FM*, *Radio Zu*, *Confidential* ; et des médias télévisés comme Antena 2, Antena 3, Euphoria. Dinu Patriciu pour sa part, fut actionnaire principal de l'empire médiatique Adevarul qu'il transforma en société par actions simplifiées (*joint-stock compagny*). Celui-ci inclut *Forbes Romania*, *Click*, *Click pour femme*, *Click Bon appétit*, *Foreign Policy Romania*, *Istoria*...

George Becali avait envisagé plusieurs projets d'établissement de chaînes télévisées qui n'ont jamais abouti. Il a toujours été un client privilégié de certaines chaînes d'information. Le caractère extravagant du personnage – tantôt burlesque, tantôt ubuesque – assure l'audimat de ces entreprises. Comme tout outsider, il est passé par des chemins détournés pour se construire une image publique incontournable. C'est lorsqu'il est devenu actionnaire majoritaire du club de football du Steaua de Bucarest (l'Étoile de Bucarest) que Becali a accédé à la célébrité. Seul club de football roumain ayant jamais dominé la scène européenne, le Steaua joue un rôle important dans l'imaginaire national. Dans la mesure où l'identité roumaine est stigmatisée, le succès de ce club au milieu des années 1980 a opéré une intégration symbolique sur la scène européenne.

Plus généralement, les clubs de football sont aussi des terrains qui permettent aux nouveaux riches promus à l'échelle globale d'entrer en compétition avec les vieilles élites européennes et en même temps de s'attirer la sympathie d'une partie des populations concernées appartenant souvent aux classes populaires des grandes capitales européennes. Citons l'exemple de Roman Abramovitch. Ancien trader ayant fait fortune grâce à la privatisation du pétrole russe et ex-gouverneur de Tchoukotka, ce « nouveau Russe » qui détient une fortune estimée à plus de 14 milliards de dollars, a racheté le club de football londonien de Chelsea. Cette entrée au sein d'une nouvelle élite mondiale a eu pour conséquence quasi immédiate une augmentation du prix des joueurs transférés, même si l'ancienne élite, notamment les notables barcelonais et madrilènes, continue à battre les records en la matière [8]. Comme dans le cas de nombreuses grandes entreprises financiarisées, l'augmentation des hauts salaires et l'écart des revenus se sont imposés comme une norme [9]. On pourrait multiplier les exemples, en Angleterre surtout, du fait d'une législation et d'une fiscalité plus tolérantes, ou ailleurs en Europe pour illustrer ce phénomène étroitement lié à la globalisation. Silvio Berlusconi, politicien, homme d'affaires, qui a fait fortune d'abord dans la publicité et les médias, et qui détient aujourd'hui encore le club du Milan A. C. reste l'exemple le plus remarqué. Pour fermer cette parenthèse, ajoutons que les nouveaux propriétaires de ces clubs sont presque tous des philanthropes.

Les investissements sur ce marché oligopolitique répondent à plusieurs logiques. D'abord à celle de la concurrence entre les élites du monde économique. Il semble que le statut du capitaliste dominant inclue la possession de médias afin d'obtenir une reconnaissance sociale plus large, valeur ou problème collectivement partagés par cette élite. Ensuite, ils permettent de mieux contrôler l'offre idéologique en fonction des intérêts en jeu. Si les médias de masse revendiquent une certaine indépendance d'esprit, il est pourtant parfaitement clair qu'ils sont assez largement soumis à l'efficacité du rendement qui s'oppose très souvent à l'objectivité de l'information. Il est tout aussi clair qu'ils font la promotion de certains modèles d'organisation et inculquent des modes de pensée. Enfin, à l'évidence, les médias ne peuvent être critiques vis-à-vis de leur propriétaire que de façon marginale. La pérennité de l'emploi pour les salariés en serait rapidement menacée. Avec l'achat de médias, ces philanthropes se donnent les moyens de contrôler leur image publique et les idées propagées par cet intermédiaire. C'est pourquoi ces empires médiatiques ont une offre aussi variée, qui leur permet de toucher un spectre social très large et d'éviter toute concurrence [10].

---

8. En 2001, pour son centenaire, le club du Real Madrid a acheté Zinedine Zidane à la Juventus de Turin pour la somme, exorbitante à l'époque, de 75 millions d'euros. Il s'agissait alors d'un record absolu. Depuis, cinq joueurs ont dépassé cette somme pour atteindre les 100 millions d'euros.

9. En 2006, Zinedine Zidane gagnait environ 6,4 millions d'euros par an. Aujourd'hui Lionel Messi, joueur le mieux payé au monde, gagne 41 millions d'euros par an. Le vingtième joueur le mieux payé au monde, Gianluigi Buffon, gagne plus de 12 millions d'euros annuellement.

10. Cette situation n'est absolument pas une particularité roumaine. Le phénomène est peut-être plus transparent en Roumanie, mais sûrement moins ancien qu'en Europe de l'Ouest ou aux États-Unis où des efforts sont faits pour masquer cette corruption structurelle. Le magnat des médias, Ted Turner, inscrit dans le programme *Giving pledge*, en donne un exemple idéal.

Dans une perspective gramscienne, on peut dire que les élites économiques trouvent à travers les médias de masse un médium spécifique qui leur permet d'asseoir une hégémonie idéologique. C'est un instrument de contrôle qui devient une redoutable machine de propagande pendant les processus électoraux, et permet d'influencer en général le rapport entre élite et population.

Entre rivalité économique et luttes politiques

Les grands capitalistes roumains ont des trajectoires marquées par une double intégration dans les partis politiques et les structures économiques. La teneur de la relation affaires économiques/partis politiques diffère en intensité dans le temps et en fonction de l'acteur abordé, mais elle reste présente. Deux des trois philanthropes retenus dans cet article étaient bien intégrés sous l'ancien régime. Ils étaient donc particulièrement bien armés pour s'octroyer une place de choix dans le nouveau système. Quant au troisième personnage, il n'en est venu que tardivement à faire de la politique. Il s'agit d'un cas plus rare. En règle générale, le capital économique se construit sur la base d'un capital politique.

Dan Voiculescu est issu de l'élite économique promue par le communisme. Recruté par la Securitate en 1970, il a exécuté plusieurs missions de police politique (incluant également la dénonciation de membres de sa famille). Son nom de code, Félix, est utilisé avec constance par son plus grand ennemi politique, Traian Basescu, président de la Roumanie (2006-2010, 2010-2014), qui le nomme Félix le Chat. Diplômé de l'Académie des études économiques de Bucarest, membre du parti communiste roumain depuis 1975, il devient en 1982 représentant (en Roumanie) de l'importante entreprise Crescent Commercial & Maritime Ltd. Cyprus, en charge d'exportations de métal, de ciment, etc., sous le contrôle de la Securitate. Il s'agit d'une société écran enregistrée à Chypre. L'historien Marius Oprea affirme qu'en 1988, Crescent a réalisé 40 % des exportations de ciment de la Roumanie (Oprea, 2002).

On peut en déduire que, du fait de ce système et de la position qu'il y occupait, Dan Voiculescu s'est trouvé d'emblée dans une position chevauchant le capital de relations dans le domaine politique et économique, mais aussi équipé de compétences (finance, production, transport, fiscalité et droit commercial international) proches de celles requises dans l'industrie capitaliste qui allait se développer quelques années plus tard en Roumanie. D'ailleurs, il dispensera, de 1996 à 2004, un cours de « compétition et compétitivité » à l'Académie des sciences économiques de Bucarest. Cette

---

Pour être tout à fait clair, *Giving pledge* consiste pour des milliardaires à donner de leur vivant ou *post mortem* la moitié de leur fortune au moins à des organisations humanitaires.

situation initiale explique sans doute la facilité avec laquelle, dès 1991, il fonde la holding Grivco (Groupe industriel Voiculescu & Co.), aujourd'hui composée de plus de 20 entreprises, dont l'activité, d'abord concentrée sur le commerce extérieur s'est ultérieurement diversifiée, couvrant de vastes domaines comme l'activité bancaire, la finance, l'assurance, l'agriculture. Grivco est une firme transnationale implantée dans plusieurs villes du monde (Beijing, Belgrade, Istanbul, Moscou...).

Dan Voiculescu prétend avoir gagné son premier million de dollars en 1996 (en 2005, sa fortune était estimée à 1,5 milliard de dollars). En 2006, il se retire du poste de PDG du groupe Grivco au bénéfice de sa fille. Il en reste toutefois l'actionnaire majoritaire. Ce retrait formel de la vie économique correspond à une promotion dans le champ politique puisqu'il devient alors vice-premier ministre. Dès 1991, Dan Voiculescu a fondé un parti politique, le Parti humaniste de Roumanie, rebaptisé Parti conservateur en 2005. Il fut également élu sénateur de la Roumanie à trois reprises (2004-2007, 2008-2012, 2012-2013). Son parti a vogué d'une extrémité du champ politique à l'autre comme le montrent les alliances régulières qu'il a entretenues avec les partis de droite comme de gauche. En politique, l'arme principale du Parti conservateur est la puissance médiatique que détient le groupe Grivco. Le Parti conservateur lui-même n'a jamais obtenu de résultats significatifs aux élections sans alliance préalable avec des partis plus importants.

Dinu Patriciu [11] intègre dès 1990 l'opposition politique, alors composée d'ONG et de partis politiques historiques « renaissants ». Ils luttent contre le gouvernement d'inspiration gorbatchévienne du Front du salut national (FSN). Ceci ne l'empêche pas, comme d'autres « libéraux », de participer par la suite au FSN et même de devenir ministre des Travaux publics et de l'Aménagement du territoire pour une brève période.

Le cofondateur du Parti national libéral n'était pas étranger aux structures de l'ancien régime. Diplômé en architecture, assistant universitaire, Dinu Patriciu a participé à plusieurs projets de construction à Abu Dhabi au cours de la période 1984-1990, à savoir la période la plus difficile du communisme. Toute sortie du territoire roumain était alors quasiment impossible sans une collaboration avec la Securitate et/ou une forte intégration dans les réseaux du parti. Peu importe : l'alliance idéologique ou économique (par le sponsoring) avec les anticommunistes [12] restera une constante tout au long de sa carrière politique [13]. Tout comme D. Voiculescu, Dinu Patriciu sera élu député à plusieurs reprises (1992-1996, 200-2004).

11. Son vrai nom est Dan Costache Patriciu.
12. Sur ce point voir Heemeryck (2014).
13. On peut prendre l'exemple de la revue *Dilema veche*.

Cet homme n'a pas hésité pas à déclarer, et ces déclarations seront suivies d'actes, qu'il pouvait supporter – financièrement – des partis politiques aux programmes supposément opposés. De telles déclarations font voler en éclat les principes sur lesquels reposent la légitimité, l'offre et le pluralisme politiques. Mais ce positionnement est pragmatique dans la mesure où les différences entre partis politiques deviennent infimes et où les enjeux politiques véritables ne se situent pas dans les programmes politiques. C'est ce qu'illustrent les alliances gouvernementales successives entre les trois grands partis de la scène politique roumaine : le Parti social-démocrate (PSD), qui se prétend « de gauche », le Parti national libéral (PNL) et le Parti démocrate libéral (PDL) – tous deux de droite (PNL-PDL entre 2004 et 2007, PDL-PSD de 2008 à 2009, PSD-PNL de 2011 à 2014 [14]). À la vérité, l'opportunisme et la versatilité font partie des qualités nécessaires à toute intégration au système politique.

Dinu Patriciu s'est vanté à de nombreuses reprises d'avoir été le propriétaire de la première entreprise privée autorisée en Roumanie – Alpha construction et investissements immobiliers S. A. L'attitude, plutôt contemplative envers ce personnage, adoptée par la presse spécialisée et généraliste, la rend incapable d'en tirer les conclusions qui s'imposent : Dinu Patriciu avait logiquement un capital de relations sociales solide dans les structures de l'État-parti. Il faut effectivement une connaissance avancée des cheminements bureaucratiques des appareils de l'État communiste pour arriver à un tel résultat avec une telle rapidité.

Ces quelques années de travail dans l'architecture et l'immobilier l'avaient poussé à se présenter aux élections municipales à Bucarest, dans un contexte où les rétrocessions des biens spoliés par le parti communiste étaient l'objet d'un vol à grande échelle : mais ces « rétrocessions » n'ont pas été sa principale source d'enrichissement, mais plutôt la première. C'est dans le pétrole que Dinu Patriciu a fait fortune. Ce domaine ne lui était aucunement étranger. En effet son père, hautement diplômé, fut employé comme géologue chef pour une succursale de la Royal Dutch Shell Co., en Roumanie, avant la deuxième guerre mondiale. Dinu Patriciu a acheté toute la chaîne économique de l'industrie pétrolière étape par étape, morceau par morceau, puis a fait entrer ces entreprises sur les marchés financiers. En 1995, il est impliqué dans la transaction d'un cargo pétrolier, ce qui lui vaudra ses premiers démêlés avec la justice pour des faits d'évasion fiscale. En 1999, il rachète les raffineries Vega et Petromidia. En 1998, il devient à la fois directeur de Romania Moldova Direct Fund (RMDF) et propriétaire de Rompetrol, l'industrie nationale du pétrole et du gaz. Établie en 1974,

14. Le PNL et le PDL ont fusionné en 2014. Seule l'aile restée aux ordres du président T. Basescu a rejeté cette union et a créé le Parti pour un mouvement populaire.

Rompetrol a surtout exporté le savoir-faire roumain dans le domaine de l'industrie pétrochimique dans les pays non-alignés (Égypte, Jordanie, Lybie, Algérie) dans le cadre de la coopération Sud-Sud. C'est ainsi que Dinu Patriciu a constitué à bas coût un empire en situation de monopole qui avait été laissé *nolens volens* en jachère. Cette période d'acquisition sera suivie d'une période de financiarisation, et le groupe Rompetrol deviendra une entreprise cotée en bourse. Enfin, c'est en 2007 qu'il vend 75 % de ses parts à Kazmunaigaz (entreprise d'État du Kazakhstan dans le domaine énergétique), pour la somme de 2,71 milliards de dollars. Dinu Patriciu devient alors le plus riche Roumain de l'histoire.

Gigi Becali a un profil tout à fait différent. Il fait partie des *lumpen* capitalistes qui revendiquent une opposition à l'aristocratie économique, très souvent issue des rangs des structures communistes, dominant le monde des affaires et de la politique. Par exemple, il fait récupérer sa voiture volée par ses hommes de main, se laisse filmer en train de redresser à l'aide d'un pied-de-biche l'aile accidentée de sa voiture (une berline Maybach dont le prix dépasse les 500 000 €), soit un comportement inimaginable pour les représentants de cette classe. Mais, c'est peut-être son cousin Victor Becali qui assume le plus clairement ce statut. Lui qui se déclare volontiers « mafieux », s'est fait construire dans sa propriété une reproduction du palais de Tony Montana, personnage iconoclaste du célèbre film réalisé par Brian de Palma, *Scarface* (1983). D'ailleurs, Victor Becali qui a fait fortune dans le transfert de joueurs de football purge une peine de quatre ans et huit mois de prison pour fraude, blanchiment d'argent, évasion fiscale.

Simple mécanicien dans une usine de cadenas en 1989, Becali appartient à un groupe d'Aroumains [15]. Il possède un capital social restreint, mais solide. C'est grâce au financement de son parrain, le plus célèbre des sportifs roumains Gheorghe Hagi [16] qu'il se lance dans le commerce transfrontalier de vêtements, de cigarettes, de savons, etc. En 1990, ces objets sont d'une extrême rareté en Roumanie. Par conséquent, ce type de commerce se développe à une vitesse démesurée et crée un appel d'air collectif pour les petits entrepreneurs audacieux. Si cette première activité lui permet d'accumuler un petit pécule, c'est grâce à l'extension de ses propriétés terriennes et immobilières qu'il fera fortune, selon un schéma de prédation

15. Bergers, artisans, commerçants, les Aroumains sont une population des Balkans dotée d'une langue spécifique dont l'existence remonte au Xe siècle. Ces pasteurs-nomades qui ont subi la domination des empires voisins ont tour à tour été considérés par ces derniers comme barbares ou respectables. Population aujourd'hui réduite, elle conserve cependant certaines formes de solidarité, en général renforcées par des liens de parenté et de proximité statutaire, qui ont subsisté dans des groupes de petite taille.

16. En 1990, G. Hagi faisait partie des rares Roumains possédant un capital économique grâce à sa profession de joueur de football au club du Real Madrid.

usuel en Roumanie. C'est dans ce cadre que Becali fait sa première importante affaire, qui lui rapportera plus de 3 millions d'euros. Elle consiste en un échange de terrain avec le ministère de la Défense nationale. Gigi Becali a racheté ce terrain après publication de l'offre, en dépit du fait qu'il était revendiqué, l'échange étant de ce fait interdit par la loi. C'est cette affaire qui lui vaudra une peine de trois ans d'emprisonnement [17].

Après plusieurs tentatives infructueuses, Gigi Becali est devenu député européen en 2009 jusqu'à sa condamnation en 2012. Sa carrière politique est marquée par le rachat par le sponsoring du Parti de la nouvelle génération, aujourd'hui quasiment disparu, et des alliances multiples oscillant de la droite à l'extrême droite, d'une « association d'Italiens de Roumanie », au Parti national libéral, en passant par Corneliu V. Tudor, alors leader du parti d'extrême droite Romania Mare.

Pour ces trois acteurs, l'investissement dans les partis politiques semble avoir plusieurs fonctions. Tout d'abord, il va permettre d'influencer directement la politique, qu'il s'agisse de lois, de fiscalité, de privatisation, etc. Ensuite, il peut permettre de bénéficier d'une protection supplémentaire, puisque les parlementaires bénéficient d'une immunité limitée [18], ce qui peut avoir son importance pour des acteurs dont les fortunes sont le fruit de manœuvres souvent inavouables. Certes, à long terme, cette protection politique s'est avérée fragile puisque tous les acteurs cités ont été condamnés à des peines de prison ferme. Enfin, il donne la possibilité de se préparer pour des affaires lucratives grâce aux privatisations réalisées par l'État.

La présence dans les institutions politiques permet également de réguler ou même d'outrepasser la concurrence grâce à la proximité de l'information, voire de préparer des appels d'offres sur mesure. Car c'est à partir des privatisations, d'affaires réalisées avec la puissance publique et de leur proximité avec les institutions publiques quc ces acteurs ont accumulé leur fortune. Ces acteurs n'ont bien souvent du mythe de l'entrepreneur que la prétention – Voiculecsu représente de ce point de vue une semi-exception – mais il est tout aussi révélateur qu'ils soient contraints de se plier à une telle image.

Les fondations et les partis politiques ne semblent être que deux aspects du même ensemble organisationnel. Ils fonctionnent sur le mode de la division de travail, de la complémentarité relative. Ainsi, les antennes de la fondation chrétienne Becali à Bucarest, où étaient cycliquement distribués

---

17. Dans le cadre de ce jugement, l'ancien ministre des Affaires étrangères, Victor Babiuc, et le chef de l'état-major, Dumitru Cioflina, ont été condamnés à deux ans de prison.

18. Le président de la Roumanie mis à part, qui bénéficie d'une immunité totale. Depuis l'élection de T. Basescu, personnage impliqué dans de multiples affaires de corruption, cette immunité a été créée sans appui légal ou constitutionnel par les procureurs de la Direction nationale anticorruption.

des dons de nourriture, de vêtements – ce qu'on appelle localement le bakchich électoral – étaient confondues avec les antennes du PNG. La fondation Voiculescu pour le développement de la Roumanie organise des fêtes, des concours de danse, pour les noces de diamant de citoyens d'un arrondissement de Bucarest où le parti conservateur détient les clés de la mairie. Tout se passe comme si les fondations n'étaient qu'une extension dans un domaine particulier (celui de la morale, de l'animation sociale, des investissements culturels) de l'empire économique des affairistes.

À travers ces trois parcours, on observe trois modalités de passage du communisme au capitalisme. Dan Voiculescu est probablement celui qui était déjà le plus proche de l'économie de marché. Sous la tutelle de la Securitate, il travaillait pour une entreprise située dans un paradis fiscal avant même la chute des Ceausescu. Dinu Patriciu doit sa fortune uniquement à la privatisation de ressources naturelles et humaines dans un contexte de privatisation des bénéfices publics et de nationalisation des pertes. George Becali est un cas marginal, mais représentatif des outsiders qui se sont multipliés dans les premières années de la conversion au marché. S'il a accumulé son premier pécule grâce à une activité de petit trafiquant transfrontalier, c'est dans la spéculation immobilière et la privatisation de propriétés, qu'il a fait fortune.

Ces nouveaux modes d'accumulation du capital sont apparus dans un contexte de progression du néolibéralisme symbolisée par l'adhésion à l'Union européenne. Dans cette configuration l'État est l'acteur principal de l'instauration de la société de marché. Certes, le néolibéralisme s'est imposé progressivement en Roumanie à la différence de la Pologne où il domine depuis 1990 l'ensemble du champ de la politique. Depuis les années 2000 cependant, on peut dire qu'il n'existe plus d'alternative. L'imposition du néolibéralisme est la toile de fond de l'histoire de l'apparition des « grands » capitalistes et de la philanthropie.

Entreprise de moralisation et privatisation de la démocratie

Ce qu'on a coutume d'appeler le don, dans le cadre de la philanthropie capitaliste, est un investissement moral, car la morale est commensurable : elle peut être achetée et vendue comme un simple produit [19]. Qu'il s'agisse des philanthropes américains comme Rockefeller, Mellon ou Carnegie, ou des affairistes roumains d'aujourd'hui, tous ont ceci en commun qu'ils ont une réputation exécrable qui est le fruit d'un comportement moralement répréhensible et socialement toxique. Il faut rappeler que la philanthropie se développe avec force dans les moments d'accélération et/ou de

---

19. Sur ce thème, on pourra consulter les réflexions de Bernard Hours (2008) sur les « marchandises morales globales ».

transformation du capitalisme, qu'il s'agisse d'industrialisation ou de financiarisation. Des figures sont liées à chacune de ces périodes : Andrew Carnegie et John D. Rockefeller pour la première ; George Soros et Mickael Milken pour la seconde. Ces époques sont également celles de fléaux sociaux, économiques, sanitaires et identitaires pour les classes populaires.

Au fond, il importe peu de savoir que les grands philanthropes ont tout d'un groupe d'interlopes. En revanche, la richesse et surtout la richesse acquise grâce à des moyens peu ou prou illégaux peuvent difficilement être montrées sans prendre le risque d'engendrer une rupture morale et *in fine* une révolte. Or, plus que de richesse ici, il s'agit d'opulence sans limites. Par exemple, à l'apogée de sa carrière Dinu Patriciu possédait un yacht estimé à plus de 40 millions d'euros et une flottille de jets VIP à 12 millions d'euros. Or, cette richesse qui doit être nécessairement ostentatoire, qui doit être objet d'admiration, de jalousie ou de critiques, bref qui doit être socialement reconnue, peut apparaître répugnante aux yeux de la population lorsqu'elle est mise en rapport avec l'état réel de développement de la société. Rappelons que le salaire minimum en Roumanie s'élève à 190 €, le salaire moyen à 360 €, et qu'en 2011 22,6 % de la population vivaient sous le seuil de pauvreté [20].

La richesse accumulée frauduleusement forme une dette morale qui appelle un remboursement ou une pondération par un investissement économique dans la vertu. C'est cette double équivalence économique et morale qu'il faut construire pour s'attirer l'admiration ou la reconnaissance dans la population. C'est pourquoi l'investissement philanthropique s'apparente à première vue à une sorte de quête de rédemption. Il faut préciser que seule cette catégorie de l'élite politico-économique pratique ce type de « blanchiment éthique » personnalisé. Aucune autre partie de l'élite politique ne s'adonne à de telles passions, exception faite, lors des campagnes électorales, du clientélisme politique qui atteint son climax (distribution de nourritures, de briquets, de blousons, de sacs, etc.). Notons cependant que le don dans le cadre de pratiques chrétiennes orthodoxes, et notamment celui du rapport aux morts, est omniprésent, ce qui, d'une façon ou d'une autre crée un environnement social favorable à la philanthropie.

Si ce segment de l'élite est si préoccupé par la philanthropie c'est parce ce type d'investissement permet d'inverser partiellement les rôles entre la population et l'élite par « le blanchiment moral » selon le concept de Nicolas Guilhot (2004a). Le don qui intervient en première instance pour alléger une dette morale et économique devient lui-même une forme d'obligation qui ne peut être remboursée. Marcel Mauss l'affirmait avec force : « La charité est encore blessante pour celui qui l'accepte, et tout l'effort de notre morale tend

20. Cf. INSEE Roumanie.

à supprimer le patronage inconscient et injurieux du riche « aumônier » (Mauss, 1968 : 104). De manière complémentaire, ces acteurs jouent le rôle d'avant-garde dans la reproduction morale du capital et dans le maintien des distances sociales. Ce qu'on observe à travers la philanthropie, c'est un phénomène d'importation de logiques spécifiques à la lutte économique, politique et sociale qui vise la légitimation morale d'une élite sur l'ensemble de la population. Si, à première vue, il s'agit d'une quête de légitimité, cette impression est formelle, car la philanthropie, en plus d'assurer une position de domination, permet d'imposer une idée de (in) justice très particulière et par là d'étendre une imposition idéologique.

L'étude des programmes des fondations philanthropiques roumaines permet de dégager des orientations prépondérantes. La fondation Voiculescu travaille essentiellement dans le domaine de l'éducation. Ses activités incluent des cours pendant l'année, des écoles d'été, des concours dès l'école maternelle. Sa devise, qui permet de se faire une idée sur l'orientation de ses projets, est la suivante : « Nous soutenons l'excellence, nous entraînons l'intelligence. » L'ensemble de l'activité de la fondation est basé sur quelques idées-forces, celles de la performance, de la compétitivité, de la concurrence, de l'excellence et du mérite. Ainsi un concours annuel met en compétition par catégorie d'âge des enfants mimant l'émission télévisée « Les Roumains ont du talent [21] » (danse, chant, contorsionnisme, etc.). Pour les plus âgés, en 2014, une école d'été internationale organisée en collaboration avec l'Académie des sciences économiques avait pour thème « Défi financier et opportunité dans une économie compétitive ». De même la fondation prétend être la seule à organiser une olympiade pour les enfants de trois à six ans, concours qui consiste à résoudre des puzzles, réaliser des créations « artistiques » La fondation précise que « l'olympiade offre la possibilité d'une évaluation objective du niveau de développement éducationnel et émotionnel ». Toute performance doit effectivement être évaluée, et c'est la fondation qui s'octroie ce rôle de juge impartial. Toujours dans la logique de ces programmes, on recherche chez les plus jeunes des talents innés, des enfants avec des « super-pouvoirs » : pouvoir et capacité qui sont le fruit d'une intervention divine, de la nature, ou d'un mérite donné sur le modèle du propriétaire de la fondation. Ainsi, pendant plusieurs années, la fondation a mené des recherches dans les zones d'origine de grandes figures de la nation roumaine comme le célèbre poète Mihai Eminescu – sans succès.

La fondation se propose de développer les talents par l'éducation dans le but affiché de « développer la Roumanie ». Après leur sélection, ces enfants sont réunis dans des ateliers où des professeurs assurent leur formation. Ces

21. Version locale de *America's got Talent.*

organisations copient le modèle des crèches pour enfants surdoués. Dernièrement, la fondation Voiculescu a lancé un programme de préparation au concours du Cambridge Michigan Language Assessment – un certificat d'aptitude en anglais qui peut être utilisé comme équivalent de l'examen du baccalauréat dans la même matière –, réservé à la catégorie 14-18 ans, en soulignant l'importance d'un tel certificat pour les étudiants qui comptent mener des études à l'étranger. La fondation Voiculescu n'est pas la seule à occuper ce segment. La fondation RTC, par exemple, a monté une maternelle Erasmus et donne des cours de langues étrangères pour enfants en bas âge depuis sa création en 2005. En réalité, la fondation Voiculescu tente de s'accaparer un segment majeur de développement de la fondation Dinu Patriciu qui se concentre, elle aussi, sur l'éducation.

La fondation Dinu Patriciu a prospéré jusqu'en 2012 grâce à un budget de annuel de 7 à 8 millions de dollars. Dans l'histoire de la Roumanie postcommuniste, seule la fondation Soros pour une société ouverte a bénéficié d'un budget supérieur. Cependant, cette période fut de courte durée. Patriciu a perdu une large part de son capital suite à plusieurs divorces et des investissements inopportuns. En 2014, ce spéculateur, qui jouissait six ans plus tôt d'une fortune estimée à 2,5 milliards d'euros, ne possédait plus que 100 millions d'euros. Voilà pourquoi en plein milieu de l'année universitaire des étudiants se sont trouvés sans le sou dans des universités occidentales. La fondation se donne pour objectif de développer la Roumanie en investissant dans l'éducation de certains individus. Ici, s'exprime sans doute le néolibéralisme d'inspiration étasunienne du fondateur dans la mesure où, selon lui, ce n'est pas dans les institutions qu'il faut investir mais dans les individus. La fondation se donne pour cible une large tranche d'âge. Elle propose des opérations de parrainage pour les plus jeunes et réalise dans ce but une enquête sociale, ce qui lui permet de s'arroger un pouvoir de surveillance sur les familles concernées. Pour les étudiants, des bourses Open Horizon ont été proposées, elles permettaient d'étudier dans une université de réputation internationale. Une des conditions d'obtention de la bourse était de s'engager à revenir travailler en Roumanie après ces études. Quelques lycéens ont pu également profiter d'une année de scolarisation aux États-Unis dans un lycée coté.

Avant de perdre les sommes investies par son fondateur et financeur, un projet d'institutionnalisation d'université (et une école également) était sérieusement envisagé. Cette université devait comprendre trois départements : science économique, sciences politiques et arts. En règle générale, comme le souligne Nicolas Guilhot, au premier rang de la hiérarchie de prestige des actions philanthropiques se trouve « la fondation d'une université par des hommes immensément riches, des hommes tels qu'il ne peut y en avoir que quelques-uns dans chaque pays » (Guilhot,

2004 : 36). La citation d'Andrew Carnegie est représentative d'un mouvement collectif des philanthropes étasuniens qui fondèrent une université : John Rockefeller et l'Université de Chicago, Ezra Cornell, John Hopkins et les Universités éponymes. Plus récemment, on peut citer l'exemple de George Soros et de la Central European University à Budapest (Guilhot, 2004b, 2006). Cependant, dans les pays d'Europe de l'Est, Soros est un exemple singulier, et cet établissement d'université dans le champ étasunien à l'époque de l'industrialisation ne trouve que rarement d'équivalence dans le temps et dans l'espace. Pourtant la création d'une université est un point de repère aujourd'hui encore pour des personnages comme Dinu Patriciu. Car c'est bien la création de cette université qui crée une distinction stricte entre les rares figures historiques et mondiales du capitalisme et les nombreux personnages de second rang. Rappelons que la rivalité, la distinction, l'ostentation sont les valeurs morales cardinales de ces affairistes.

C'est encore par des cheminements inhabituels que Gigi Becali en est venu aux investissements humanitaires. Becali a débuté sa carrière de philanthrope pendant les terribles inondations de 2006 en Roumanie. Posté en hauteur, accompagné d'une armada de journalistes, il distribuait des billets de banque aux sinistrés. Suite à cet épisode médiatique, les demandes se sont multipliées, l'établissement d'une fondation étant le dernier épisode d'une série de pratiques charitables. Les activités philanthropiques de l'homme d'affaires montrent un rapport beaucoup plus nuancé entre offre et demande d'aide par rapport à ses deux homologues précédemment abordés, ce qui implique une construction différente du pouvoir de la fondation. Trois domaines lient George Becali à la population dans le cadre de la philanthropie : la religion, la santé et la pauvreté. Sociologiquement, la « clientèle » de la fondation est totalement inhabituelle pour ce type d'organisation : population pauvre, même très pauvre, malades, personnes âgées, jeunes entrepreneurs utopistes sans le sou... De plus, la fondation reçoit d'innombrables correspondances. Le contraste avec le luxe des autres grandes fondations de Roumanie est saisissant : aucune autre ne fait de place à cette Roumanie-là.

Ceci étant, si ces demandes sont adressées à George Becali c'est aussi parce que son profil, assumé avec outrecuidance, est plus adéquat à ces préoccupations. La religion chrétienne orthodoxe est l'objet d'une pratique généralisée en Roumanie en dépit d'une concurrence naissante avec les mouvements évangélistes et, dans certaines régions, avec des mouvements protestants plus anciens. Gigi Becali a des opinions très proches des institutions religieuses conservatrices. Il peut se montrer homophobe, misogyne, raciste. Pour lui, la gauche, c'est « le diable » et globalement ses ennemis sont des suppôts de Satan. Ce mode de pensée est hérité d'une histoire familiale spécifique. Il est issu d'une famille de riches bergers aroumains déportés sous le communisme suite à leur association avec le mouvement fasciste de la garde de fer.

La fondation Becali est dirigée par un médecin qui fut lui aussi candidat aux élections municipales. Avant que ne commencent ses démêlés avec la justice, les projets de Becali étaient ambitieux : il entendait construire un hôpital clinique qui soit également un centre de recherches en santé. Des contacts très sérieux avaient été pris avec plusieurs laboratoires en Chine dans le domaine de la recherche de cellules souches. Si d'aventure ce projet avait vu le jour, Gigi Becali serait entré dans le cercle très fermé de l'élite historique des affairistes dont le modèle reste toujours la fondation Rockefeller [22].

Réintégrer la nation pour mieux la dominer

Les fondations philanthropiques sont construites sur la base de projets politiques de l'oligarchie roumaine, évidence qu'il faut garder à l'esprit. Elles laissent la possibilité de combler moralement les injustices économiques qui sont à la base de l'enrichissement de ces nouveaux entrepreneurs de morale. Cela étant, le blanchiment éthique n'est qu'une première étape et qu'un aspect dans cette logique oligarchique. Parce qu'elles ne sont pas des organisations politiques, les fondations peuvent imposer insidieusement, au nom de l'éthique, des principes doctrinaires spécifiques. C'est le cas dans l'éducation où les principes de performance, d'excellence individuelle sont mis sur un piédestal. Plus encore, pour D. Patriciu, les enfants et les étudiants sont équivalents à un capital ou à une entreprise dans laquelle il faut investir. C'est l'alliance avec les professions scientifiques et pédagogiques qui va permettre aux fondations de renforcer et d'étendre leur sphère d'influence, de s'inscrire dans une collectivité plus large, d'obtenir une légitimité liée au prestige de leurs collaborateurs et d'effacer le caractère ultra-personnalisé de la fondation. Ceci pose la question de l'hétéronomie de ces champs sociaux où la pauvreté (même salariée), le clientélisme et la corruption sont omniprésents. En retour, cette influence permet de construire un modèle social fictif et *ad hoc*. Ce n'est plus grâce à la corruption, à leur voracité, à leur collaboration avec les structures politiques et de surveillance communistes et postcommunistes que ces acteurs ont fait fortune, mais bien plutôt grâce à leur abnégation dans le travail, leur intelligence naturelle, leur talent, leurs performances. Dans cette

22. En réalité, c'est dans le sillon d'une étude menée par la fondation Carnegie sur l'enseignement de la médecine dans trois pays – États-Unis, Grande-Bretagne, France – que Rockefeller a créé un institut de recherche en médecine qui sera rattaché à la fondation du même nom établie quelques années plus tard (Picard, 1999).

optique, ils méritent leur richesse et leur autorité sur la population, telle est l'image qu'ils tentent d'imposer.

L'investissement éthique est également le moyen pour ces acteurs de se réinscrire dans la société. Structurellement, les représentants de la frange dominante de l'élite sont éloignés à tous points de vue de l'ensemble de la société. Toute une partie de leurs interventions vise à masquer ce désencastrement par un investissement dans des secteurs liés au capital culturel de cette société. La fondation Voiculescu organise de très nombreux spectacles, expositions de folklore et autres marchés de produits traditionnels en collaboration avec le Musée national du village et le Musée national du paysan roumain. Le succès de ces événements est toujours remarquable. De même, elle nomme son école pour enfants la « maternelle des valeurs roumaines ». À plusieurs reprises, Gigi Becali s'est déguisé en berger entouré d'un troupeau de moutons, devant une petite maison traditionnelle sur l'une des propriétés familiales. Qui plus est, il a financé la restauration de monuments historiques appartenant à l'Église orthodoxe, en Roumanie ou ailleurs : à Bruxelles ou encore en Grèce.

Ce faisant, ces acteurs tentent de s'approprier un rôle d'intermédiaire entre la Roumanie et le reste du monde. Patriciu, en se donnant une image de businessman au fait des affaires du monde, s'attribue le rôle de médiateur entre le marché global et la nation roumaine. *Idem* en ce qui concerne Becali, mais cette fois dans le domaine religieux. Voiculescu, lui, prétend agir pour le développement de la Roumanie. C'est ainsi que le message des publicités télévisées de la fondation D. Patriciu peut être compris : « Quand on aide une personne, on aide toute la Roumanie. » Mais ces affairistes n'inventent pas les idiomes culturels dans lesquels ils investissent. En réalité, ils les replacent dans une configuration sémantique et idéelle à leur avantage en la déguisant en élan patriotique. Ils transforment donc le calcul le plus cynique, matérialiste et égoïste en une mission à la fois morale, spirituelle et patriotique.

Conclusion

Le caractère ambivalent du don est connu depuis longtemps comme le rappelle ce joli proverbe Inuit : « Ici, nous disons qu'avec les cadeaux on fait des esclaves, et qu'avec les fouets on fait des chiens. » (Freuchen, 1961, cité in Greaber, 2012). On peut en dire de même du terme de « philanthrocapitalisme » qui, outre le dépoussiérage de vieilles idées (Andrew Carnegie demandait déjà une rentabilité de l'investissement philanthropique), ne fait que cacher la mise en place d'un régime oligarchique prenant les apparences d'un gouvernement de l'éthique *a minima*, voire au rabais. Ainsi Gigi Becali se présente comme un voïvode, c'est-à-dire un seigneur militaire, administratif et religieux qui protège le peuple des invasions étrangères. Dinu Patriciu, quant à lui, soutient que :

> « Avec décence et modestie, les corporations [entreprises] et les hommes qui le peuvent doivent faire connaître leurs initiatives sociales. C'est seulement ainsi que nous clarifierons [convaincrons] les gens que la société vit par la redistribution naturelle du bien-être et non par celle imposée par l'État – gaspilleur et corrompu par définition. »

C'est bien à la privatisation de l'État et de la démocratie que nous invitent ces nouveaux philanthropes par un vaste transfert de souveraineté [23]. Et ce, directement ou indirectement, car en essayant de se substituer à l'État, ces philanthropes tentent de créer une société dans laquelle la médiation collective, les délibérations, représentées par les institutions centralisées, n'ont plus lieu d'être. Dans cette logique, l'organisation de la société est laissée aux seuls capitalistes, seuls à même de représenter le bien et la bonne gouvernance. Le blanchiment moral (Guilhot, 2004a) permet certes la reproduction du capital et des positions sociales de l'élite économique. Mais il y a plus dans la mesure où la moralisation de l'économie devient un instrument de prise du pouvoir d'un gouvernement oligarchique.

Si ce chapitre de la Roumanie postcommuniste semble s'être refermé avec la condamnation en justice des personnages évoqués (seule la fondation Voiculescu semble survivre à la condamnation de son fondateur), la mise en mouvement du capital opérée par ces acteurs et la mobilisation d'instruments de moralisation ne disparaîtra pas avec eux. Car ils ne sont en fait que les figures d'un mouvement plus large de conversion au capitalisme de type néolibéral.

RÉFÉRENCES BIBLIOGRAPHIQUES

AGAMBEN Giorgio, 2007 : *Qu'est-ce qu'un dispositif*, Paris, Payot & Rivages.

AGIER Michel, 2008 : *Gérer les indésirables. Des camps de réfugiés au gouvernement humanitaire*, Paris, Flammarion.

ANDERSON Benedict, 1983 : *Imagined Communities : Reflections on the Origins and Spread of Nationalism*, London, Verso.

DAVIS Mike, 2006 : *Le pire des mondes possibles. De l'explosion urbaine au bidonville global*, Paris, La Découverte.

23. Guilhot (2004a) utilise cette expression sur son terrain étasunien, mais la limite à la question de la fiscalité.

FREUCHEN Peter, 1961: *The Book of the Eskimo*, Cleveland, Ohiao, World Publishing Co.

GAVRILESCU Adrian, 2006: *Noii precupeţi. Intelectualii publici din Romania de dupa 1989* [Les nouveaux marchands. Les intellectuels publics de Roumanie après 1989], Bucarest, Compania.

GRAEBER David, 2013 : *Dette : 5 000 ans d'histoire*, Paris, Les liens qui libèrent.

GUILHOT Nicolas, 2004a : *Financiers, philanthropes. Vocations éthiques et reproduction du capital à Wall Street depuis 1970*, Paris, Liber/Raisons d'agir.

GUILHOT Nicolas, 2004b : « Une vocation philanthropique : George Soros, les sciences sociales et la régulation du marché mondial », *Actes de la recherche en science sociales*, n° 151-152 : « Sociologie de la mondialisation », Seuil, p. 37-48.

GUILHOT Nicolas, 2006 : « A Network of Influential Friendships". The Fondation pour une Entraide Intellectuelle Européenne and East-West Cultural Dialogue, 1957-1991 », *Minerva*, vol. 44 (4), p. 379-409.

HANN Chris (ed.), 2002: *Postsocialism. Ideals, Ideologies and Practice in Eurasia*, London, Routledge.

HEEMERYCK Antoine, 2014 : « La dette imaginaire du communisme : luttes politiques et délégitimation historique en Roumanie » in HOURS Bernard, OULD-AHMED Pepita (ed.) : *Dette de qui, dette de quoi ? Une économie anthropologique de la dette*, Paris, L'Harmattan, p. 201-227.

HEEMERYCK Antoine, 2010 : *L'importation démocratique en Roumanie*, Paris, L'Harmattan.

HEEMERYCK Antoine, 2009 : « Legitimarea filantropică a capitalismului post-comunist în România [Légitimation philanthropique du capitalisme postcommuniste en Roumanie] », *Romania Review of Political Sciences and International Relations*, Bucarest, éd. de l'Académie roumaine, n° 3, t. IV, p. 158-168.

HOURS Bernard, 2008 : « Les marchandises morales globales ou le blanchiment du capitalisme » in BAUMANN Eveline *et al.* (ed.) : *Anthropologues et économistes face à la globalisation*, Paris, L'Harmattan, p. 77-86.

LORDON Frédéric, 2003 : *Et la vertu sauva le monde… Après la débâcle le salut par l'« éthique »*, Paris, Raison d'Agir.

MAUSS Marcel, 1968 : « Essai sur le don. Forme et raison de l'échange dans les sociétés archaïques » [1923] in MAUSS Marcel : *Sociologie et anthropologie* (4e éd.), Paris, Presses universitaires de France.

OPREA Marius, 2002 : *Moştenitorii Securităţii* [Les héritiers de la *Securitate*], Bucarest, Humanitas.

OXFAM, 2014 : *En finir avec les inégalités extrêmes. Confiscation politique et inégalités économiques*, Document d'information Oxfam, n° 178, en lecture libre sur oxfam.org.

PAVALESCU Alina, 2009 : *Le Conducator, le Parti et le Peuple : le discours nationaliste comme discours de légitimation dans la Roumanie de Ceausescu (1965-1989)*. Thèse de doctorat, Paris, Institut d'études politiques.

PICARD Jean-François, 1999 : *La fondation Rockefeller et la recherche médicale*, Paris, PUF.

WEBER Max, 1991 : *L'éthique protestante et l'esprit du capitalisme* [1904-1905], Paris, Gallimard.

REDISTRIBUTION ET BONNE VIE EN ÉQUATEUR

Bernard Castelli

En ces temps de crise du capitalisme globalisé, où prédomine l'austérité comme panacée universelle aux problèmes économiques, financiers et sociaux actuels, se proposer d'étudier la redistribution dans sa dimension morale semble pertinent dans la mesure où existent de sérieuses raisons d'en justifier la légitimité scientifique (Jouvenel de, 1951, 2010) : si l'on accepte tout d'abord de la définir comme un transfert général de richesses matérielles ou immatérielles des plus riches vers les plus pauvres, il est clair que celle-ci relève de l'application de valeurs, de principes éthiques dont on ne peut ignorer l'importance intrinsèque : justice sociale, dignité, solidarité [1], etc. Mieux encore si son étude n'emprunte pas la voie usuelle d'une évaluation quantitative des résultats socio-économiques mais s'inscrit au contraire dans une démarche hétérodoxe où la morale remplirait un rôle critique que l'on attribuait auparavant aux sciences sociales (Anaïs, Rossigneux-Méheust, 2013 ; Fassin, 2009).

La redistribution s'avère enfin intéressante comme objet d'étude « moral » puisque dépassant les abstractions théoriques liées tant à la rationalité égoïste de l'*homo œconomicus* qu'à la volonté de puissance de l'acteur politique (Sánchez-Parga, 2014). Certes les moyens variables mis au service d'une politique de redistribution n'entérinent ni la défaite irréversible de la société de marché ni moins encore le triomphe définitif d'un État régulateur. En tant que processus réformateur, elle se fixe pour objectif général une « bonne vie » pour les classes affectées par les dérives de la

1. Une réfutation claire de la nécessité de redistribuer des ressources s'exprimerait crûment dans l'interrogation cynique suivante : mais pourquoi faudrait-il s'inquiéter pour la situation économique et sociale de certains individus ?

globalisation. Rien ne garantit toutefois que celui-ci puisse être atteint sans susciter des effets collatéraux indésirables : par exemple, prétendre réduire les inégalités les plus criantes ne signifie pas nécessairement y parvenir de la meilleure façon possible, c'est-à-dire en évitant de créer de nouvelles injustices ou de creuser les inégalités existantes. Cette ambivalence de contenu et de sens justifie par conséquent une analyse d'autant plus fine qu'elle exprime toute la complexité éthique des rapports réciproques entre des inégalités diverses et la dynamique économique due à leur origine, suscitant en outre des interdépendances morales sous la forme de dilemmes autour du bien-fondé d'une justice redistributive efficace (Maréchal, 2005) : entre ce qui est faisable et désirable, entre la création de droits et l'imposition d'obligations, entre ce qui est injuste et juste, etc.

À partir de l'expérience redistributive menée actuellement en Équateur dans le cadre du processus politique et sociétal dénommé Révolution citoyenne, nous nous proposons de fournir des éléments d'interprétation susceptibles d'éclairer les aspects éthiques qui y sont liés. Il ne s'agira ici ni d'une étude d'impact social et moins encore d'une évaluation économique des réformes en voie d'exécution (Dausderstädt, 2013 ; Samaniego-Ponce, 2012), mais de nous intéresser plus particulièrement à la composante morale des mesures ou des décisions visant à atténuer les inégalités.

La structuration ternaire de cet article répond à une progression dialectique : la première partie insiste sur la responsabilité du président Rafael Correa dans la genèse idéologique des fondements moralisateurs de la redistribution actuelle. Sa mise en œuvre a été en effet précédée d'une stigmatisation systématique du néolibéralisme comme source exclusive de tous les maux passés de l'économie équatorienne. La seconde partie souligne les liens existants entre la générosité sociale du régime politique et l'exploitation financière des rentes issues du modèle primaire exportateur dominant. Loin d'innover radicalement, la redistribution de la Révolution citoyenne se contente de poursuivre en les amplifiant les programmes sociaux déjà en place. La dernière partie conteste les prétentions discursives à changer la vie, à engendrer la « bonne vie », dès lors que les structures de concentration et de répartition des richesses demeurent intactes malgré l'interventionnisme de l'État rentier. Nous conclurons en montrant que l'anticapitalisme officiel s'accommode sans état d'âme d'une redistribution soumise à une opulence financière grosse de ruptures futures.

Les vieux démons de la chrématistique néolibérale

D'une manière générale, au travers de ses écrits académiques, mais aussi de ses discours politiques, l'actuel président de l'Équateur, Rafael Correa, se fait inlassablement le chantre d'une conception normative de l'économie où les jugements de valeur et la dénonciation systématique des perversions supposées du néolibéralisme établiraient les bases politiques d'une alternative portée par le projet sociétal de la Révolution citoyenne. Le savoir économique, de même que les décisions politiques afférentes, s'écarteraient délibérément d'une réflexion objective, d'une analyse scientifique préalable de la réalité pour emprunter les voies insondables de l'indignation et de la partialité revendiquées : « La politique économique est normative, c'est-à-dire qu'elle répond à des idéologies, des jugements de valeur et, malheureusement sous une forme assez fréquente, à des intérêts particuliers... » (Rafael Correa, 2009, p. 124, traduit par nous)

L'idée même qu'un certain équilibre, si ténu soit-il, puisse être trouvé entre les contraintes économiques et les exigences morales de la vie en société s'apparente ici à une pure hérésie en raison d'une subjectivité surdéterminante de l'auteur :

> « Je me suis même permis de proposer beaucoup plus de jugements de valeur, c'est-à-dire, d'y mettre ma passion pour ma Patrie et pour notre Amérique. D'un point de vue personnel, je ne peux que m'indigner devant la tromperie et le pillage de la région [...] » (Rafael Correa, 2009, prologue p. 12-13, traduit par nous).

Le cadre discursif antérieur s'avère exacerbé dès lors qu'est instruit, de façon récurrente, le procès du néolibéralisme sous sa forme la plus infamante, la chrématistique. Selon les circonstances et les moments de l'action politique, l'accent est en effet mis sur deux thèmes fondamentaux comme expressions du rejet global de cette pensée (Perez Ordonez, 2010 ; Guttierez Vera, 2012) : la première accentuation porte sur son immoralisme intrinsèque ; la seconde sur les conséquences néfastes, les malheurs historiques qui ont affligé les sociétés ayant appliqué ses recettes. Bien que réductrice, cette condamnation de la chrématistique néolibérale comporte au départ un fond de vérité peu contestable qu'un fort traitement idéologique tend toutefois à faire dévier hors du champ des réalités économiques et sociales (Boltvinick, 2013).

Eu égard au premier thème, l'argumentaire peut être synthétisé de la manière suivante (Baechler, 1995) : le néolibéralisme, en ne retenant que les seules fins économiques comme justifications ultimes de l'existence humaine, élimine *de facto* les autres fins, celles qui se situent en dehors de la sphère de fonctionnement du libre marché. L'exacerbation permanente de cette logique recèle en soi une contradiction fondamentale, d'une perversité redoutable pour la fin même de l'économique : la production de richesses, l'opulence visée comme condition nécessaire à l'allocation de ressources requises par la « bonne vie » se trouvent en réalité menacées dans la mesure où le néolibéralisme ne fixe aucune limite à la croissance de l'accumulation indéfinie du capital. Cette poursuite insensée de la prospérité à tout prix condamne les hommes à ignorer les autres fins politiques, ludiques, religieuses, sociales, etc.

Ceux qui ont encore la décence de résister aux sirènes néolibérales du tout marché comme principe primordial de vie seront tôt ou tard pénalisés, littéralement déclassés :

> « Nous pouvons formuler au moins trois hypothèses, sans que celles-ci soient mutuellement exclusives : les fondamentalistes pour lesquels le libre marché est pratiquement une fin en soi et non un moyen pour atteindre le développement ; le volontarisme incompétent de nos élites et technocraties nationales, incapables d'une position critique devant le bombardement idéologique des politiques du Consensus de Washington ; et, finalement, comme toujours l'existence de gagnants au détriment de beaucoup de perdants du libre commerce » (Rafael Correa, 2009, p. 145, traduit par nous).

Le néolibéralisme est en fin de compte foncièrement immoral parce qu'il transforme une fin intermédiaire en fin dernière, considère que la primauté de l'économique et sa variante exubérante, la chrématistique, doivent *naturellement* régir l'ensemble des comportements humains en société.

Le deuxième thème antichrématisque part de l'idée suivant laquelle la transgression systématique des fins par cette théorie n'est nullement l'apanage des conversations philosophiques : de manière concrète, l'application des mesures (libéralisation, dérégulation, privatisation…) découlant de ses principes abstraits aurait engendré des effets économiques, financiers et sociaux irréversibles à l'intérieur des nations capitalistes concernées. Une des conséquences les plus néfastes, sinon perverses, du néolibéralisme consiste à transformer toutes les valeurs d'usage en valeurs d'échange (Maréchal, 2005 ; Sánchez-Parga, 2014). Puisque tout s'achète et que tout se vend, le prix devenant le critère déterminant pour accéder à tous les domaines, même les plus intimes de la vie, rien ne semble pouvoir freiner l'extension irrésistible d'un univers d'objets et de services toujours plus marchands où l'appartenance et la distinction sociales se traduisent par la multiplication de signes extérieurs de richesses matérielles ou immatérielles.

Lorsque le philosophe déplore la situation présente, l'économiste crie au scandale d'une idéologie indécente qui attise les désirs de consommateurs privilégiés, d'une élite latino-américaine séduite par l'euphorie consumériste :

> « Dans les sociétés de mauvaise distribution du revenu, comme les latino-américaines, les marchandises les plus ridicules peuvent avoir de hauts prix monétaires, non pour leur grande utilité mais simplement parce que pour les consommateurs avec des revenus suffisants, ces hauts prix constituent seulement un petit sacrifice » (Rafael Correa, 2009, p. 157, traduit par nous).

Un autre effet majeur du néolibéralisme dominant serait de susciter une instabilité généralisée à l'origine de nombreuses crises financières et de stagnations économiques très coûteuses pour les finances publiques. Au cours des deux dernières décennies du XXe siècle, les marchés financiers internationaux et nationaux auraient adopté un ensemble de recettes aux conséquences souvent problématiques pour les systèmes privés et publics (Samaniego Ponce, 2012 ; Ponce, Burgos, Sánchez, 2011). L'Amérique latine, toujours créative en matière sémantique, utilise la métaphore de la « décennie perdue » pour qualifier les nombreuses régressions en termes de développement induites la plupart du temps par une gestion déficiente de l'endettement massif de nature externe ou interne. L'Équateur n'est pas en reste qui, en la personne de son président actuel, désigne sous la forme fort imagée de « Longue et triste nuit néolibérale » la période correspondant à une phase de libéralisation de l'économie nationale (1984-1998) ayant abouti à la crise jumelle, financière et monétaire, des années 1999-2000. L'acte d'accusation est riche en crimes commis par divers acteurs coupables d'adhérer dans leur pratique professionnelle aux consignes de la *doxa* néolibérale (Correa, 2009).

Les premières responsables de la perte de souveraineté financière et monétaire de l'Équateur sont les banques locales qui n'ont pas su résister aux attraits délétères d'un libéralisme effréné importé de l'étranger. Au service prioritaire du capital « apatride », elles auraient délibérément négligé le crédit en direction du secteur productif national, le financement hypothécaire des catégories sociales les plus modestes, l'ouverture de ses services à la concurrence extérieure [2], etc. En accord étroit avec les établissements financiers internationaux, le secteur bancaire équatorien aurait par ailleurs sciemment manipulé le cadre réglementaire existant dans le seul but de frauder et de spéculer, avec pour corollaire l'augmentation considérable de la dette externe devenue de la sorte illégitime.

Après les banquiers immoraux, le réquisitoire convenu s'étend aux anciens partis politiques qui ont soutenu la dollarisation officielle décidée par le président Jamil Mahuad en janvier 2000. Mesure libérale forte sur le plan symbolique, en termes de perte de souveraineté politique, le soutien de la monnaie américaine comme instrument de valeur et d'échange de l'économie équatorienne conduit à une stigmatisation de l'ensemble de la

2. La liste étoffée des défaillances relevées dans son réquisitoire s'avère en effet assez éloquente (Correa, 2009) : absence de transparence concernant l'actionnariat et la gérance bancaires, structure oligopolistique du système financier, stérilisation de la liquidité à l'extérieur, finalité exclusive de rentabilité à court terme, opacité informationnelle, commissions financières élevées, inefficacité opérationnelle, carence de financement de l'appareil productif, désintérêt pour la microfinance, coût exorbitant et injustifié des services offerts à la clientèle, etc.

classe politique traditionnelle (*la partidocratia corrupta*) jugée en tant que représentante ancillaire du capital financier et de l'import-export.

Last but not least, « l'oligarchie néolibérale » figure en bonne place comme responsable principal des malheurs économiques passés de l'Équateur d'avant la Révolution citoyenne. Sa faute originelle ? Évidemment d'être composée d'un nombre restreint de riches d'un point de vue individuel ou collectif (personnes, groupes économiques et financiers). Leur adhésion supposée à un tel *credo* renforce la suspicion diffuse qu'eux-mêmes et leurs ancêtres ont volé ou exploité les pauvres. S'ils acceptent avec réticence d'être contrôlés, c'est parce qu'ils profitent constamment du marché en le manipulant à leur avantage. Si ce n'est pas le cas, un héritage familial, un gain à la loterie, un actif clientélisme lucratif..., permettent à l'oligarchie de préserver et d'accroître sa puissance économique. Nul travail ni mérite ne justifieraient alors les richesses détenues. Ses représentants ne sont en définitive animés que par des passions méprisables (le profit, l'avarice, le luxe, le gaspillage...), des buts particuliers diamétralement opposés à l'intérêt général décrété comme moralement supérieur.

La dénonciation de la chrématistique représente finalement un condensé de lieux communs, de critiques péremptoires diabolisant un courant de pensée dont les impacts divers et multiples mériteraient d'être évalués voire relativisés par la prise en considération de données factuelles ou historiques. L'acte d'accusation moralisateur précédent conduit alors à une conception instrumentale de l'économie au service de la « bonne vie » sous forme d'une redistribution des ressources qu'imposerait un nouveau régime politique représentatif d'une « vraie » démocratie socialiste (Ávila Santa Maria, 2011).

Redistribution, solidarité et économie rentière

Du réquisitoire précédent découle l'idée générale que l'indignation morale face aux injustices attribuées aux politiques néolibérales devrait être considérée comme une source de droit, plus précisément de droits institués dans le cadre d'une nouvelle constitution, promulguée en 2008 (Ávila Santa Maria, 2011 ; Ibarra, 2010). D'un point de vue juridique, la volonté politique de réformer l'économie ainsi que la société équatorienne resserre ainsi les liens entre la morale et le droit sous la forme d'une valorisation de la justice et de la reconnaissance sociale : « La reconnaissance des droits et garanties [...] n'exclura [pas] les autres droits dérivés des personnes, communautés, peuples et nationalités qui sont nécessaires à son plein développement » (Constitución de la República del Ecuador, art. 11 (7), nov. 2009, traduit par nous).

Ce paradigme réformateur conceptualise toutefois un modèle égalitariste où la solidarité s'exprime par le biais de droits protégeant les moins favorisés ou les moins bien situés sur l'échelle sociale (Martínez Valle, 2009 ; Vilas, 2013). Comme la grande majorité des droits revendiqués ne produit aucune rentabilité marchande substantielle, leur satisfaction ne peut relever que de la compétence d'un État fort... et riche. L'initiative privée s'estompant devant l'intérêt général, le principe de la redistribution, partout présent dans la constitution de 2008, prétend en fait altérer le vieil ordre social que reflétait autrefois la domination des élites fortunées sur la majorité des moins bien lotis (Ibarra, 2010).

Passons maintenant en revue les principaux énoncés constitutionnels comportant une nette référence redistributive (Ávila Santamaría, 2011 : 161-162) :

— Une des raisons fondamentales de l'existence de l'État réside dans « la distribution équitable des ressources et de la richesse » ;

— La politique économique a pour objectif, entre autres, d'assurer la distribution du revenu et de la richesse nationale ;

— La politique fiscale a pour objectif, entre autres, la redistribution du revenu par le biais de transferts, d'impôts et de subventions adéquats ;

— L'État fera en sorte que les prix et les tarifs des services publics soient équitables ;

— L'État évitera l'accaparement ou la concentration des facteurs et des ressources productives, promouvra leur redistribution et éliminera les privilèges et les inégalités à leur accès ;

— La distribution des ressources destinées à l'éducation publique sera régie par des critères d'équité sociale, de démographie et de territoire, etc.

Bien qu'une seule constitution, même généreuse en matière de justice redistributive, ne suffise pas à rendre une économie plus solidaire, le fait que celle-ci existe traduit en revanche une inversion majeure par rapport à un processus historique d'individuation des inégalités ou des exclusions (Martínez Valle, 2009 ; Vilas, 2013). En Équateur comme ailleurs, cette salutaire prise de conscience collective peine toutefois à occulter un débat non clos où les relations complexes entre la prégnance d'un individualisme diffus (égoïste, narcissique, hédoniste, consommateur et compétitif) et un interventionnisme social brouillon, tous azimuts, risquent d'hypothéquer la réussite économique des politiques solidaires (Sánchez-Parga, 2014 ; Guttierrez Vera, 2012). Si l'on exclut pour radicale la *tabula rasa*, l'option mécanisme de marché – circonscrite dans certaines limites – représenterait peut-être un moyen d'atteindre une redistribution efficace des ressources tout en stimulant une croissance de la production globale. Avec le danger potentiel bien connu que la solution des problèmes d'équité soit différée *sine die* car ensevelis sous l'euphorie de la performance économique retrouvée.

La combinaison mixte efficacité économique et redistribution sociale, pour qu'elle soit en réalité applicable, présupposerait par ailleurs d'évaluer au préalable l'importance et la qualité intrinsèque des moyens concrets, des ressources mis au service d'une solidarité officiellement proclamée (Martìnez Valle, 2009 ; Samaniego Ponce, 2012). Une telle exigence morale semble malheureusement échapper à la logique des différents programmes de protection sociale que nourrit la rente pétrolière en Équateur : ce n'est que vers la fin du XXe siècle, comme conséquence des crises économiques et financières successives de l'économie rentière, que l'architecture institutionnelle de la redistribution à finalité protectrice a pris réellement de l'ampleur sous la forme de multiples programmes visant à compenser l'extension rapide de la pauvreté de masse.

À partir de 1998, le gouvernement du président Jamil Mahuad a instauré ainsi le Bon solidaire (*Bono Solidario*), un programme de transferts monétaires vers les ménages en situation de vulnérabilité et de risque représentés par les quintiles 1 et 2 (Ponce, Enriquez Bermeo, Molyneux, Thomson, 2013). Dès le début, le Bon solidaire a connu un succès fulgurant puisque 1 800 000 personnes (mères de famille, personnes adultes et invalides…) furent inscrites sur les registres ministériels. Cette adhésion massive s'explique en fait par l'absence de mesures statistiques de la pauvreté dans la mesure où, à l'époque, il suffisait de s'autoqualifier de « pauvre » pour bénéficier de l'allocation. L'attribution du Bon solidaire ne fut en outre conditionnée à aucun changement de comportement des familles enregistrées [3]. Bien que d'origine publique, le système de paiement était presque totalement administré par le secteur financier privé lequel versait le Bon aux bénéficiaires figurant dans la base de données du Programme de protection sociale (PPS).

La multiplicité des programmes de transferts monétaires et de crédit [4] à destination des secteurs les plus pauvres de la société équatorienne relativisait en outre l'idée que la pauvreté pût être vaincue par les seules subventions provenant de l'État. Il devenait nécessaire de prendre également en compte l'effort des familles, leur capacité entrepreneuriale, l'éducation et la bonne santé des enfants (Ponce, Enriquez Bermeo, Molyneux, Thomson, 2013). Or la léthargie sociale de la période 2003-2006, due principalement à une instabilité politique chronique, démontra le contraire en rendant toujours plus irremplaçable le financement étatique de la redistribution lorsque celui-ci faisait justement défaut (Sánchez-Parga, 2014), le faible rendement financier des différentes activités économiques des ménages les plus pauvres ne parvenant pas à se substituer à l'évergétisme de l'économie publique.

3. Ce n'est qu'en 2001 que fut instaurée la première conditionnalité dans le cadre du PPS (Programme de protection sociale) : le plan *Beca Escolar* permettait en réalité les tranferts monétaires bimensuels aux familles en situation d'extrême pauvreté ou d'indigence sous le critère unique d'assistance des enfants à l'école.

4. Crédit productif solidaire (*CPS*), Bon d'urgence (*Bono de emergencia*), etc.

Quoi qu'il en soit, en 2003, le Bon solidaire se métamorphosa en Bon de développement humain (BDH) sous le double critère de l'assistance scolaire des enfants et des adolescents entre 5 et 18 ans et de contrôles réguliers de santé des enfants de moins de 5 ans. Au mois de décembre 2006, le nombre des bénéficiaires du BDH atteignait 1 060 416 personnes dont 947 181 étaient des femmes chefs de famille représentant un peu plus de 32 % du total des ménages et 80 % des ménages des quintiles 1 et 2 (Ponce, Enriquez Bermeo, Molyneux, Thomson, 2013).

L'année 2007 apparaît à cet égard comme un tournant important avec le premier mandat présidentiel de Rafael Correa, lequel démarre un processus de transformations économiques et sociales où les politiques publiques, et plus particulièrement les politiques sociales, occupent une place privilégiée [5] (Vilas, 2013). La stabilité politique recouvrée n'expliquant pas tout, la générosité constante de cette redistribution de nature directe [6] repose principalement sur la hausse tendancielle – à l'exception de 2009 comme conséquence de l'impact de la crise financière internationale de l'année antérieure – des prix du baril de pétrole : 2007 (59,86 $), 2008 (82,95 $), 2009 (52,56 $), 2010 (71,93 $), 2011 (97,71 $), etc.

La constitution de 2008 introduit des droits de contenu universel qui consacrent la légitimité des politiques redistributives déjà existantes tout en développant des programmes complémentaires (*cf.* Tableau en annexe). Au risque d'un saupoudrage clientéliste que la manne pétrolière pérenniserait, la consolidation voire l'extension des programmes de protection sociale constituent toutefois une constante politique du régime de la Révolution citoyenne (Guttierrez Vera, 2012) : les augmentations successives du BDH fixé initialement à 15 $, puis à 30 $, puis encore à 35 $ et finalement à 50 $ en janvier 2013 corroborent une volonté politique de promouvoir un État social. En fait, le pouvoir actuel a peu ou *prou* maîtrisé la croissance de l'extrême pauvreté sans que celle-ci bien entendu disparaisse définitivement (Ponce, Enriquez Bermeo, Molyneux, Thomson, 2013) : selon des données officielles, pendant la période 2005-2010, la moyenne de la pauvreté nationale évaluée suivant les besoins essentiels non satisfaits (*Necesidades Básicas Insatisfechas, NBI*) a baissé de 51,6 % à 41,8 % et l'extrême pauvreté de 25,8 % à 16,6 %. Au cours de la même période, la pauvreté par revenu diminua par ailleurs de 42,2 % à 32,8 % et la pauvreté extrême de

5. Avec un budget de 1 000 millions de dollars en 2012, le programme de protection sociale du ministère de l'Inclusion économique et sociale (PPS-MIES) est le troisième montant le plus élevé derrière ceux des ministères de l'Éducation et de la Santé.

6. La redistribution sociale indirecte emprunte d'autres voies financières que la politique redistributive directe : des subventions liées au prix du gaz, de l'électricité et de l'essence… sont en effet intégrées depuis plus de trente ans au budget de l'État. Sans oublier l'orientation redistributive de certaines politiques fiscales mises en œuvre récemment.

21,6 % à 13,1 %. Malgré ces résultats encourageants, la situation des pauvres des zones rurales demeure toujours aussi préoccupante puisque 73 % des populations indiennes et 47,4 % des populations noires sont affectées par ce phénomène social.

De la rédemption à la révolution éthique

La politique de redistribution du gouvernement de la Révolution citoyenne découle d'un discours critique contestant radicalement la conception morale associée aux décisions économiques d'inspiration néolibérale au service exclusif de finalités chrématistiques. Ce courant de pensée nierait les aspirations fondamentales des êtres humains à mieux vivre dans une société plus juste. Le néolibéralisme favoriserait en réalité la formation d'un monde sécularisé, globalisé, avec, en arrière-plan, un panorama d'injustices intolérables [7]. Comme la présence de nombreux pauvres s'avère *en soi* profondément immorale, la seule manière d'atténuer ce « fléau social » (*pecado social*) consisterait à redistribuer les ressources ou les revenus.

Plus précisément, le président Rafael Correa conçoit avant tout la question sociale comme un problème moral (Correa, 2009). La charité ainsi que la solidarité chrétiennes n'étant pas suffisantes pour s'occuper des pauvres, la justice redistributive permettrait de les « racheter », de leur rendre une dignité humaine perdue. Le chemin radieux de la rédemption des pauvres est heureusement balisé par la nouvelle constitution de la Révolution citoyenne (Ávila Santa Maria, 2011 ; Perez Ordonez, 2010), un véritable chant à la vie, à l'être humain, à la nature. Celle-ci contient tous les éléments fondamentaux susceptibles d'éliminer l'inégalité sociale en Amérique latine et en Équateur. C'est l'arme de destruction massive des ennemis du peuple qui l'ont maintenu dans la servitude pendant des siècles [8]. Car la constitution et le gouvernement révolutionnaire privilégient résolument l'être humain sur le capital. Ils sont disposés à lutter contre les logiques inhumaines, cruelles et immorales de la globalisation néolibérale. Cette guerre morale entre le bien et le mal est transposée dans le monde économique afin d'éviter la poursuite des aberrations actuelles. La redistribution comme élément de coopération et de solidarité entre les hommes et les femmes s'efforce finalement d'accomplir cette grande œuvre sociale en prétendant récupérer

7. « Le président Correa attaque le néolibéralisme. Il le rend responsable de soumettre les hommes aux logiques du capital, en les vexant, en les humiliant et en créant ainsi de nouveaux pauvres socio-économiques… » (Pilar Pérez Ordoñez : « El presidente Correa y su política de redención », *Ecuador Debate*, n° 80, août 2010, p. 83).

8. Ces forces du mal qui ne cessent d'agir dans l'ombre sont incarnées par le marché, le néolibéralisme, les laquais autochtones (*lacayos criollos*), le colonialisme et le néocolonialisme, etc.

une des caractéristiques principales des sociétés latino-américaines : le bien moral.

Mais est-on bien sûr que la solidarité – qu'elle emprunte l'approche économique à l'instar de la redistribution ou la voie fiscale sous la forme d'une imposition accrue des riches par exemple – se réduise seulement à une idéologie du Bien ? Si la solidarité se mue en une catégorie éthique par abandon délibéré de son contenu social fondateur, de son essence constitutive, la question de la genèse des richesses produites susceptibles d'être mieux réparties ultérieurement, selon les exigences politiques et normes sociales en vigueur, ne pourra longtemps être évacuée sous le prétexte fallacieux d'un économisme réducteur. Mieux répartir les divers surplus provenant des activités publiques ou privées présuppose en effet que la production de biens et services perdure le temps qu'intervienne un changement structurel de la matrice productive, de l'orientation actuelle du modèle d'accumulation (Sánchez-Parga, 2014).

Ce problème de la transition exprime en réalité la difficulté à circonscrire dans la pratique économique les interventions externes du marché afin que celles-ci ne puissent déborder de leur domaine d'application, s'immiscer dans la résolution des injustices sociales : si la logique marchande ainsi bridée autorise une redistribution plus efficace des ressources de même qu'une croissance plus rapide du produit global, une partie des problèmes d'équité pourrait alors être résolue sans qu'il soit nécessaire d'euthanasier les automatismes de marché. En d'autres termes : savoir comment agir en termes de justice sociale sans obérer l'efficacité des résultats prévus. Dilemme complexe que reflète un pragmatisme économique lui-même suspect de toutes les connivences virtuelles avec le néolibéralisme existant.

La combinaison efficacité et équité ne définit-elle pas une forme d'économie mixte où le marché ne représenterait pas seulement un mécanisme unique et essentiel de régulation économique et de la société mais plutôt une alternative crédible sous la forme d'un État-providence enrichi par les rentes ? Déléguer aux seuls appareils étatiques la tâche de fixer des limites aux structures présentes d'accumulation et de concentration des richesses tout en créant simultanément des processus redistributifs s'avère cependant inefficace lorsque la bureaucratisation et la corruption gangrènent la rationalité administrative. D'autant plus que le contenu opérationnel des politiques et des programmes sociaux se limite souvent à constater les multiples carences des familles ou des groupes sociaux ciblés sans s'interroger sur leurs causes. Compenser ces carences – dans un premier temps – n'est bien entendu pas négligeable voire même indispensable mais omettre d'intervenir sur les causes de l'exclusion sociale risque à plus ou moins long terme d'effacer les effets positifs de la redistribution publique.

« Donner aux pauvres » des ressources qu'ils ne possèdent pas sans renforcer ou accroître leurs ressources *disponibles* afin qu'ils satisfassent eux-mêmes leurs besoins ou réduisent leurs carences devient rapidement très contre-productif (Sánchez-Parga, 2014). C'est pourquoi, au-delà de considérations éthiques légitimes et comme gages de succès futurs, la logique, de même que l'efficacité de la redistribution, doivent investir de rationalité politique les programmes administratifs en cours. Car il est en effet plus difficile d'intervenir sur les conséquences de l'exclusion sociale lorsque l'action gouvernementale exprime une impuissance politique à diagnostiquer les causes de ce processus. Cette situation condamne inéluctablement à l'échec les politiques publiques redistributives en introduisant une série de conflits et de tensions entre la rationalité administrative qui *ne sait comment faire* et une rationalité politique qui *ne sait quoi faire*.

Or l'indéfinition politique de la redistribution relève en partie d'un invariant économique que le régime actuel, malgré tous les discours officiels sur le tournant historique radical que représenterait la Révolution citoyenne, n'a pu ou voulu changer jusqu'à maintenant : la dépendance toujours plus étroite entre le niveau des ressources distribuées aux classes défavorisées et le rendement financièrement élevé du capital rentier dont la production et la consommation illimitées assurent – pour combien de temps encore ? – la répartition des excédents collectifs.

Déjà intrinsèquement fragilisé par les problèmes bien connus de la « maladie hollandaise », le modèle de rentes existant doit en outre affronter des défis de nature sociale qui l'éloignent davantage de la révolution éthique tant désirée. Comment faire pour que disparaissent les caractéristiques les plus rédhibitoires de l'économie rentière dominante (gaspillage généralisé, enrichissement d'une minorité, surendettement massif…) tout en engendrant des mécanismes distributifs susceptibles de renforcer la cohésion sociale ? Peut-on atteindre cette exigence élémentaire de justice envers les plus pauvres sans aller plus loin qu'une redistribution ou une participation économiques, sans programmer une rupture des processus d'enrichissement à l'œuvre dans la société équatorienne (Sánchez-Parga, 2014 ; Jouvenel de, 1951, 2010) ?

La question d'économie morale resurgit enfin à ce niveau de réflexion (Fassin, 2009 ; Maréchal, 2005) : doit-on transformer radicalement les conditions de la production des richesses lorsque l'échange marchand a pénétré toutes les sphères de la vie sociale et toutes les dimensions de la personnalité des individus, de leur psychisme ou de leur conscience morale, la solidarité économique se raréfiant d'autant plus rapidement que les êtres humains sont moins solidaires ou forcés à le devenir ? Pas tant pour des raisons éthiques ou morales ; moins encore parce que les individus sont devenus égoïstes, mais, simplement, pour des raisons de survie économique et sociale. Avec une société dominée par une concurrence sociale intense, où seuls survivent les plus forts, il n'y a rien d'étonnant à ce que le refus de la solidarité puisse être paradoxalement envisagé comme une stratégie de résistance face à l'adversité généralisée. Et ceci en conformité avec l'idéologie diffuse des « gagnants » et des « perdants » qui imprègne la plupart des classes sociales.

La redistribution induite essentiellement par l'opulence rentière recèle en fin de compte « une part maudite », un ensemble de fragilités structurelles qui hypothèquent son avenir à plus ou moins long terme. Cette incertitude latente quant à la viabilité économique du modèle d'accumulation en vigueur risque de compromettre à tout moment la situation matérielle des principaux bénéficiaires de la générosité étatique, ceux que la Révolution citoyenne considère comme de véritables sujets de rédemption (Pérez Ordonez, 2010). En envisageant la question sociale sous le seul angle moral, on fait ainsi délibérément abstraction de la santé réelle de l'économie équatorienne comme si celle-ci revêtait une moindre importance par rapport aux discours moralisateurs officiels. Et ce, sans que les causes de l'exclusion sociale soient directement abordées. Assimiler l'économie politique à un seul courant de pensée – le néolibéralisme forcément immoral et peu enclin à la justice sociale – représente un procédé usuel de réduction intellectuelle suivant lequel celle-ci serait incapable de penser le bien commun. En quelque sorte une version revisitée de la confusion augustinienne de la fin et des moyens qui justifierait l'inanité de l'économie politique puisque sans contre-valeurs collectives, sans jugements moraux ; prisonnière de trop d'intérêts particuliers. Mais *quid* alors de la *Révolution éthique* tant espérée ?

Conclusion

Critiquer en conclusion le bilan officiel irénique des acquis redistributifs de la Révolution citoyenne risque d'être perçu au mieux comme un excès d'exigence économiciste, au pire comme l'expression d'une pensée rétive au changement social dirigé par l'État. En guise de conclusion, nous souhaitons ouvrir ici un débat entre les domaines du possible en économie et le désirable dans le champ social. En d'autres termes : analyser la double morale constituée par la rhétorique de l'anticapitalisme officiel et l'idéologie de la « bonne vie ».

Cette politique de redistribution s'inscrit dans la continuité des gouvernements précédents tout en élargissant considérablement le périmètre des bénéficiaires par une augmentation considérable des ressources publiques mises au service des valeurs proclamées de justice et de solidarité sociales. L'ampleur ainsi que son impact socialement ciblé résultent en grande partie d'une opulence financière induite par les aménités économiques d'un modèle extractionniste des plus orthodoxes, bien en phase avec la globalisation capitaliste : l'exploitation intensive des différentes rentes issues du pétrole et de minerais divers conjuguée à la reconduction à l'identique de la traditionnelle spécialisation internationale dans le domaine agro-exportateur alimentent en réalité un flux permanent de liquidités partiellement absorbées par les programmes sociaux.

Une autre lecture suggère qu'au-delà d'un usage socio-économique des dollars externes [9], d'une répartition des excédents rentiers, une réalité plus complexe se dessine où des considérations éthiques inhérentes aux choix politiques initiaux sous-tendent l'orientation de l'argent public : dès le départ, une représentation normative de l'économie, par son insistance à dénoncer la domination séculaire d'intérêts égoïstes matérialisés par quelques puissants groupes au sein des circuits économiques et financiers nationaux, donne incontestablement un sens moral au projet de la *Révolution citoyenne*. Cette oligarchie privée, en étroite symbiose avec les anciens partis politiques – bien entendu tous corrompus –, aurait ruiné la Patrie, suscitant par là même la misère du peuple. Le temps serait enfin advenu de lui rendre non seulement justice mais aussi sa dignité en mettant l'économie nationale au service des plus pauvres. La redistribution des rentes comme objectif social de transfert de richesses vers le bas accomplit cette œuvre éminemment rédemptrice en termes de légitimité pour le régime : seule cette idéologie politique s'avère être la meilleure parce qu'elle exprimerait le retour de la *common decency* dans les plus hautes sphères de l'État, des valeurs de bienveillance, d'entraide, de générosité, de solidarité… que recèleraient « naturellement » les couches populaires. Une générosité sociale bâtie sur la prospérité rentière remet ainsi à l'ordre du jour l'increvable populisme économique latino-américain dans une version progressiste moralisatrice à laquelle demeure étroitement associé un clientélisme évergétique modulable en fonction des cycles d'expansion ou de récession du capitalisme globalisé (Guttierrez Vera, 2012).

Jusqu'à présent aucun dysfonctionnement majeur ne semble gripper les mécanismes assez bien huilés d'une distribution de prestations diverses qui satisfont encore les besoins des pauvres non marginalisés, statistiquement repérés par la machine étatique. La question cruciale de la durée de cette expérience sociale dépendra dans une large mesure de la pérennité du financement induit par la macroéconomie future des rentes équatoriennes. Corriger les inégalités sociales internes peut être considéré comme une œuvre juste, moralement justifiable si toutefois elle ne conduit pas à

9. Dans le volume total des flux d'entrée de dollars, rappelons que les versements monétaires (*remesas*) des travailleurs équatoriens à l'étranger occupent la troisième place derrière les emprunts internationaux (dette externe) et les recettes des exportations pétrolières

accentuer voire à accroître une dépendance financière externe trop ancrée dans le maintien d'un modèle d'accumulation qui, par le passé, avait déjà suscité de nombreuses paupérisations et précarisations : un choc international lié à une nouvelle crise du capitalisme globalisé [10] ou une exigence immédiate de paiement du puissant bailleur de fonds chinois pourraient ainsi restreindre brutalement le volume des flux redistributifs assignés depuis plus de sept années aux couches les plus défavorisées. Car ce système de redistribution n'est fondamentalement rien d'autre que la continuation d'un mode de vie rentier, gaspilleur et prédateur, tempéré d'un côté, par une répartition plus équitable des fruits de la croissance et, de l'autre, par une exhortation morale perpétuelle à lutter contre toutes les formes de discriminations et d'exclusions présentes ou à venir.

Sur le fond, la légitimité de cette politique volontariste de redistribution favorable aux plus pauvres n'est pas contestable dans la mesure où elle se trouve justifiée par la croissance des inégalités surgies avant même l'avènement de la Révolution citoyenne. Des raisons économiques et politiques complexes – dont l'exposé sortirait du cadre de cet article – expliquent pour beaucoup l'acuité de la question sociale actuelle sans que celles-ci se limitent exclusivement à de maigres mesures de compensation monétaire, à une élévation modérée des revenus les plus faibles, etc. Cette politique de redistribution étatique sise au cœur même de l'opulence rentière n'offre en elle-même aucune alternative susceptible de sortir de la *cage d'acier* (Max Weber) du capitalisme globalisé.

Bien que dénoncé avec une constance remarquable, l'environnement économique néolibéral ainsi que ses mécanismes – sources de tous les maux – ne fait paradoxalement l'objet d'aucune déconstruction concrète de la part du régime, comme si ce dernier se refusait à remettre en question l'ensemble des manières de vivre aliénées par les valeurs de l'imaginaire capitaliste qui accompagnent la croissance et la consommation illimitées en économie rentière. La constitution équatorienne inaugure certes une nouvelle forme de concevoir la « bonne vie » basée sur des droits, des garanties, une organisation étatique entérinant un schéma de type égalitariste, etc. sans cependant remettre en question la propriété privée ou la libre entreprise. L'État capitaliste postmoderne ne se résume ni ne s'épuise bien entendu avec les demandes de distribution et d'égalité sociale. Il lui manque encore les demandes non juridiques, effectives, de reconnaissance impliquant le respect et la promotion des différences. S'il demeure au seul niveau égalitariste, celui de la redistribution *stricto sensu*, les contraintes de l'économie rentière l'affaibliront jusqu'à le vider de sa substance sociale.

10. La baisse récente du prix du baril de pétrole (de 93 $ à 50 $ en décembre 2014) semble d'ores et déjà confirmer la pertinence de cette prévision.

Introduire quotidiennement de la reconnaissance au sein même de la politique redistributive tout en préservant les libertés fondamentales de l'individu représente un défi politique toujours d'actualité pour la Révolution citoyenne.

RÉFÉRENCES BIBLIOGRAPHIQUES

ANAÏS Albert, ROSSIGNEUX-MÉHEUST Mathilde, 2013 : « Une question économique dominée par des enjeux moraux », *Histoire, économie & société*, n° 3, p. 3-12.

ÁVILA SANTA MARIA Ramiro, 2011 : *El neoconstitucionalismo transformador. El Estado y el derecho en la Consitución de 2008*, Quito (Équateur), Abya-Yala-Unversidad Simón Bolívar.

BAECHLER Jean, 1995 : *Le capitalisme* : 1. *Les origines*, 2. *L'économie capitaliste*, Gallimard, coll. « Folio histoire inédit ».

BOLTVINICK Julio, 2013 : « Para reformar la reforma social neoliberal (que ha fracasado) y fundar un auténtico Estado de bienestar en México ? », *Estado & comunes*, n° 1, 1er semestre, p. 57-94.

Constitución de la República del Ecuador, nov. 2009, Quito (Équateur), Corporación de Estudios y Publicaciones.

CORREA Rafael, 2014 : *Ecuador : de Banana Republic a la No República*, Bogotá (Colombie), Debolsillo.

DAUSDERSTÄDT Michael, 2013 : « Más allá de la crisis : producción de bienestar através del crecimiento social », *Estado & comunes*, n° 1, 1er semestre, p. 155-186.

FASSIN Didier, 2009 : « Les économies morales revisitées », *Annales, Histoire, Sciences Sociales*, n° 6, p. 1237-1266.

GUTTIEREZ VERA Daniel. 2012 : « Miseria del populismo », *Ecuador Debate*, n° 86, août, p. 143-150.

IBARRA Hernán, 2010 : *Visión histórico política de la constitución del 2008*, Quito (Équateur), Caap, coll. « Estudios y análisis ».

JOUVENEL DE Bertrand, (1951, 2010) : *La ética de la redistribución*, Madrid (Espagne), Katz editores-Liberty Fund.

MARÉCHAL Jean-Paul, 2005 : *Éthique et économie. Une opposition artificielle*, Presses Universitaires de Rennes, coll. « L'univers des normes ».

MARTÍNEZ VALLE Luciano, 2009 : « La economia social y solidaria :¿ Mito o realidad ? », *Íconos*, n° 34, mai, p. 108-113.

PÉREZ ORDOÑEZ Pilar, 2010 : « El presidente Rafael Correa y su política de redención », *Ecuador Debate*, n° 80, août, p. 77-94.

PONCE J., BURGOS S., SÁNCHEZ J.-A., 2011 : « Ecuador », *in* SÁNCHEZ V. Marco, SAUMA Pablo (ed.) : *Vulnerabilidad económica externa, protección social y pobreza en América latina*, Santiago Chile, CEPAL-FLACSO-UN/DESA, coll. « Foro », p. 317-349.

PONCE J., ENRIQUEZ BERMEO F., MOLYNEUX M., THOMSON M., 2013 : *Hacia una reforma del bono de desarrollo humano. Algunas reflexiones*, Quito (Équateur), Abya-Yala-Care.

SAMANIEGO PONCE Pablo, 2012 : *Ciclo económico, política Pública y sector social*, Quito (Équateur), Iaen-Unicef, coll : « Economía y sociedad ».

SÁNCHEZ-PARGA José, 2014 : *Alternativas virtuales vs cambios reales, Derechos de la naturaleza, buen vivir, économia solidaria*, Quito (Équateur), Caap, 127 p.

VILAS M. Carlos, 2013 : « Política social : ¿ Hacia un nuevo paradigma ? », *Estado & comunes*, n° 1, 1er Semestre, p. 41-55.

ANNEXES

Tableau : Programmes complémentaires de protection sociale (période Révolution citoyenne).

1 — Protection contre la réduction de la consommation des ménages en situation de pauvreté (Bon de Développement humain, *BDH*).
2 — Protection contre la destruction des capacités humaines avec obligation d'éducation et de santé pour les fils (*BDH*).
3 — Protection des ménages avec financement de l'attention aux personnes avec des maladies catastrophiques (*RPS*) non couvertes par la Sécurité Sociale.
4 — Protection des ménages face à la mort des chefs de famille avec assurance-vie et services funèbres (*CFP*).
5 — Protection des personnes et ménages affectés par des désastres naturels (Bon d'urgence).
6 — Soutien aux engagements économiques pour améliorer les revenus et niveaux d'alimentation familiale (*CDH*).

Source : Ponce J., Enriquez Bermeo F., Molyneux M., Thomson M., 2013.

CONCLUSION

Bernard CASTELLI
Isabelle HILLENKAMP
Bernard HOURS

L'économie morale se réfère à un système de valeurs sociales et culturelles qui détermine les limites de l'exploitation de l'homme par l'homme dans les rapports économiques des agents produisant des biens et des richesses.

La morale de l'économie renvoie, quant à elle, à la question de la légitimité de l'activité économique et de l'accumulation des richesses. Complémentaires et dialectiques, ces deux notions permettent d'interroger l'économie de marché globalisée contemporaine dans son contenu autant que dans ses pratiques de philanthropie et/ou de solidarité. Lancinante question dans cet ouvrage qui pose, de façons diverses, une interrogation réitérée et déclinée dans le temps et l'espace : l'économie de marché peut-elle être morale, à quelles conditions, en quels lieux, à quelles époques ?

Cette interrogation alimente aussi une réflexion très actuelle sur la moralisation du capitalisme. Le développement, de plus en plus visible, d'une économie solidaire, mais aussi d'entreprises sociales, de produits financiers éthiques, ou du *social business*, constitue-t-il un progrès démocratique ou une hypocrisie rassurante, compatible avec les normes de « bonne » gouvernance et avec les préceptes du marché, ou plus concrètement un espace de compromis entre les deux ?

Bien que portant davantage sur les procédures que sur la distribution et le partage, la gouvernance, dès lors qu'elle se revendique comme bonne, ne peut faire l'économie d'intentions morales ou moralisantes nécessaires à la production du consensus social et politique. Face au siècle passé, éminemment idéologique et politique, les références morales semblent tenir aujourd'hui une place croissante.

C'est donc aussi bien le champ politique que celui de l'économie qui interpelle aujourd'hui les aspirations morales représentées par des auteurs tels que Jeremie Rifkin ou Michel Bauwens qui annoncent un monde débarrassé de la concurrence, empathique, collaboratif, postcapitaliste. Sommes-nous en présence de simples aspirations ou d'un réel début de mutation ? L'intégration par les producteurs de normes globales (les organisations multilatérales) de pseudo-alternatives dans leurs rhétoriques institutionnelles ferme-t-elle le champ du débat ou participe-t-elle de son ouverture en forme d'évolution positive et d'un renouvellement de ses termes ? Cet ouvrage apporte de multiples points de vue et matériaux où le lecteur a pu nourrir sa réflexion et construire ses propres réponses.

LES AUTEURS

Bernard CASTELLI est économiste, chargé de recherche à l'Institut de recherches pour le développement-Centre d'études en sciences sociales sur les mondes africains, américains et asiatiques (IRD-CESSMA) et membre de l'axe Travail, finance, globalisation. Ses recherches portent sur l'économie financière légale et illégale en Amérique latine.
E-mail : castelli.bernard@ird.fr

María Soledad CÓRDOBA, doctorante en anthropologie sociale à l'IDAES-UNSAM (Argentine), est titulaire d'une maîtrise en philosophie de l'université de Lyon 3. Ses intérêts de recherche portent sur le rapport science et société, et la construction de légitimité sociale autour des modèles productifs qu'elle étudie à travers l'agrobusiness dans le cadre de sa recherche doctorale.
E-mail : mariasolecordoba@gmail.com

Antoine HEEMERYCK, anthropologue, docteur en socioéconomie du développement, est spécialiste des pays postcommunistes. Ses travaux portent sur les ONG, la société civile, la philanthropie et l'anthropologie urbaine. Depuis 2014, il est directeur du département des relations au CESSMA au sein de l'axe Travail, finance, globalisation.
E-mail : heemeryckantoine@yahoo.com

Valeria HERNÁNDEZ, est anthropologue, chargée de recherche à l'IRD-CESSMA et membre de l'axe Travail, finance, globalisation. Elle a travaillé en France et en Amérique latine. Les mondes contemporains et leurs rapports aux connaissances (biotechnologies, climat, informatique) sont au cœur de ses intérêts de recherche.
E-mail : valeria.hernandez@ird.fr

Isabelle HILLENKAMP est socioéconomiste, chargée de recherche à l'IRD-CESSMA et membre de l'axe Travail, finance, globalisation. Ses travaux portent sur l'économie populaire solidaire en Amérique latine, à partir d'enquêtes attentives aux liens entre pratiques économiques et rapports sociaux.
E-mail : isabelle.hillenkamp@ird.fr

Bernard HOURS est anthropologue, directeur de recherche honoraire à l'IRD et chercheur associé au CESSMA, membre de l'axe Travail, finance, globalisation. Ses recherches portent sur l'action humanitaire et les ONG, l'anthropologie politique de la globalisation et les normes morales et politiques de la gouvernance globale.
E-mail : bernard.hours@ird.fr

Cem ÖZATALAY est docteur en sociologie et maître de conférences au sein du département de sociologie à l'université Galatasaray (Turquie). Ses travaux de recherche portent principalement sur la sociologie économique du capitalisme et la sociologie du monde du travail.
Email : cem.ozatalay@gmail.com

Delphine POUCHAIN est professeur agrégé de l'enseignement du second degré en sciences économiques à l'Institut d'études politiques de Lille, et docteur dans cette même discipline. Après une thèse consacrée au commerce équitable et à la notion de prix juste, elle travaille sur la philosophie économique, les théories de la justice, l'économie de l'environnement ainsi que sur l'économie sociale et solidaire.
E-mail : pouchain.delphine@orange.fr

Monique SELIM est anthropologue, directrice de recherche à l'IRD-CESSMA et responsable de l'axe Travail, finance, globalisation. Ses thèmes de recherche sont l'anthropologie politique de la globalisation, l'anthropologie du travail, des institutions et des organisations sociales, l'anthropologie des mobilisations concernées par des enjeux de sexe et de genre, et l'anthropologie critique des catégorisations.
E-mail : monique.selim@ird.fr

Jean-Michel SERVET est professeur à l'Institut des hautes études internationales et d'études du développement (IHEID), Genève, membre associé au CESSMA, au sein de l'axe Travail, finance, globalisation, et professeur honoraire de l'université de Lyon. Ses travaux de recherche s'inscrivent depuis quarante ans dans une perspective polanyienne et sont plus particulièrement consacrés aujourd'hui aux pratiques solidaires de l'économie et de la finance.
E-mail : jean-michel.servet@graduateinstitute.ch

Ouvrages publiés dans le cadre de l'axe « Travail, Finance, Globalisation » intégré au Centre d'études en sciences sociales sur les mondes africains, américains et asiatiques (CESSMA : UMR 245), université Paris Diderot/IRD/INALCO, en 2014

Dans la série « Globalisation et sciences sociales » de la collection « Questions contemporaines », chez L'Harmattan :

Bernard HOURS, Pepita OULD AHMED (ed.) : *Dette de qui, dette de quoi ? Une économie anthropologique de la dette*, 2013, 290 p.

Bernard HOURS, Pepita OULD AHMED (ed.) : *An Anthropological Economy of Debt*, 2015, Routledge, collection « Anthropology Studies » , 222 p.

Isabelle GUÉRIN, Monique SELIM (ed.) : *À quoi et comment dépenser son argent ? Hommes et femmes face aux mutations globales de la consommation*, 2012, 342 p.

Bernard HOURS : *Développement, gouvernance, globalisation ; du XX*^e^ *au XXI*^e^ *siècle*, 2012, 120 p.

Patrick PILLON (ed.) : *La faim par le marché : aspects sénégalais de la mondialisation*, 2012, 362 p.

Bernard CASTELLI, Bernard HOURS (ed.) : *Enjeux épistémologiques et idéologiques de la globalisation pour les sciences sociales*, 2011, 300 p.

Monique SELIM et Pascale PHÉLINAS (ed.) : *La crise vue d'ailleurs*, 2010.

Jean PAPAIL, Jesus ARROYO ALEJANDRE : *Les migrants mexicains créateurs d'entreprises*, 2010, 155 p.

Eveline BAUMANN, Laurent BAZIN, Pepita OULD AHMED, Pascale PHÉLINAS, Monique SELIM, Richard SOBEL (ed.) : *Anthropologues et économistes face à la globalisation*, 2008, 275 p.

Eveline BAUMANN, Laurent BAZIN, Pepita OULD AHMED, Pascale PHÉLINAS, Monique SELIM, Richard SOBEL (ed.) : *L'argent des anthropologues, La monnaie des économistes*, 2008, 318 p.

Eveline BAUMANN, Laurent BAZIN, Pepita OULD AHMED, Pascale PHÉLINAS, Monique SELIM, Richard SOBEL (ed.) : *La mondialisation au risque des travailleurs*, 2007, 290 p.

Valeria HERNÁNDEZ, Pepita OULD AHMED, Jean PAPAIL, Pascale PHÉLINAS (ed.) : *Turbulences monétaires et sociales, l'Amérique latine dans une perspective comparée*, 2007, 401 p.

Valeria HERNÁNDEZ, Pepita OULD AHMED, Jean PAPAIL, Pascale PHÉLINAS (ed.) : *L'action collective à l'épreuve de la globalisation*, 2007, 254 p.

Niagalé BAGAYOKO-PENONE, Bernard HOURS (ed.) : *États, ONG et production des normes sécuritaires dans les pays du Sud*, 2005, 313 p.

Dans la collection « Anthropologie critique », chez L'Harmattan :

Bernard HOURS, Monique SELIM : *L'enchantement de la société civile globale, ONG, Genre, Gouvernance*, 2014 , 223 p.

Monique SELIM : *Hommes et femmes dans la production de la société civile à Canton (Chine)*, 2013, 306 p.

Bernard HOURS, Monique SELIM : *Anthropologie politique de la globalisation*, 2010, 286 p. *Anthropologie politique de la globalisation*, l'Harmattan, 284 p.

Bernard HOURS, Monique SELIM : *Fare antropologia nella realta globale*, Milan, L'Harmattan Italia, 2012.

Laurent BAZIN, Bernard HOURS, Monique SELIM : *L'Ouzbékistan à l'ère de l'identité nationale*, 2009, 368 p.

Bernard HOURS : *Domination, Dépendances, Globalisation. Tracés d'anthropologie politique*, 2002, 180 p.

Laurent BAZIN, Monique SELIM : *Motifs économiques en anthropologie*, 2001, 251 p.

Laurent BAZIN, Monique SELIM : *Motive economice in anthropologie*, Bucarest, Institutul European, 2010, 243 p .

Antoine HEEMERYCK : *L'importation démocratique en Roumanie. Une perspective anthropologique sur la construction d'une société postdictatoriale*, 2010, 402 p.

Monique SELIM : *Pouvoirs et marché au Vietnam*. Tome I : *Le travail et l'argent*, 282 p. Tome II : *Les morts et l'État*, 2003, 302 p.

Monique SELIM : Édition roumaine : *Puterile şi piaţa în Vietnam*, t. I : *Munca şi banii*, 269 p., t. II : *Morţii şi Statul*, Bucarest, Editura Curtea Veche, coll. « Actual », 2009, 285 p.

Valeria HERNÁNDEZ : *Laboratoire : mode d'emploi. Science, hiérarchies et pouvoirs*, 2001, 396 p.

Dans la collection « Travail et mondialisation », chez L'Harmattan

Jean PAPAIL, Jésus ARROYO ALEJANDRE : *Les migrants mexicains créateurs d'entreprises*, Paris, 2010, 164 p.

Jean PAPAIL, Jésus ARROYO ALEJANDRE : *Les dollars de la migration mexicaine*, 2004, 243 p.

Bernard HOURS, Monique SELIM (ed.) : *Solidarités et compétences, pratiques et idéologies*, 2003, 362 p.

HERNANDEZ V., PHÉLINAS P., SELIM M. (eds): *Crisis global, crónicas locales 2008 y después,* Buenos Aires, Editorial Biblos, 277 p.

Chez d'autres éditeurs

Isabelle HILLENKAMP et Jean-Michel SERVET (ed.) : *Le Marché autrement. Marchés réels et Marché fantasmé*, Paris, Classiques Garnier, 2015.

Jean-Michel SERVET (ed.) : *La Vraie Révolution du Microcrédit*, Paris, Odile Jacob, 2015.

Isabelle GUÉRIN, Marc Labie, Jean-Michel SERVET (eds.): *The Crises of Microcredit*, London, Zed Books, 2015.

Isabelle GUÉRIN : *La microfinance et ses dérives : émanciper, discipliner ou exploiter les pauvres ?* Paris/Marseille, Demopolis/IRD, 2015, 291 p.

Isabelle GUÉRIN, Solène MORVANT-ROUX, Magdalena VILLARREAL (eds): *Microfinance, Debt and Over-Indebtedness. Juggling with Money*, London : Routledge, 2013.

Économie et Entreprise aux éditions L'Harmattan

Dernières parutions

THOMAS PIKETTY, LA MÉCANIQUE DES INÉGALITÉS EN FRANCE
Injustice fiscale, crise de l'enseignement, contre-réforme sociale, (dé)colonisation
Jalley Emile
Les deux symptômes majeurs de la maladie française sont l'injustice fiscale et la crise de l'enseignement. La première tient à l'hypofiscalisation et l'hyperfiscalisation relatives des deux grandes classes, celle «d'en haut» et celle «d'en bas». L'inégalité scolaire tient à ce que le dispositif institutionnel de l'Education nationale a pour fonction réelle d'ouvrir le chemin, vers «le haut» et vers «le bas», à la distribution inégalitaire des revenus et des patrimoines.
(29.00 euros, 286 p.)
ISBN : 978-2-336-30262-1, ISBN EBOOK : 978-2-336-36505-3

THOMAS PIKETTY «MARX DU XXIe SIÈCLE» ?
Jalley Emile
Le livre de Thomas Piketty sur *Le Capital au XXIe* siècle renouvelle de façon originale, dans le contexte de notre époque, l'ouvrage classique de Karl Marx. Le capital national est distribué en proportion fortement décroissante sur la moitié supérieure de la population, cependant que la moitié inférieure n'en possède à peu près rien. Une nouveauté par rapport au XIXe siècle : la consolidation d'une large classe moyenne qui aspire à recevoir une partie plus grande du revenu du capital.
(29.00 euros, 284 p.)
ISBN : 978-2-343-04439-2, ISBN EBOOK : 978-2-336-36504-6

MISÈRE ET OPULENCE
Chroniques d'austérité globalisée
Santi Michel
Sous sa forme actuelle, la monnaie unique est un vecteur de schizophrénie économique, une machine à créer du chômage et des inégalités. Que l'euro soit donc déconstruit ! Ce ne sont pas les dépenses sociales qui sont coupables d'avoir creusé nos déficits, mais les sauvetages bancaires d'établissements ayant amassé des fortunes par la grâce de la financiarisation, elle-même destinée à anesthésier une population européenne dont les revenus étaient inversement proportionnels à la productivité des entreprises.
(Coll. L'Esprit Économique, série Le Monde en Questions, 30.00 euros, 298 p.)
ISBN : 978-2-343-05332-5, ISBN EBOOK : 978-2-336-36742-2

TEMPS (LE) DE LA RIGUEUR
Fiscalité, protection sociale, mondialisation
Lambert Pierre-André
Il n'est plus possible aujourd'hui de tergiverser. Nous avons vécu à crédit pendant 33 ans, il faut cesser d'alourdir la charge pour nos descendants. Et comme l'opinion refuse la disparition de la protection sociale et le rétrécissement du rôle de l'Etat, il faut bien en venir à des mesures douloureuses. Point n'est besoin de révolution, les solutions existent. Elles sont politiquement jouables, sous réserve que la rigueur s'accompagne de justice.
(L'esprit économique, série L'économie formelle, 17.50 euros, 158 p.)
ISBN : 978-2-343-05199-4, ISBN EBOOK : 978-2-336-36472-8

PERSONNALISATION (LA) DE MASSE
Comment le système industriel peut individualiser son offre au moindre coût
Ambada François
Nous sommes passés de la production de masse à un désir de plus en plus affirmé des utilisateurs/consommateurs pour la personnalisation des produits et services qui leur sont offerts, sans toutefois sacrifier l'efficience industrielle, ce qui a favorisé l'émergence d'un nouveau paradigme : la personnalisation de masse. Comment le système industriel peut-il répondre aux exigences de la personnalisation de masse ?
(L'Esprit Économique, série Économie et Innovation, 35.00 euros, 336 p.) *ISBN : 978-2-343-05178-9, ISBN EBOOK : 978-2-336-36728-6*

INTÉGRATIONS RÉGIONALES ET PROSPECTIVE DES TERRITOIRES
Comparaisons internationales
Sous la direction de Philippe Clerc, Driss Guerraoui et Xavier Richet
La mondialisation en crise est en train de produire des impacts inédits sur la hiérarchisation des espaces économiques, ainsi que la montée des pays émergents. De telles évolutions incitent à reposer en termes nouveaux les dynamiques actuelles des intégrations régionales, à partir d'une prospective des territoires que la recomposition des alliances géostratégiques et géoéconomiques dans le monde impose. Une problématique cruciale pour le développement futur du système de l'économie mondiale.
(34.00 euros, 376 p.)
ISBN : 978-2-336-30553-0, ISBN EBOOK : 978-2-336-36769-9

PROMENADE ROMANTIQUE À PÔLE EMPLOI
Coutarel Colette
Il y a un mythe Pôle Emploi. Trop de désillusions génèrent de l'agressivité. Et voilà qu'une conseillère sort du rang pour nous en dire aussi du bien. De l'intérieur, elle dévoile des vécus : joies et failles vues des deux côtés du guichet. Né de la fusion avec l'ANPE, Pôle Emploi n'apporte pas de remède universel, restant un mode de traitement du chômage. Sujet récurrent s'il en est : le rapport au travail.
(Coll. Rue des écoles, série Champ Libre, 11.50 euros, 86 p.)
ISBN : 978-2-343-04887-1, ISBN EBOOK : 978-2-336-36364-6

RECHERCHE (LA) D'EMPLOI, UN TRAVAIL À PART ENTIÈRE !
Aux marches de l'emploi
Leconte Béatrice, Eray Philippe
Préfaces d'Alain Coffineau et Michel Barabel
Alors même qu'une certaine stigmatisation des chercheurs d'emploi s'esquisse, ce livre présente la recherche d'emploi comme un travail à part entière. Et comme pour de nombreuses situations de travail, cette activité est complexe, difficile. Partant de témoignages illustrant des situations du quotidien, les auteurs proposent un éclairage nouveau sur le travail et ses situations, en commençant par l'amont : la recherche d'emploi...
(Coll. Expériences, Travail et Société : comprendre et agir, 13.00 euros, 130 p.)
ISBN : 978-2-343-04497-2, ISBN EBOOK : 978-2-336-36302-8

TRAVAIL DISSIMULÉ ET ESTIME DE SOI
Une sociologie du rapport moral face aux règles formelles
Heim Jérôme
Loin de se réduire à une stratégie rationnelle de fraude économique, le travail au noir s'explique davantage par la saisie d'opportunités de rémunération, non déclarées et donc illégales. En améliorant la performance sur le marché du travail, ces pratiques confèrent une certaine estime sociale à ceux qui y recourent. Elles s'exposent toutefois à des sanctions pénales et à une plus grande vulnérabilité en l'absence de protections sociales.
(Coll. Conception et dynamique des organisations, 32.00 euros, 322 p.)
ISBN : 978-2-343-04728-7, ISBN EBOOK : 978-2-336-36330-1

IMAGINAIRE (L') ET L'ORGANISATION
La stimulation de l'innovation technoscientifique par la science-fiction
Michaud Thomas
L'imaginaire joue un rôle important dans le fonctionnement des organisations. S'il contribue à stimuler la créativité et à mettre en place des stratégies, il peut aussi être considéré comme un péril que les managers doivent apprendre à gérer. La gestion de l'imaginaire organisationnel est un enjeu de pouvoir. La lutte pour la domination sur les marchés ou en politique passe par le contrôle d'imaginaires en permanente mutation.
(Coll. Logiques sociales, 21.00 euros, 208 p.)
ISBN : 978-2-343-04820-8, ISBN EBOOK : 978-2-336-36370-7

MARX, DU TRAVESTISSEMENT STALINIEN À L'ÉCHEC
Vers un nouvel essor ?
Bublex Georges
Le stalinisme, selon l'auteur, n'est pas une forme de communisme mais un travestissement des thèses de Marx. Totalitaire et liberticide, il pérennisait les «stigmates de la société capitaliste», il était composé d'une stratégie et d'une idéologie spécifiques qui ont mené l'URSS, et tous les partis communistes à sa suite, à l'échec et à la ruine. L'analyse politique du stalinisme, proposée dans cet ouvrage, est nécessaire à la renaissance de ces partis à la hauteur des enjeux.
(23.50 euros, 232 p.)
ISBN : 978-2-343-04797-3, ISBN EBOOK : 978-2-336-36448-3

ANALYSE ÉCONOMIQUE DE L'INVESTISSEMENT EN CAPITAL HUMAIN
Ndiaye Babacar
Comment le capital humain constitue-t-il, d'une part, une motivation individuelle dans le cadre de la théorie de l'école classique, mais aussi un facteur de croissance économique du point de vue de l'approche keynésienne ? L'itinéraire de la problématique amène à justifier les causes de l'imperfection des marchés et le rôle de l'État pour corriger ces imperfections.
(Coll. L'Esprit Économique, série Cours Principaux, 12.50 euros, 110 p.)
ISBN : 978-2-343-04767-6, ISBN EBOOK : 978-2-336-36331-8

ÉCONOMIE (L') DU DÉVELOPPEMENT
Trajectoire, analyse et stratégie de développement
Modibo Traoré
Instrument d'analyse et de gestion du développement économique, cet ouvrage a recours à deux grandes innovations : l'utilisation de la microanalyse et la définition d'une procédure permettant d'effectuer un choix «réaliste» de stratégie de développement en fonction des ressources disponibles dans le pays. Il met l'accent sur le rôle des acteurs privés du développement ; ceux du marché et de l'action collective, à côté de l'action publique qui assure la coordination au niveau méso et macroéconomique.
(Coll. Pour Comprendre, 36.00 euros, 254 p.)
ISBN : 978-2-343-04365-4, ISBN EBOOK : 978-2-336-36289-2

GESTION DE PROJET ET INNOVATION
Sous la direction de Cédric Baudet ; préface de Pienne Bonnal
L'innovation, déstructurée par essence, peut-elle être appréhendée à l'aide de la très structurée «gestion de projet» ? L'histoire des projets nous démontre que la trop grande régulation est un échec à l'innovation. Ainsi, les organisations adaptent la gestion de projet à leur besoin. Pour un projet compliqué de construction, on répond par une structure précise et organisée de projets. A un projet complexe d'innovation, on privilégie la souplesse, la créativité...
(Coll. Conception et dynamique des organisations, 21.00 euros, 214 p.)
ISBN : 978-2-343-04326-5, ISBN EBOOK : 978-2-336-36011-9

CAPITAL HUMAIN *VERSUS* HUMAIN CAPITAL
Schoun Gérard
Accepter que l'humain ne soit pas seulement un capital à exploiter mais un patrimoine à faire fructifier change radicalement notre façon de penser les valeurs, l'innovation, le *leadership* et la

gouvernance. Dans la compétition internationale, la France a une formidable carte à jouer. Son déclin est d'autant moins une fatalité que l'esprit français pourrait se révéler parfaitement adapté aux temps nouveaux.
(Coll. Ad valorem, 16.50 euros, 162 p.)
ISBN : 978-2-343-04483-5, ISBN EBOOK : 978-2-336-36013-3

AUTOUR DE L'ANTHROPOLOGIE ÉCONOMIQUE
Actualité des écrits du professeur André Nicolaï
Coordonné par Mahieu François-Régis, Suchère Thierry
Le bon économiste serait celui qui raisonne à partir de trois hypothèses de base que sont l'individualisme méthodologique, la rationalité des acteurs et le marché qui produit de la complémentarité. En formalisant ces hypothèses, l'auteur entend ici rappeler qui était André Nicolaï : un hétérodoxe ancré dans le courant dit de la socio-économie et qui s'est intéressé à des thèmes tels que le pouvoir, le ludique, l'épistémologie et la sociologie de la connaissance.
(Coll. Éthique Économique, 30.00 euros, 292 p.)
ISBN : 978-2-343-04709-6, ISBN EBOOK : 978-2-336-36061-4

DU PROJET AUX «PROCESS»
Un vade-mecum de la gestion du Risque
L'exemple de la fonction fiscale
Jx' Beaumont Stéphane
Avec ce Vade-Mecum, troisième ouvrage de l'auteur, ce dernier partage sa démarche opérationnelle autour de ces Process qui permettront aux fonctions supports d'améliorer leurs performances, de valoriser leurs «Best Practices» et, après standardisation, de se transformer en centres de profits. Un outil indispensable de la prise de décision face au risque-projet et de sa portabilité interne et externe.
(12.00 euros, 52 p.)
ISBN : 978-2-343-04409-5, ISBN EBOOK : 978-2-336-36066-9

MONNAIE ET FINANCE
Du boom au krach
Sari Camille
Incapable de brider une finance dont le seul objectif est le faire à court terme, les États déclarent leur impuissance face aux forces des marchés. Afin de comprendre le présent et se projeter dans le futur, il est nécessaire de recourir à des outils d'analyse en rupture avec les paradigmes dominants et de tirer les enseignements de ce qui s'est réellement passé, avant d'en arriver au désastre actuel qui risque de compromettre l'avenir de plusieurs générations.
(28.00 euros, 274 p.)
ISBN : 978-2-343-04601-3, ISBN EBOOK : 978-2-336-36231-1

RÉINVENTER L'ENTREPRENEURIAT POUR REFONDER L'ENTREPRISE
Adam Michel - Préface de Claude Alphandéry
Créer son entreprise, fonder une coopérative, lancer une entreprise d'insertion... Quelles ressemblances, mais aussi quelles différences ? Comment distinguer, repérer, modéliser, relier les trois logiques de ces engagements, leurs évolutions possibles voire leurs dérives évitables, mais aussi leurs coopérations réelles et leurs hybridations innovantes ? Et si ces trois dimensions tant éthiques que juridiques structuraient les relations à l'intérieur même de toute entreprise ?
(21.00 euros, 208 p.)
ISBN : 978-2-343-04621-1, ISBN EBOOK : 978-2-336-36182-6

L'HARMATTAN ITALIA
Via Degli Artisti 15; 10124 Torino

L'HARMATTAN HONGRIE
Könyvesbolt ; Kossuth L. u. 14-16
1053 Budapest

L'HARMATTAN KINSHASA
185, avenue Nyangwe
Commune de Lingwala
Kinshasa, R.D. Congo
(00243) 998697603 ou (00243) 999229662

L'HARMATTAN CONGO
67, av. E. P. Lumumba
Bât. – Congo Pharmacie (Bib. Nat.)
BP2874 Brazzaville
harmattan.congo@yahoo.fr

L'HARMATTAN GUINÉE
Almamya Rue KA 028, en face
du restaurant Le Cèdre
OKB agency BP 3470 Conakry
(00224) 657 20 85 08 / 664 28 91 96
harmattanguinee@yahoo.fr

L'HARMATTAN MALI
Rue 73, Porte 536, Niamakoro,
Cité Unicef, Bamako
Tél. 00 (223) 20205724 / +(223) 76378082
poudiougopaul@yahoo.fr
pp.harmattan@gmail.com

L'HARMATTAN CAMEROUN
BP 11486
Face à la SNI, immeuble Don Bosco
Yaoundé
(00237) 99 76 61 66
harmattancam@yahoo.fr

L'HARMATTAN CÔTE D'IVOIRE
Résidence Karl / cité des arts
Abidjan-Cocody 03 BP 1588 Abidjan 03
(00225) 05 77 87 31
etien_nda@yahoo.fr

L'HARMATTAN BURKINA
Penou Achille Some
Ouagadougou
(+226) 70 26 88 27

L'HARMATTAN SÉNÉGAL
10 VDN en face Mermoz, après le pont de Fann
BP 45034 Dakar Fann
33 825 98 58 / 33 860 9858
senharmattan@gmail.com / senlibraire@gmail.com
www.harmattansenegal.com

L'HARMATTAN BÉNIN
ISOR-BENIN
01 BP 359 COTONOU-RP
Quartier Gbèdjromèdé,
Rue Agbélenco, Lot 1247 I
Tél : 00 229 21 32 53 79
christian_dablaka123@yahoo.fr

645305 - Mars 2016
Achevé d'imprimer par

1livre.com
du rêve à la réalité !

www.ingramcontent.com/pod-product-compliance
Lightning Source LLC
LaVergne TN
LVHW050811061126
851857LV00012B/763
* 9 7 8 2 3 4 3 0 6 7 1 5 5 *